30年でこんなに変わった！47都道府県の平成と令和

内田宗治
Muneharu Uchida

JIPPI Compact

実業之日本社

はじめに

昔、社会（小学校）や地理（中学校）の授業で教わったことが、今はずいぶん変わったなと、感慨にふけることや、実態を知って驚くものがある。

感慨にふけった例でいえば、三重県の四日市。四日市といえば、四大公害病の一つ、四日市ぜんそくについて、70年代から90年代くらいまでの中学地理の教科書には大きく載っていた（現在の教科書でも公害の教訓としてコラムなどで扱っている教科書もある）。石油コンビナートからの硫黄酸化物を含んだ煤煙を日常的に吸って、ぜんそくのような症状を起こす人が多く出た60年代頃の公害問題である。

現在の四日市の石油コンビナートは、水蒸気を噴き上げる煙突やタンク、複雑にうねる配管が照明で浮き上がる眺めが素晴らしい。ＳＦ映画を彷彿させるその光景により、日本夜景遺産に登録され、夜景クルーズが運航されるまでになった。昔の厄病神が、地域ブランド向上の牽引車へと１８０度様変わりである。

驚くことでは、昔は生産量で首位安泰といった感じだった鹿児島県のサツマイモ、静岡県のお茶の生産量が、２位の県の猛烈な追い上げに遭い、１位から転落しそうなことなど（詳細は、各県の項をお読みください)。

　こうした地理的な内容だけでなく、歴史の内容でもそうしたことがいくつもある。教科書から聖徳太子や坂本龍馬の名前が消える、と数年前にテレビなどでも報道された。鎌倉幕府の成立も、イイクニつくろうの1192年ではなく、イイハコつくろうの1185年とする教科書が多い。また、現代の教科書では石器時代の話で、更新世、完新世という言葉が出てくるが、そのような用語は聞いたこともないという年配の方も多いだろう。昔でいう洪積世《こうせきせい》、沖積世《ちゅうせきせい》のことである(群馬県岩宿遺跡の項参照)。

　そうしたことを、本書では各県に関連するテーマに落とし込み、今と比べて30年前はどれだけ違っていたかについて述べてみた。狭い日本といっても、30年前と今とでは、それぞれの地域ごとに様々な点で異なる。とくに当時学校で習ったこととは大きく違ってきたというテーマをなるべく選んだ。そうしたテーマなら、多くの人が、昔から聞いたり見たりしていて、興味を持ちやすいと思ったためである。

　同世代でも出身地が異なる仲間どうしでの話題に、また自分より年配の方と話をする際、その人の郷里の話を聞く参考になど、様々なシーンでの話のとっかかりになるかもしれない。40代以上の方なら、昔各地を旅行した時、今とは違うことを見聞きしたことが本書にあるかもしれない。

　関心のある都道府県から読んでいただき、都道府県の変化を、いつもとは違う角度で思い出し、そして今後も愛着を持ち続けていく一助になれば幸いである。

共通して取りあげた項目の主旨

■地方百貨店の興亡

各都道府県に共通の項目として、地方百貨店について記述してみた。地元の記憶に、愛着のある地場の百貨店が結びついていることが多いと思うためである。出身地の話をする際、「高校生の頃はAデパートにDCブランド（バブル時代の語で今や死語、アパレルメーカーによるファッションブランドの総称）のお洋服を買いにいったけれど、Bデパートは敷居が高くて入らなかった」などといった会話を聞いたりする。

大手百貨店グループについては、複雑で述べきれないこともあり割愛したので、東京都などではこの項目を設けていない。百貨店の定義としては、日本百貨店協会への加盟の有無とした。そのため同協会に非加盟のパルコ、マルイ、イトーヨーカドーなどは、地場百貨店のライバルとして一部触れるにとどめている。

■進学校の実績

各都道府県の進学校の実績の項を設けたのは、公立、私立共に歴史ある名門校、進学校は、その県、地域の特徴を如実に表していることがあるためである。人口は県下で最多でなくても旧城下町にある名門校の存在などがその一例である。

東大合格者数を指標として記述を展開したが、東大を絶対視するわけではないし、また、進学実績が高いことを理由に、その高校を単純に賞賛するわけでもない。主旨としては、とくに公立高校において、学区制などの入試制度の変更が、進学実績にいかに大きな影響を与えるか、県によってどれだけ進学実績が異なるか、また県によっては極端な一極集中が進んでいる実態などを明らかにしたかったためである。

教科書の体裁がこんなに変わった

本書では、30年間の各地の変化を浮き彫りにするために、90年代と現代と、それぞれの中学社会科「地理」と「歴史」の教科書から引用した記述が多い。それらの記述内容の変化は本書をお読みになっていただくとして、もう一つ00年代の前半に大きな変化があった。教科書のカラー化と大型化である。

90年代までは1色または2色印刷、一部カラー口絵、A5判（２１０㎜×１４８㎜）なのに対し、00年代以降はオールカラー、AB判（２５７㎜×２１０㎜）となった。ページ面積で1・7倍ものワイド化である。ズシリと重くもあり、「地理」の教科書の一例では、約４７０g（90年代）から６００g（20年）へと重たくなっていた。ともあれ現代の教科書は、カラー写真や詳細なイラスト、グラフも多く、図鑑を見るような楽しさを感じる。

＊本書では**年号を下2ケタ**（例：１９９２年を92年、２００２年を02年、２０００年代を00年代、２０１０年代を10年代）で記しています。１９５０年以前は略さずに表記しました。

＊目次及び30～31ページの地図は、国土地理院の地理院地図Ｖｅｃｔｏｒを使用して作成しました。

目次

※誌面スペースの都合上、一部の島嶼部は地図に掲載していません。

北海道
36

鳥取県
278
島根県
286
兵庫県
254
京都府
237
滋賀県
230
岡山県
294
大阪府
245
広島県
302
香川県
326
奈良県
262
山口県
311
徳島県
319
福岡県
350
愛媛県
334
和歌山県
270
佐賀県
359
大分県
382
高知県
342
長崎県
366
熊本県
374
宮崎県
389
鹿児島県
397

データの調査年、及び出典

・都道府県の面積、可住地面積は21年。総務省統計局「社会生活統計指標」より。人口は総務省統計局「人口推計」（22年10月1日現在）、同（93年10月1日現在）より。

・各都市の人口は、総務省自治行政局「住民基本台帳に基づく人口、人口動態および世帯数」（22年1月1日現在）、自治省「住民基本台帳・世帯数」（93年3月31日現在）より。

・特記以外の農作物の収穫量、漁獲量などは21年。農林水産省「作物統計」「野菜生産出荷統計」「果樹生産出荷統計」「花きの作付（収穫）面積及び出荷量」「特用林産物生産統計調査」「漁業・養殖業生産統計」より。柑橘類、ゴーヤーなど地域特産野菜は20年。同省「特産果樹生産動態等調査」「地域特産野菜生産状況調査」より。畜産農家の飼養頭数は22年。同省「畜産統計」より。酒類の製成数量は21年度。「国税庁統計年報」より。22年のデータは、速報値を記載のものがある。

・工業製品出荷額は21年。総務省・経済産業省「経済構造実態調査（製造事業所調査）」（個人経営事業所を除く）より作成。なお19年調査までは「工業統計調査」（従業者4人以上の事業所の統計）が行われていたが、それに代わり「経済構造実態調査」が実施されるようになった。これら2調査でデータが大きく異なるもの、経済構造実態調査では品目がないものがあり、「工業統計調査」のデータを記したもの（漆器製家具、プラモデル、和生菓子）がある。

・地元の企業売上ランキングの順位企業名は、『全国企業あれこれランキング』（帝国データバンク）及び企業HPを参照。各企業の業種、解説は各企業HPなどを参照。

・「家庭での年間購入金額上位のもの」は、22年。総務省統計局「家計調査年報」（2人以上の世帯）より。当データは、本文でも記したとおり各都道府県庁所在都市のデータである。

日本全体

平成と令和で どう変わった？

1990 年代から 2020 年代まで、
社会経済の大きな波はいくつもあった。
産業や文化でも個別の波が無数にあった。
まずは全体を俯瞰して見てみよう

約30年前、90年代前半の日本はどうだったか

バブル景気の謳歌から崩壊、就職氷河期も

89年が激動の年だったので、そこから始めたい。1月に昭和天皇の崩御、平成時代が始まる。4月には消費税が導入され、この時の税率は3％。6月に中国の北京で天安門事件が発生、11月にベルリンの壁が崩壊、12月にアメリカのブッシュ大統領（パパブッシュ）とソ連のゴルバチョフ最高会議議長が会談。冷戦の終結を宣言して、世界は平和に近づいた…はずだった。

80年代後半から始まったバブル経済、90年代初頭はまだその絶頂期。91年5月にオープンしたディスコ・ジュリアナ東京では、ワンレン・ボディコンの女性たちが、お立ち台で羽根付きの派手な扇子をふりまわして踊っていた。平均株価は89年12月末が史上最高値の3万8915円。バブルが本格的にはじけたのは92年で、平均株価は年初の約2万4000円から8月には約1万4000円にまで下落した。93年からは就職氷河期に突入（05年前後まで）。

政治の世界では、自民党の海部俊樹、宮澤喜一の各総理大臣での自民党政権が続いていたが、93年の衆議院議員選挙で自民党が大敗。日本新党代表の細川護熙が総理大臣に就任、非自民・非共産8党派の連立政権の細川内閣が発足。自民党は結党以来38年間政権を維持してきたが初めて

下野、55年体制の崩壊となった。その後、総理大臣は94年4月に新生党党首の羽田孜が就任。同6月には社会党委員長の村山富市が指名されて自社さ連立内閣が成立（「さ」は新党さきがけ）。自民党が単独政権に戻るのは、96年の第二次橋本内閣からとなる。

教育面では、92年から公立小中学校及び高校の多くで毎月第2土曜日が休日になり週休2日制が一部始まる。それまで毎週土曜日は半日授業だった。その後、公立小中学校でいわゆる「ゆとり教育」が始まるので、90年に生まれた人は小学校6年から、95年に生まれた人は小学校1年かららゆとり教育を受け、いわゆる「ゆとり世代」といわれるようになる。

Jリーグ発足、若貴フィーバー、オレたちひょうきん族

スポーツでは、93年サッカーのJリーグが開幕。日本チームのワールドカップへの出場は、93年のドーハの悲劇（最終予選敗退）を経て98年フランス大会から。プロ野球は西武ライオンズの黄金時代で、90〜94年リーグ優勝（うち日本一3回）。セリーグでは94年に「10・8決戦」。巨人と中日の、日本プロ野球史上初めてリーグ戦最終戦での同率首位チーム同士の直接対決。長島監督の「国民的行事」発言。巨人が勝利。94年オリックス・ブルーウェーブのイチローが史上初の年間200本安打達成。01年大リーグのシアトル・マリナーズへ。

大相撲では、90年に若花田（後の横綱若乃花）、貴花田（後の横綱貴乃花）が新入幕、若貴《わかたか》フィーバーが始まった。92年には貴花田が19歳5カ月の最年少幕内優勝を飾る。

テレビドラマでは、フジテレビの「月9」（月曜夜9時枠ドラマ）トレンディドラマの全盛期。91年『東京ラブストーリー』（鈴木保奈美、織田裕二）、『101回目のプロポーズ』（浅野温子、武田鉄矢）、92年『素顔のままで』（安田成美、中森明菜、東幹久）、93年『あすなろ白書』（石田ひかり、筒井道隆）など。トレンディドラマとは、バブルの雰囲気のなかでの恋愛を描いたドラマがそう呼ばれた。

お笑い界では、お笑い第一世代にあたるコント55号、ザ・ドリフターズに代わって、80年代から『オレたちひょうきん族』などで人気のビートたけしと明石家さんま、それにタモリに代表されるお笑い第二世代が引き続き活躍。さらにダウンタウン、とんねるず、爆笑問題、ウッチャンナンチャンらのお笑い第三世代が共に活躍した。第二世代以降が第一世代と決定的に異なるのは、リアクションを伴うフリートークも重視した点。それまでの「台本どおりの」つくりこんだお笑いとは一線を画した。お笑い芸人が漫才やコント番組だけでなく、バラエティ番組への進出も可能にし、それが現在のお笑い界の隆盛にもつながっている。

音楽では、演歌やアイドルが冬の時代を迎えたとされる。活躍したアーティストは多く、ここではひとりひとりを挙げないが、X JAPANなどのビジュアル系バンド、90年代半ば頃からは小室ファミリー（ｔｒｆ、ｇｌｏｂｅ、華原朋美、篠原涼子など）や、沖縄アクターズスクール出身の安室奈美恵、ＳＰＥＥＤが大ヒット曲を連発した。

漫画は『週刊少年ジャンプ』の全盛期で、91年に公称６００万部超え、95年同６５３万部の最高を記録。同年「ドラゴンボール」、翌年「SLAM DUNK」の連載終了で部数減に転じる。

95年は大きな出来事があった年で、1月に阪神・淡路大震災、3月にオウム真理教による地下鉄サリン事件。また、ウィンドウズ95が発売となり、パソコンが普及する原動力となった。

90年に任天堂の家庭用ゲーム機「スーパーファミコン」発売。94年ソニーが初の家庭用テレビゲーム機「プレイステーション」発売。

最後につけ加えると、30年前はセクハラとパワハラの基準も、相当緩かった。『3年B組金八先生』第5シリーズ（99～00年TBS系）では、金八先生（武田鉄也）が生徒に平手打ちをして、それを自責し教師を辞めようとするが、生徒が金八にビンタを浴びせ辞めないでと説得するシーンが印象に残る。

90年代前半にはなかった日常使用製品（または普及していなかったもの）

パソコン。もちろんインターネットも普及していない。**薄型（液晶など）テレビ**。テレビは箱型で重たいブラウン管タイプだった。**DVDとレコーダー**。録画はVHSのビデオテープが主流。何度も見ると画質劣化。Suicaなどの**IC乗車券**。定期券利用の場合を除き、切符を買って乗車。混雑時は駅の切符自販機の前に長蛇の列。高速道路の**ETC**。料金所でお金を払うので、そこで渋滞がよく発生していた。キャリアメールの送受信やウェブページの閲覧ができる**携帯電話**。**スマホ**もない。

北洋漁業、鉄、造船、鉄道、それぞれの町の浮き沈み

90年代前半を基点に、その前後30年間を見る

産業構造の変化により、都市または地域の様相が一変してしまうことがある。本書の主旨である約30年前と現在とを比較するにあたり、この項では、期間をもう少し広げて、日本が高度成長の只中にいた60（昭和35）年頃からの変化もあわせて見てみたい。というのは、約30年前の90年代の地理の教科書でも、さらにその前からの日本の変貌ぶりについて述べているように、その時々には、その前の時代に隆盛だった痕跡がある。一つの時代を理解するには、その時あった痕跡も含めるとよくわかるためである。

代表的なのは、60年代を中心とした石炭から石油へのエネルギー革命。劇的なものだったので、約30年前の教科書でも、九州の筑豊炭田や北海道の石狩炭田が閉山となったことが、比較的詳しく書かれている。炭鉱の廃止については別項で詳しく述べることにしたい。

北の港町が活気に溢れた北洋漁業の時代

産業構造の変化の一つは、50年代後半から盛んになった北洋漁業である。ベーリング海や北太

平洋に出航しての北洋漁業は戦前から行われていたが、戦後中止されていた。ソ連との交渉により57年からベーリング海などでの操業が可能になった。沿岸・近海漁業しかできなかった北日本の漁港に活気が戻った。

北洋漁業海域は、サケ・マス・スケトウダラ・ニシン・ズワイガニが豊富に獲れ、世界でも屈指の好漁場である。缶詰加工装置や冷凍装置を備えた大型の母船に、実際の漁を行う数十隻の作業船がつき従うようにして大船団を組み、北の海に出航する。春に港を出て現場海域でおよそ3カ月とどまるなどして魚を獲る。

船団の基地となったのは、北海道の釧路、根室、函館、八戸（青森）など。70年前後の最盛期、毎年出航時期が近づくと、船員たちは毎晩大挙して夜の街に繰り出した。地元の商店は、船団に積みこむ大量の食料などの用意に大忙しになった。市民は親しみを込めて船員のことを「北洋さん」と呼んでいた。

76年、アメリカが自国の漁業専管水域を、それまでの12カイリから200カイリ（約370km）に拡大すると発表、ソ連もそれに続くと、日本は漁ができるエリアが限られ漁獲量が減少し、北洋漁業は急速に衰退する。

北洋漁業の基地となった町では今でも「あの建物は北洋漁業で栄えていた頃に建てたもの」などと、当時を懐かしむ話を聞くことが多い。

そびえる高炉が象徴する「鉄の町」の現状

日本には、「鉄の町」といわれてきた都市がいくつかある。重厚長大企業の代名詞ともいえる鉄鋼大手の製鉄所のある町が該当する。古くは1901（明治34）年に操業開始の官営製鉄所が立地した現・北九州市の八幡《やはた》地区がその代表格。

85年のプラザ合意後の鉄鋼不況の際には、新日本製鐵（現・日本製鉄）が89年に釜石（岩手県）、90年に堺（大阪府）、93年に広畑（兵庫県）の高炉を休止した。なかでも釜石市は典型的な同社の企業城下町だったので、製鉄所の規模縮小の影響を大きく受けた。72年に人口7・3万人だったのが、90年には5・0万人に減少している（岩手県の項参照）。

鉄鋼業は、景気による需要変動が大きく、石炭を大量に使うので、近年では二酸化炭素削減の問題にも直面している。また、規模拡大によるスケールメリットが大きいので、アジアやヨーロッパ各国でも、生き残りのために大会社どうしの合併が進んだ。日本は粗鋼生産量で96年に中国に抜かれた後、その差はどんどん開き、20年では日本が9600万tなのに対し、中国は10倍以上の10億3000万tにまで達した。

23年9月、日本製鉄の瀬戸内製鉄所呉地区（広島県）が閉鎖された。呉には戦前、戦艦大和を建造した呉海軍工廠《こうしょう》があり、「海軍の町」といわれた。戦後は「鉄の町」となったが、その名称も返上となる。同じく23年9月にはＪＦＥスチールの京浜地区の高炉も停止（神奈川県の項参照）となっている。

現在本格的製鉄所の象徴といえる高炉のある「鉄の町」は、室蘭（北海道）、鹿島（茨城県）、千葉、君津（千葉県）、名古屋（愛知県）、和歌山、加古川（兵庫県）、倉敷（岡山県）、福山（広島県）、八幡（福岡県北九州市）、大分の各市となった。現在の「鉄の町」でも和歌山市のように、全国有数の鉄の町（住友金属工業、現・日本製鉄）といわれた最盛期に比べると、就労者数が激減している町もある。

建造量世界一を支えていた「造船の町」の今

日本は56（昭和31）年に船の建造量世界一となってから00年前後まで、40年以上世界一を保ってきた。造船業界は、70年代前半のタンカーブーム、00年代の海運活況造船ブームなど大きな上昇波の後は不況となることが繰り返されるなど、経営が難しい業界といわれる。日本は00年前後に新造船竣工量で韓国に抜かれた後、09年には中国にも抜かれる。国内にいくつかある「造船の町」では、そうした影響を受けてきた（愛媛県、長崎県の項参照）。

瀬戸内海に浮かぶ因島《いんのしま》（広島県）は、造船不況の際は「島が沈む」といわれたほどの「造船の町」だった。歴史は古く、1911（明治44）年に大阪鐵工所、後の日立造船が因島に造船所を設けている。第一次世界大戦での大戦景気で発展し、太平洋戦争中は軍需工場になっていたので、アメリカ軍の空襲を受けた。戦後も島の人口は工場労働者によって増加し、それに伴って商業も発展した。70年頃が最盛期で、72年の因島市の人口は4・2万人。だが90年代の造船不況の影響をもろに受けて、06年の人口は2・8万人へと減ってしまった。現在は日立造船の造船部門がジャパンマリンユナイテッドとなり、規模を大幅に縮小して因島事業所となっている。

また、相生《あいおい》市（兵庫県）も造船業が看板だった町。播磨造船所発祥の地（当初は播磨船渠）で、石川島播磨重工業、IHIとなっていく。造船業の規模縮小で、86年に人口4・0万人だったのが22年には2・8万人にまで減少した。現在は統合や社名変更でJMUアムテックとなっている。

香焼《こうやぎ》町（現・長崎市）や佐世保市なども「造船の町」で、造船不況の影響を強く受けている。

貨物列車の存在が支えていた「鉄道の町」

かつては全国に「鉄道の町」が存在した。実は約30年前には、その多くの町が、すでにそれより約10年くらい前に「鉄道の町」としての特徴を失っていた。貨物列車の本数が激減し、それを牽引するための機関車の車庫であり保守点検の場所でもある機関区がなくなったことが大きい。

国鉄の貨物輸送トンキロ（現・JR貨物）は、70年度が624億トンキロだったのに対し、90年度は268億トンキロ、22年度は177億トンキロへと減少している。

たとえば、70年代前半まで「鉄道の町」であった追分（北海道）は、夕張線（現・石勝線）と室蘭本線の分岐駅で、夕張方面と岩見沢方面から石炭を積んだ貨物列車が多数やってきていた。追分機関区があり、そこには多数の蒸気機関車が在籍していた。機関区があれば、そこに多数の国鉄職員がいる。町の規模が小さい場合、町民が国鉄職員やその家族である比率が高くなる。「小学校の運動会。半数以上が国鉄職員の子どもであり（中略）小学校の運動会であるにもかかわらず種目に国鉄の職場対抗のリレーがあったり、こちらは子ども以上に盛り上がった」（伊藤丈志「国鉄最後の蒸気機関車基地追分で」『鉄道ジャーナル』22年11月号）。このように町自体が小さいのに重要な鉄道施設があるために「鉄道の町」となったところは日本各地に存在した。

「鉄道の町」をいくつか挙げておこう。名寄《なよろ》（北海道）は、宗谷本線のほかに名寄本線（89年廃止）と深名《しんめい》線（95年廃止）が分岐し、名寄機関区もあって交通の要衝の町だった。新津（新潟県）は、信越本線と羽越本線・磐越西線という幹線どうしの分岐駅であり、総合車両製作所新津事業所（旧・新津工場）がある。横川（群馬県）は、97年に長野新幹線（現・北陸新幹線）が開業するまで、66・7‰というJRで唯一最大の急勾配のある碓氷《うすい》峠区間（横川―軽井沢）に立地し、そこを走行するには専用の補助機関車が必要で、その機関車用の車両基地があった。直江津（新潟県）は、北陸新幹線開業までJR東日本とJR西日本の境界駅で、国鉄時代からも信越本線と北陸本線のジャンクションとして乗務員交替のポイントだった。21年には駅構内に「直江津D51（デゴイチ）レールパーク」がオープンしている。米原（滋賀県）は、直流電化の東海道本線と交流電化（当時。現在は一部区間直流）の北陸本線の接続駅として現在でも、施設面も含めて交通の要衝駅。多度津（香川県）は予讃線と土讃線の分岐駅で、JR四国の車両工場である多度津工場がある。

石炭から石油へ。産炭地の町の衰退

60年前後から始まったエネルギー革命

今から約30年前、ちょうどその「革命」に終わりを告げようとしていたのが、石炭から石油・天然ガスへのエネルギー革命だった。当時の教科書では、すでに終了した（炭鉱はなくなった）かのように書かれている。それらを見ていこう。

戦後、中東で大油田が発見されるなどして、安価で大量に石油が輸入できるようになるなか、60年頃から自動車の普及や石油化学製品の需要増が起きて、日本の社会全体も石炭より石油を求めるようになった。

60（昭和35）年には国内で石炭産出量5200万t、稼働炭鉱数622カ所あったのが、61年をピークに、いっきに減少していく。輸入石炭が安価になったことも大きかった。

石炭を採掘する代表的な炭田は、筑豊炭田（福岡県）と石狩炭田（北海道）、それに常磐炭田（福島県・茨城県）、宇部・大嶺炭田（山口県）、三池炭鉱（福岡県・熊本県）などである。

30年前の教科書から引用すれば、「中小炭鉱が多かった筑豊や常磐などの炭田では、1970年ごろにはほとんどの炭鉱が消えた」「大会社の炭鉱が多かった石狩炭田が日本の石炭の主産地となり、夕張（北海道）には最新技術を使った大炭鉱も開発された」（『中学社会　地理的分野』日本書籍、92年検定）とある。

その石狩炭田も、ガス爆発など死者の出る大災害が何度か起き、「かつて20あまり炭鉱があった夕張では、１９９０年にはすべての炭鉱が閉山した」（同）。

筑豊炭田の中心地の一つである田川市の例では、63年の人口が10・3万人だったのが、閉山後の72年には6・3万人に減少、22（令和4）年は4・6万人となっている。それでも北九州工業地帯に近い地の利もあり、炭鉱跡地に工場を誘致したり、麻生セメントのように炭鉱からセメント業に転進した企業があったりして、都市の機能は維持され一部発展もしてきた。

一方、石狩炭田のほうが、都市としてのダメージは大きかった。夕張市の人口は60年に11・7万人だったのが、閉山が相次いだ75年に5・5万人、完全に閉山後の93年には1・9万人となり、22年は４１５９世帯６９５９人にまで減ってしまった。高齢者の多いまったく別の村のようにと様変わりである。市内に20ほどの炭鉱のあった歌志内市も、60年に3・8万人だった人口が72年には1・5万人、22年には２９１６人となっている。

約30年前の教科書を読むと、炭鉱がすべてなくなってしまったような印象を受けるが、国内で現在も石炭の採掘は続いている。太平洋炭鉱から引き継いだ釧路コールマインにより、釧路炭鉱（北海道）で唯一の坑内掘りが行われている。主に発電に使用される石炭で、22年の生産量は26・2万t。このほかかつての石狩炭田の一部で、規模の小さな露天掘りによる炭鉱が存在する。

横綱コシヒカリを別格として、お米の品種はこんなに変わった

22年産		
品種名		主要産地（）内は県内で2位以下
コシヒカリ	33.4	福島・関東以西の中国・四国まで
ひとめぼれ	8.5	岩手・宮城・沖縄
ヒノヒカリ	8.1	大阪・奈良・九州（福岡・佐賀を除く）
あきたこまち	6.7	秋田・（岩手）
ななつぼし	3.2	北海道
はえぬき	2.9	山形
まっしぐら	2.4	青森
キヌヒカリ	1.9	和歌山・（滋賀）・（京都）
ゆめぴりか	1.8	（北海道）
きぬむすめ	1.8	（静岡）・（和歌山）・（鳥取）・（島根）

…るみ、岐阜1位ハツシモ、愛知1位あいちのかおり、

各地で異なる人気銘柄米

多くの日本人が主食とする米。スーパーなどではいくつもの銘柄米（品種と産年を同一とした品）が並び、値段もそれぞれでけっこう異なるのはご存じのとおり。こうしたお米の人気の品種は、時代と共に移り変わってきた。

戦後しばらくの間は、農家にとって育てやすく、収穫量も多い品種が重宝がられていた。だが70～80年代以降は、おいしいお米へのニーズが断然高まり、各地で盛んに品種改良が行われてきた。

	82年産		92年産		02年産		12年産	
順位	品種名		品種名		品種名		品種名	
1	**コシヒカリ**	16.2	**コシヒカリ**	28.9	**コシヒカリ**	36.7	**コシヒカリ**	37.
2	日本晴	11.4	ササニシキ	9.5	**ひとめぼれ**	9.9	**ひとめぼれ**	9.
3	ササニシキ	9.4	**あきたこまち**	5.4	**ヒノヒカリ**	9.8	**ヒノヒカリ**	9.
4	アキヒカリ	5.5	日本晴	5.0	**あきたこまち**	8.3	**あきたこまち**	7.
5	キヨニシキ	4.0	きらら397	3.7	きらら397	4.8	**キヌヒカリ**	3.
6	トヨニシキ	3.5	ヒノヒカリ	3.6	**キヌヒカリ**	3.7	**ななつぼし**	3.
7	ニシホマレ	2.3	ゆきひかり	3.2	**はえぬき**	2.9	**はえぬき**	2.
8	トドロキワセ	2.1	初星	2.8	ほしのゆめ	1.8	**まっしぐら**	1.
9	キタヒカリ	1.9	むつほまれ	2.7	つがるロマン	1.2	きらら397	1.
10	アキニシキ	1.7	キヌヒカリ	1.9	ササニシキ	1.2	あさひの夢	1.

米（うるち米）の作付上位品種の年別推移

・数字は全国に対する作付割合（%）
・22年産：上記のほか群馬1位あさひの夢、埼玉1位彩のかがやき、神奈川1位
岡山1位アケボノ、福岡1位夢つくし、佐賀1位さがびより
・細字は、22年産でベスト10ランク外の品種

別表を見てすぐわかるとおり、コシヒカリが一人横綱という感じで、最も作付面積が大きい。表では区別されていないが、その中でも最高峰が魚沼産コシヒカリである。

コシヒカリは、新潟県と福井県の農業試験場が関わって56（昭和31）年に登録された。コシヒカリの作付面積が多い地域は福島県以南から中国・四国地方まで、そのほぼ全土に広がり、79年からずっと1位を続けている。

それ以前の70年代は、82年でも2位にランクインしている日本晴が1位だった。日本晴は愛知県の農業試験場で開発され、とくに関西、中国地方で多くつくられていたので、年配の方で、そういえば昔食べていたという方も多いかもしれ

ない。チャーハンなどに向くとされ、今でも作付が行われている。

00年代くらいから、スーパーなどのお米売場で、東日本では、ひとめぼれとあきたこまち、西日本ではヒノヒカリをよく見かけるようになる。この3種が台頭する代わりにササニシキが少なくなっていった。

あきたこまちが成功したためか、ひらがな品種名が多くなっていくのも面白い。北海道で00年代前半に、美味しいと評判となるななつぼしが開発され、ゆめぴりかと共にシェアを伸ばしていったのも、特徴的なできごとだった。

鉄道と道路、これだけ今と違った約30年前の状況

新幹線

93年時点での新幹線の開通状況を見ておこう。

・東海道・山陽新幹線（東京―博多）
・東北新幹線（東京―盛岡）。東京―上野は91年開業
・山形新幹線（福島―山形）。実際の列車は東京―山形などで運行
・上越新幹線（大宮―新潟）。実際の列車は東京―新潟などで運行

以上で、まだ長野新幹線（97年開業）、秋田新幹線（97年開業）、九州新幹線（04年部分開業）などはできていない。この後の延伸は各県の記述参照。

「のぞみ」が東海道新幹線に登場したのは92年、山陽新幹線へは93年。また、東海道新幹線品川駅が03年に開業している。

東海道・山陽新幹線で特筆しておきたいのは、食堂車があったこと。85（昭和60）年から走り出した2階建て車両を組み込んだ100系車両の、2階部分に設けられた。階下は厨房と売店だった。88年からはグリーン車利用者の増加（バブル経済が始まったためか）により、食堂車部

分をグリーン車にし、階下を持ち帰り式のカフェテリアにした編成が現れた。食堂車は主に東京—博多の比較的停車駅の少ない「ひかり」に組み込まれていたが、00年に廃止されてしまった。今も食堂車復活を望む声は多く聞く。

東海道新幹線を例にした禁煙車の経緯に関しては、熊本県の項参照。

夜行列車の廃止

約30年前は、まだ全国に多くの夜行列車が走っていた。東京—博多、上野—青森など、並行して新幹線が走っているにもかかわらず、夜行列車が複数本運行されている（以下92年8月の例）。東京からは九州方面を中心に、長崎・佐世保行き「さくら」、西鹿児島（現・鹿児島中央）行き「はやぶさ」、熊本・長崎行き「みずほ」、南宮崎行き「富士」、博多行き及び下関行き「あさかぜ」、浜田行き及び出雲市行き「出雲」、高松行き「瀬戸」といった夜行寝台特急（ブルートレイン）が定期列車だけでも9本発車していた。

当時、東京—博多は新幹線で約5時間50分。それを「あさかぜ」だと15時間51分かかっている。「あさかぜ」の博多到着時間は、朝一番の新幹線で東京を出た時刻とさほど変わらない（約1時間「あさかぜ」のほうが早い）にもかかわらず、利用者はそれなりの数がいたわけだ。

東京（上野）から青森も、当時東北新幹線を利用して盛岡で在来線特急に乗り換えて約5時間で行けた。だが、同区間を夜行寝台電車特急の「はくつる」、「ゆうづる」、夜行急行「八甲田」

が走っている（このほか奥羽本線経由青森行きの列車や札幌行き列車もあった）。上野―青森の所要時間は「はくつる」が約9時間、「八甲田」が約11時間20分である。長距離の移動は夜行列車利用という、昔からの習慣が残っていた時代だった。とくに自由席のある「八甲田」は、安上がりに乗車できてありがたかった。

このほか、当時あった夜行列車（定期運行）を列挙すると、以下のようになる。

札幌―稚内、札幌―釧路、札幌―網走、函館―札幌、青森―札幌、上野―金沢、上野―（羽越本線経由）秋田、上野―長野、東京―大垣、新宿―（松本経由）南小谷、新宿―（新潟経由）村上、大阪―（名古屋経由）長野、大阪―（金沢経由）新潟、大阪―青森―函館、大阪―（福知山経由）出雲市、新大阪―西鹿児島、新大阪―都城、京都―長崎・佐世保、門司港―西鹿児島、博多―宮崎など。

これらのうち東京―大垣などは乗車券のみで乗れる普通（快速）で、「青春18きっぷ」を利用して乗ったことを思い出す方もいるだろう。

多くの夜行列車は00年代に運行終了。09年に東京―大垣の夜行列車（当時は「ムーンライトながら」）及び東京と九州を結ぶ夜行寝台特急がすべて定期運行終了となった。23年現在、定期運行の夜行列車は、東京―四国・山陰を結ぶ「サンライズ瀬戸」、「サンライズ出雲」だけとなっている。

鉄道路線の廃止

国鉄末期からＪＲ発足（87年）の前後にあたる83〜90年にかけて、全国的に赤字ローカル線の廃止（バス転換）または第３セクターへの転換が行われた。廃止されたのは約50路線に及んだ。また38路線が第３セクター（一部私鉄）の路線となった。

92年以降に廃止された鉄道路線は、別項参照のとおりである。

高速道路

約30年前の93年時点では、30ページの図のように高速道路（一般的感覚での高速道路）が開通していた。95年の九州自動車道の未開通区間の開通により、青森から鹿児島まで、首都高速道路を介して高速道路が結ばれた。93年8月時点の供用中の高速道路（国土開発幹線自動車道）は合計５４０４㎞。23年では高速道路・自動車道（高規格幹線道路）の総延長が約1万２２００㎞となっている。

道の駅

全国各地で見かける「道の駅」。休憩施設としてクルマ利用者にはありがたいし、地域の特産品を販売するなどして旅の目的地の一つとして人気を得ているところも多い。正式に誕生（現・国土交通省に登録）したのは93年で、23年では約１２００カ所ある。

1992年以降の鉄道廃止路線

JR北海道の廃止路線	
1994年	函館本線上砂川支線（砂川―上砂川）
1995年	深名線（深川―名寄）
2014年	江差線（木古内―江差）
2016年	留萌本線（留萌―増毛）
2019年	石勝線夕張支線（新夕張―夕張）
2020年	札沼線（北海道医療大学―新十津川）
2021年	日高本線（鵡川―様似。2015年から不通）
2023年	留萌本線（石狩沼田―留萌）
JR東日本の廃止路線	
1997年	信越本線（横川―軽井沢）
2014年	岩泉線（茂市―岩泉）
2020年	大船渡線（気仙沼―盛。2013年からBRT運行）
	気仙沼線（柳津―気仙沼。2012年からBRT運行）
JR西日本の廃止路線	
1997年	片町線（京橋―片町）
	美祢線大嶺支線（南大嶺―大嶺）
2003年	可部線（可部―三段峡）
2018年	三江線（江津―三次）
JR九州の廃止路線	
2023年	日田彦山線（添田―夜明。2023年からBRT運行）
旧国鉄又はJRから転換した路線での廃止路線	
1998年	弘南鉄道黒石線（川部―黒石）
2001年	下北交通大畑線（下北―大畑）
	のと鉄道七尾線（穴水―輪島）
2005年	のと鉄道能登線（穴水―蛸島）
2006年	神岡鉄道（猪谷―奥飛騨温泉口）
	北海道ちほく高原鉄道（北見―池田）
2007年	高千穂鉄道（延岡―槇峰。2005年から不通）
2008年	三木鉄道（三木―厄神）
	高千穂鉄道（槇峰―高千穂。2005年から不通）

私鉄廃止路線	
1992年	新潟交通電車線（白山前―東関屋）
	函館市電東雲線（宝来町―松風町）
1993年	新潟交通電車線（月潟―燕）
1999年	新潟交通電車線（東関屋―月潟）
2000年	西日本鉄道北九州線（黒崎駅前―折尾）
2001年	小田急電鉄向ヶ丘遊園モノレール線（向ヶ丘遊園―向ヶ丘遊園正門）
	名古屋鉄道揖斐線（黒野―本揖斐）
	名古屋鉄道谷汲線（黒野―谷汲）
	名古屋鉄道八百津線（明智―八百津）
	名古屋鉄道竹鼻線（江吉良―大須）
2002年	長野電鉄河東線（信州中野―木島）
	南海電鉄和歌山港線（和歌山港―水軒）
	南部縦貫鉄道（野辺地―七戸。97年から運行休止）
	京福電鉄永平寺線（東古市―永平寺）
2003年	有田鉄道（藤並―金屋口）
2004年	名鉄三河線（碧南―吉良吉田／猿投―西中金）
2005年	日立電鉄（常北太田―鮎川）
	名古屋鉄道岐阜市内線（岐阜駅前―忠節）
	名古屋鉄道揖斐線（忠節―黒野）
	名古屋鉄道美濃町線（徹明町―関）
	名古屋鉄道田神線（田神―競輪場前）
2006年	桃花台新交通（小牧―桃花台東）
2007年	くりはら田園鉄道（石越―細倉マインパーク前）
	鹿島鉄道（石岡―鉾田）
	西日本鉄道宮地岳線（西鉄新宮―津屋崎）
2008年	島原鉄道（島原外港―加津佐）
	名古屋鉄道モンキーパークモノレール線（犬山遊園―動物園）
2009年	小坂製錬小坂線（大館―小坂。旅客営業は94年まで）
	北陸鉄道石川線（鶴来―加賀一の宮）
2012年	十和田観光電鉄（三沢―十和田市）
	長野電鉄屋代線（屋代―須坂）

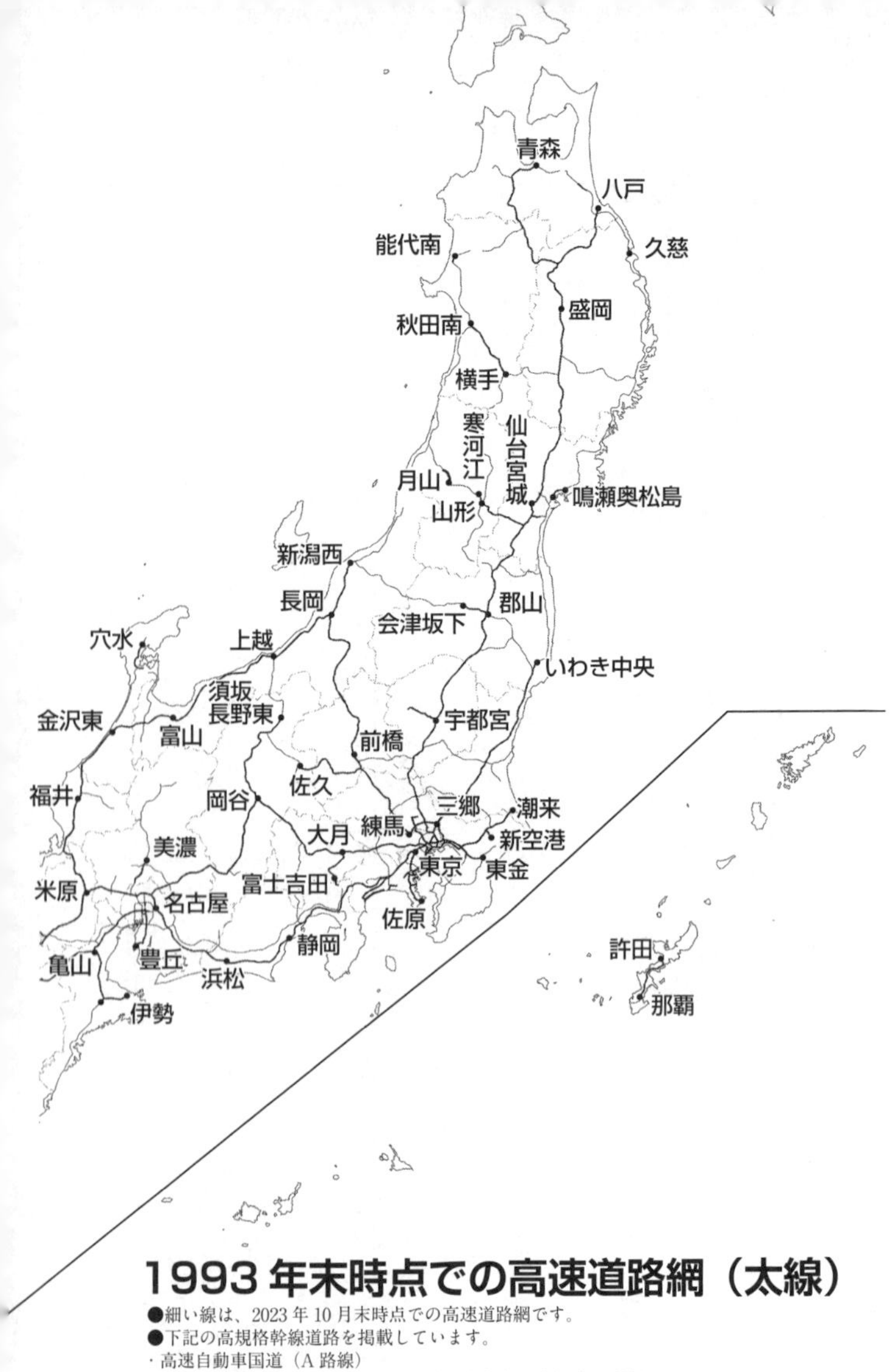

1993 年末時点での高速道路網（太線）

●細い線は、2023 年 10 月末時点での高速道路網です。
●下記の高規格幹線道路を掲載しています。
・高速自動車国道（A 路線）
・高速自動車国道に並行する一般国道自動車専用道路（A' 路線）
・国土交通大臣指定に基づく高規格幹線道路（一般国道の自動車専用道路）（B 路線）
・本州四国連絡道路
●インターチェンジ名やジャンクション名から
「インターチェンジ」「ジャンクション」は省略しています。
※誌面スペースの都合上、一部の島嶼部は地図に掲載していません。

旭川北
小樽
札幌
苫小牧東
伊達

福井
舞鶴西
米子東
松江中央
米原
生野北
吹田
浜田
落合
亀山
千代田
岡山
姫路
松原
高松西
広島
山口
和歌山
有田
下関
鳴門
宇部
いよ西条
福岡
院内
大洲北
南国
大分
宇和島北
津名一宮
佐世保
日田
湯布院
坂出
熊本
長崎多良見
延岡南
人吉
えびの
宮崎
鹿児島

ほぼ全県で起きた地方百貨店の興亡

かつては家族でハレの日のお買い物の場所

各県の代表的な都市には、多くの場合、長く親しまれてきた地元資本の百貨店があった。その百貨店の包み紙でいただいた贈答品は、送る側も安心、もらったほうも心躍るといったブランド価値の高かった百貨店も多い。

地方百貨店とは何かを明確にするために、それとは異なる大手百貨店グループを挙げておこう。

・大手百貨店グループ…三越伊勢丹ホールディングス、J・フロント リテイリング（大丸松坂屋百貨店）、そごう・西武、高島屋、エイチ・ツー・オー リテイリング（阪急阪神百貨店）、東急百貨店、近鉄百貨店。

これら以外が地方百貨店と呼ばれる。

この十数年、各地で地方百貨店の閉店が続いている。最近では、山形市の大沼百貨店が20年2月に閉店した際、山形県が全国で最初の百貨店空白県（百貨店協会加盟店が存在しない）となり、地方百貨店が斜陽であることの象徴的なニュースとして報道された。さらに同年8月には徳島そごうが閉店し、徳島県も百貨店の存在しない県の仲間入りをしてしまった。

閉店とまではいかなくても、山梨県民に愛されてきた甲府中心部の岡島百貨店のように、23年、売り場面積を大幅に縮小して移転、名称も百貨店を取り、「岡島」として再スタートを切った例もある。

また、福岡市天神の岩田屋本店のように、会社の債務が拡大して伊勢丹の傘下に入りながら（後に三越伊勢丹ホールディングス）、福岡県周辺では圧倒的に知名度が高いため岩田屋の名を名乗り続けている例もある。だが多くの場合、長崎の岡政百貨店が長崎大丸になったように、元の百貨店名にはこだわらない例のほうが多い。

郊外型ショッピングモールに客を奪われた百貨店

全国の百貨店の売上高は、バブル景気が終わりを告げる91年、９兆７１３１億円のピークを迎えた。その後、00年代後半からとくに減少が顕著で、コロナ禍前の19年には5兆７５４７億円、コロナ禍の20年には４兆２２０４億円と、全盛期の半分以下にまで落ち込んでしまった（２０２２年は４兆９８１２億円と、少し盛り返す）。

なぜ百貨店、とくに地方の百貨店の売上が減少傾向なのだろうか。大きな原因の第一がモータリゼーション（自動車が生活必需品として普及する現象）と住宅地の郊外化による郊外の大型ショッピングモールの台頭、第二が地方都市の人口減少及び高齢化による実質的購買層の減少である。

百貨店のほとんどは、都市の中心の駅または古くからの町の賑わいの中心地付近に立地している。バスや鉄道利用からマイカーへと移り、広い駐車場が少なく空いている駐車場を探すのに苦労するような町の中心部の百貨店より、広々とした駐車場のある郊外型大規模ショッピングモールのほうが人気となるのは必然的流れだった。大型店の出店を規制していた大店法（大規模小売店舗法）の見直しが90年代の中ごろに行われた影響も大きかった。

郊外の大型店に顧客を奪われたのは百貨店だけではない。昔ながらの商店街も元気を失い、シャッター商店街となっていった。

地方百貨店の中には、太平洋戦争など激動の時代を生き抜いて創業１００年を超える店が多くある。戦後の57（昭和32）年に創業のダイエーが、15年後の72年には、当時小売業売上高が日本一だった三越を超えトップに立ったものの、それから30年足らずして経営が悪化、紆余曲折の後、15（平成27）年にイオンの傘下へ入るという歴史をたどったことを考えれば、同じ小売業態でも百貨店はしぶといともいえる。

47 都道府県

平成と令和でどう変わった？

「そういえば、最近はアレを聞かなくなったな」

そこに住んでいれば連続した日常の流れの中に、遠い地域であれば関心が薄いゆえに、変化を意識しないうちに、いつのまにか地域は変わっている。

2020 年代の各都道府県の姿を 1990 年代と比較してわかる、2020 年代の日本の姿

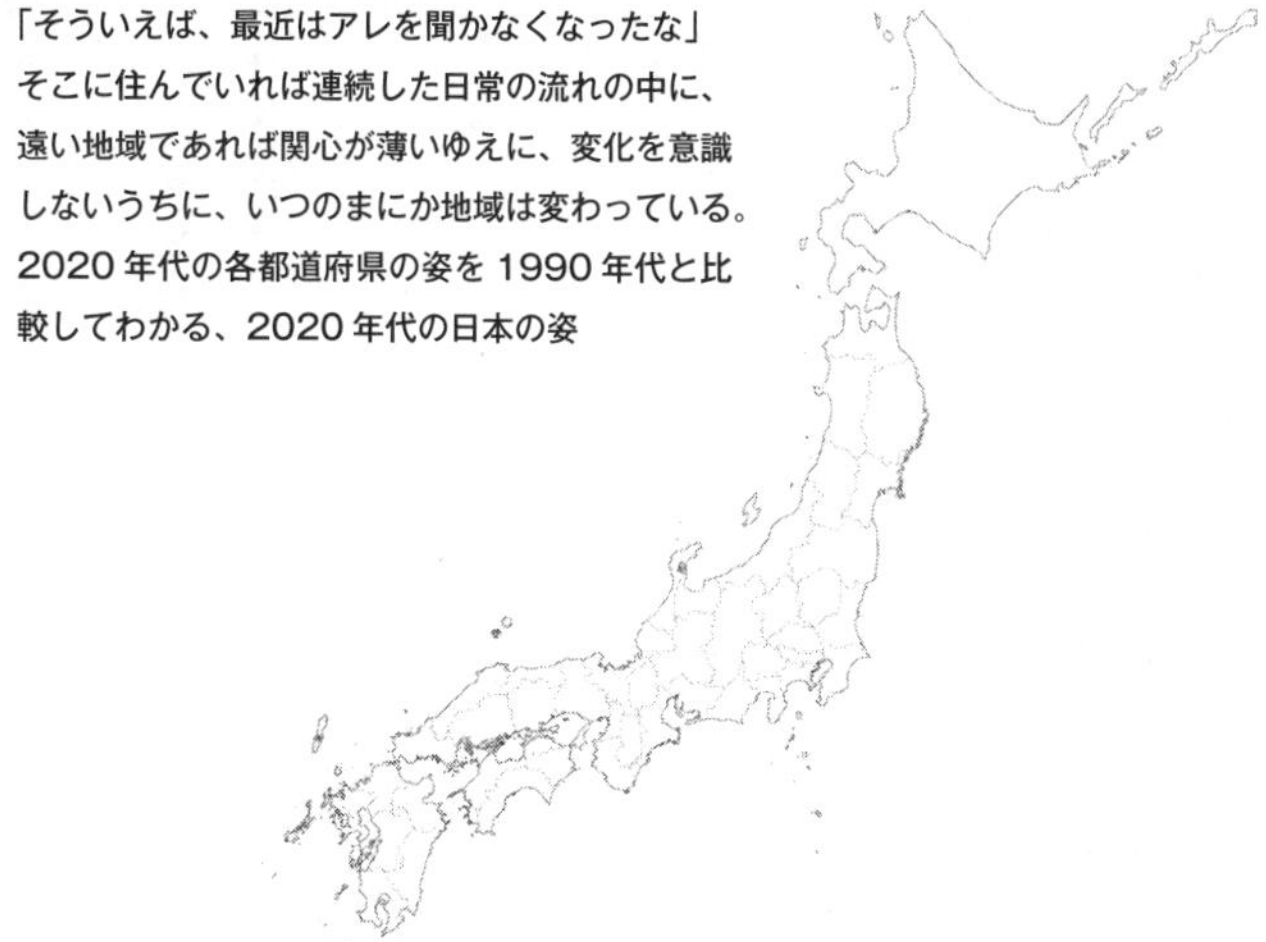

北海道　【旧名称】蝦夷地《えぞち》

［県木］エゾマツ　［県花］ハマナス　［県鳥］タンチョウ
［総面積］７万８４２１㎢（１位）　［可住地面積］２万２６９９㎢（１位）
［県庁所在地］札幌市

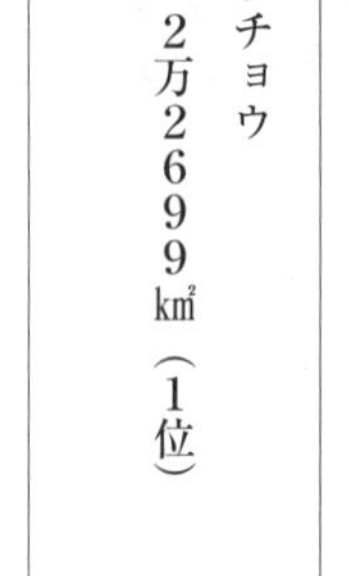

■地理・歴史

炭鉱、北洋漁業の衰退と大規模農業

もとはアイヌ民族が住む地だった。北海道の南端にある渡島《おしま》半島南部に本州からの移住者が住むようになり、江戸時代には松前に城下町もできた。本格的な開拓は明治時代から始まり、夕張・芦別をはじめ多くの炭鉱が開発されたが、エネルギー源が石炭から石油へと変わり、70年代から80年代にかけて産炭地の多くはさびれていった。

55（昭和30）年頃より、釧路、根室、函館などから遠くソ連（現・ロシア）やアラスカの近くまで行って魚（サケ、マス、スケトウダラなど）をとる北洋漁業が盛んになる。釧路港は69～77年まで連続して水揚げ量日本一を記録し、港町も活気にあふれていた。だが、76年にソ連やアメリカが漁業専管水域を領海２００カイリに拡大すると発表したことから、北洋漁業は急速に衰退していった。

広大な土地を生かして大規模農業や酪農が盛ん。

■約30年での人口と自治体変化

道人口：93年　566・6万人→22年　514・0万人

増減率：マイナス9・3％（減少率の高さ18位）

市町村数：93年　32市156町24村→22年　35市129町15村

主要都市の人口

93年札幌市170・4万人→22年196・1万人

93年旭川市36・0万人→22年32・8万人

93年［函館市＋戸井町＋恵山町＋椴法華《とどほっけ》村＋南茅部町］32・4万人→22年函館市（合併）24・8万人

93年苫小牧市16・5万人→22年17・0万人

93年帯広市16・9万人→22年16・5万人

93年［釧路市＋阿寒町＋音別町］21・1万人→22年釧路市（合併）16・3万人

北海道全体の人口減少が続くなかでの札幌への一極集中

北海道の面積の1・4％にあたる札幌市に、北海道の全人口の約38％が住む。約30年前（93年）

は同30％だったので、札幌都市圏への一極集中がさらに進んだことになる。札幌市の人口は20（令和2）年の197万人をピークに微減に転じている。

函館市と釧路市周辺の人口減少が目立つ。両都市とも北洋漁業が衰退する80年代から減少が続く。20年に、帯広市が釧路市の人口を追い抜いて道内5番目の人口となった。

■こんなに変わった教科書記述…地理編
寒さに強い米づくりから、おいしい米づくりへ

北海道の農業について、約30年前と今とでは、教科書の記述が変化している。約30年前の教科書では一例として、十勝平野ではほとんどの農家があずきなどを栽培していて「あずきは、『赤いダイヤ』とよばれるほどしばしば高い値がつく。しかし、夏に低温の日がつづくと**冷害**となり、大きな被害を受ける」と冷害のリスクが強調され、そのほか地力を保つためもあり、「寒さに強いてんさい（ビート）・じゃがいも・牧草などと豆をかわるがわるつくる**輪作**《りんさく》を行いながら、乳牛を飼う農家が多い」（『中学社会　地理的分野』日本書籍、92年検定）と述べる。あくまで冷害対策が第一という記述である。

現代の中学地理の教科書では、北海道のページ内に「冷害」という言葉が出てこない（『中学生の地理』帝国書院、20年検定）。その代わり「寒さに強い米」から「おいしい米へ」という小見出しもあり、そこでは、味のよい米の研究が進められてきて「現在、主に栽培されている**ゆめ**

ぴりかやななつぼしは、味のよさで評価を得ている北海道の銘柄米です」と述べる。ななつぼしは08年にそれまでの**きらら397**を抜いて北海道の米の作付面積トップとなっている。農産物全般にわたり品種改良が進み寒さに強くなったことのほか、この100年で北海道の平均気温が2度上昇したことを指摘する識者もいる。

輪作が生み出したインスタ映えスポット、美瑛パッチワークの丘

畑作についても、十勝平野や北見盆地などで、「多くの農家は、耕地をいくつかの区画に分けて、年ごとに栽培する作物を変える輪作を行うほか、大型の農業機械を使って効率よく広大な土地を耕しています」(同)と、同じ場所に同じ作物を植え続けると地力が落ち収穫が下がるため小麦やてんさい、じゃがいも、豆類などの輪作を行うことを強調している。

ちなみに道内で90年代頃から突如有名になった観光地として、**美瑛のパッチワークの丘**がある。なだらかな傾斜がうねるように続く広大な台地の中、区画ごとに色が異なるのでその名がついた。数種類の作物を輪作しているので、こうした光景が現出した。

■こんなに変わった教科書記述…歴史編
アイヌの歴史の記述が数倍詳しく

筆者が習った70年代の日本史教科書(中学用、高校用とも)では、アイヌ民族の歴史は、ふれられていなかった。90年代になると、松前藩からの不当な扱いに対してシベチャリ(現・新ひだ

か町静内周辺）のアイヌ部族の大首長シャクシャインが各地のアイヌ首長に呼びかけて松前藩に戦いを挑んだ**シャクシャインの戦い**（１６６９年）や、明治以降はアイヌの人たちに対して日本への同化政策がとられたことなどを、延べ２ページ程度でふれていた。

現代の教科書では、アイヌ民族に対してその数倍のページを割いている。「7世紀ごろになると、北海道では、縄文土器とは異なる、表面をへらでこすって模様をつけた擦文《さつもん》土器を用いる、新しい文化（擦文文化）が成立しました」（『新しい社会　歴史』東京書籍、20年検定）。その**擦文文化**にオホーツク文化が融合していくこと、江戸時代、アイヌの人々が中国東北部で手に入れた中国産の美しい絹織物は**蝦夷錦**《えぞにしき》と呼ばれ、江戸、大阪、京都などでもてはやされたこと（衣服のカラー写真も掲載）、豊臣秀吉の朝鮮出兵の際、蠣崎氏《かきざき》（渡島半島南部を支配、後に松前氏に改名）が肥前（佐賀県）の名護屋へ出陣し、このとき、蝦夷地の支配とアイヌの人たちとの交易を独占する権利を認められたことなど、中学で習う歴史の中で、擦文文化、蝦夷錦、蠣崎氏など、昔の教科書にはまったくなかった言葉が多いのに驚かされる。

シャクシャインの戦いや、明治政府による**北海道旧土人保護法**（１８９９年）、アイヌ民族の口承文学カムイユカラなどの内容も解説し、１９９７年に同法廃止、**アイヌ文化振興法**の制定を教える。20年に整備され、国立アイヌ民族博物館や伝統的コタンなどがある民族共生象徴空間（ウポポイ）を写真入りで紹介する教科書もある。

■約30年でこんなに変わった…観光地編

新しく人気となったスポットが次々と出現

81年からテレビドラマ『北の国から』の放送が始まると、その数年後から**富良野**が人気観光地となった。86年に**小樽運河**を半分埋め立てての整備が完成すると、一帯の石造り倉庫群の再活用も進み大人気に。旭川市の**旭山動物園**が、動物の自然な生態が見られる行動展示を97年から実施すると、テレビでの紹介もあり、とくに00年前後から来園者が急増した。**ニセコ町、倶知安《くっちゃん》町のスキー場**が、雪質のよさでオーストラリアなどからの外国人が多く訪れるようになったのは13年頃からである。こうして見てくると、まだこれからも新しい人気観光地が生まれてくる気がする。

■約30年でこんなに変わった…交通編

JR利用：88年から運行開始していた上野—札幌寝台特急「北斗星」は15年運行終了。99年から運行開始の同「カシオペア」は16年運行終了（一般販売分）。89年から運行開始の大阪—札幌寝台特急「トワイライトエクスプレス」は15年運行終了（一般販売分）。

北海道新幹線：16年新青森—新函館北斗開業。

札幌市営地下鉄：94年東豊線豊水すすきの—福住、99年東西線琴似—宮の沢開通。

札幌市電：15年西4丁目—すすきの延伸、従来Cの字型だった路線の先端部どうしをつなぎ環状運転を開始した。途中に狸小路停車場。

道央自動車道：70年代に苫小牧―札幌、80年代に札幌―旭川、室蘭―苫小牧、90年代に長万部―室蘭が開通。その後南に延伸し、12年に大沼公園まで開通。

道東自動車道：95年の十勝清水ＩＣ―池田ＩＣの開通を皮切りに延伸を重ね、16年に千歳から帯広を経由して釧路付近（阿寒ＩＣ）までの高速道路が全通した。

（新）紋別空港：99年開港。当初は新千歳空港（一時は丘珠空港）便就航。現在は羽田空港への便が就航。

■地方百貨店の興亡（県庁所在地を中心として）

札幌駅前にあった老舗デパート「五番館」

90年前後の札幌には、札幌駅前に**五番館**、**東急さっぽろ店**、**札幌そごう**、大通公園からススキノにかけて**丸井今井札幌本店**、**札幌三越**、**ヨークマツザカヤ**があった。なかでも丸井今井は１８７２年に小間物商として札幌に開店、五番館は１８９３年種苗や農具販売として開いた店が発祥の老舗である。五番館は昭和30年代に新店舗へと変わるまで、駅前の風格のある赤煉瓦建築として広く親しまれてきた。

03年に札幌駅に**大丸札幌店**と**ＪＲタワー**がオープン。この影響は大きく、09年に五番館から名称変更していた札幌西武、ヨークマツザカヤから名称変更していたロビンソン百貨店が閉店となる。駅前では札幌そごうも00年に撤退している。

■民放テレビ局　キー局の番組どれだけ見られた?

テレ東系列も含めて主要キー5局が揃う

72年札幌オリンピックが開催される前後までに北海道放送（TBS系列）、札幌テレビ放送（日本テレビ系列）、北海道テレビ（テレビ朝日系列）、北海道文化放送（フジテレビ系列）の主要キー局系列が出揃った。89年にはテレビ北海道（テレビ東京系列）が開局している。

■地元の大企業（売上高ランキング）

94年　1位ホクレン農業協同組合連合会　2位北海道電力　3位（生協）コープさっぽろ　4位丸井今井（百貨店）　5位秋山愛生舘（医薬品製造販売）

21年　1位ホクレン農業協同組合連合会　2位北海道電力　3位ツルハ（ドラッグストア）　4位イオン北海道　5位（生協）コープさっぽろ

ホクレン、北電に続いて大手流通が並ぶ

農協の連合会や電力会社といった生活に密着した組織が上位にランク。丸井今井（本社札幌市）は、90年代には、札幌、函館、旭川、釧路、小樽、室蘭、苫小牧にも百貨店を展開。現在は三越伊勢丹HDが札幌本店と函館店を運営している。なおファッションビルを展開する首都圏・関西圏の丸井（マルイ）とはまったくの別会社である。

■進学校の実績（東大合格者数）はこんなに変わった!? 変わらない!?

伝統の道立高校に私立が迫る

旧札幌第一中学校が前身の札幌南高校が、この30年間、東大合格者数で道内トップとなった年が多い。それに次ぐのが公立では札幌北高校と旭川東高校。00年代以降は私立北嶺高校（札幌市）の躍進が目立ち、札幌南を抜きトップになる年も。私立立命館慶祥高校（江別市）も近年多い。23年東大合格者は札幌南高18名、立命館慶祥高12名、北嶺高9名、札幌北高6名、旭川東高3名。北海道の道立進学校は、京都大学進学者も多い。

■県が全国シェア上位の生産物

小麦（1位）66％、小豆（1位）93％、ジャガイモ（1位）78％、タマネギ（1位）61％、ニンジン（1位）32％、米（2位）8％、サケ類（1位）98％、ニシン（1位）99％、タラ類（1位）90％、サンマ（1位）42％、カニ類（1位）24％、ブリ類（1位）15％、イカ類（2位）15％、乳用牛飼養頭数（1位）62％、肉用牛飼養頭数（1位）21％、豚飼養頭数（3位）8％

■家庭での年間購入金額上位のもの（都道府県庁所在地別、全国家計調査より）

サケ（1位）7109円、ウイスキー（1位）7736円、たばこ（1位）2万3258円

青森県　【旧国名】陸《む》奥《っ》

［県木］ヒバ　［県花］リンゴの花　［県鳥］ハクチョウ
［総面積］9646㎢（8位）　［可住地面積］3253㎢（8位）
［県庁所在地］青森市

■地理・歴史

旧南部藩と旧津軽藩の対抗意識

本州最北の県で、県の東側は太平洋、西側は日本海に面しているため、同じ県内でも気候や風土（住民の慣習や文化に影響を及ぼす土地の状態）がかなり異なる。

青森市は江戸時代、津軽藩の商業港として開発され、明治4年青森県庁が置かれた。弘前市は津軽藩の城下町。明治時代になると陸軍第八師団が置かれ、大正時代には旧制高校（現・弘前大学）の誘致に成功、軍都や学都としての性格を帯びるようになる。八戸市は八戸藩（南部藩が江戸時代前期に盛岡藩と八戸藩に分割）の城下町時代を経て、漁業基地として、また63（昭和38）年には新産業都市指定により工業の町としても発展していく。

16世紀末まで、南部氏が現在の青森県エリア全体を支配していたが、津軽氏が独立を図って西側半分を奪うことに成功した。それ以降、旧南部藩地域（下北半島を含む県の東側）と旧津軽藩地域（津軽半島を含む県西側）は、敵対意識を持つようになった。そうした感情は、多かれ少なかれ今も続いている。

■約30年での人口と自治体変化

県人口：93年　147・0万人→22年　120・4万人

増減率：マイナス18・1％（減少率の高さ2位）

市町村数：93年　8市34町25村→22年　10市22町8村

主要都市の人口

93年［青森市＋浪岡町］31・3万人→22年青森市（合併）27・5万人

93年［八戸市＋南郷村］25・0万人→22年八戸市（合併）22・3万人

93年［弘前市＋岩木町＋相馬村］19・3万人→22年弘前市（合併）16・6万

第一次産業従事者の率11％は全国1位（20年）

青森県の高齢者人口は約30年間で約23万人から約42万人へと増え、高齢化率は34・3％で全国6位。逆に0歳～29歳では54万人から27万人へと半減している。

第一次産業従事者の全国平均は3・2％なのに対し、青森県は11％で全国1位。青森県での内訳は農業就業者数約7万2000人（20年）、漁業約8400人（18年）、林業1640人（20

年)。いずれも約30年間で約半分の人数にまで減っている。

■約30年でこんなに変わった…産業編

全国1位のリンゴ収穫量、品種は「国光」から「ふじ」へ

青森県のリンゴ収穫量は21年41万5700トンで、2位の長野県11万3300トンを大きく引き離している。約30年前(93年)は青森県48万2100トン、2位長野県23万8200トンだった。現在は青森県と長野県の差がかなり広がってきた。

リンゴの品種では**ふじ**が断然人気があり、青森県で収穫量の48%、長野県でも56%(21年)を占めている。2位は**つがる**10%、3位は**王林**10%(青森県の例)となっている。

ふじは青森県藤崎町(津軽平野のほぼ中央に位置)にあった農林省園芸試験場で生まれ、1982年以来ずっと品種トップを続けている。それ以前は長い間**国光**《こっこう》と**紅玉**《こうぎょく》の2種が大きなシェアを占めていた。年配の方では国光と聞くと「そういえば昔はその名のリンゴを食べていた」と思い出す方も多いだろう。

八戸港、水揚げ日本一と習った人も多いはずだが…

八戸港の水揚げ高の推移

93年　水揚げ量　40万8000トン　水揚げ高474億3000万円

99年　水揚げ量　22万4000トン　水揚げ高393億9000万円

22年　水揚げ量　2万9000トン　水揚げ高　99億8000万円

80年代に**北洋漁業が衰退**（北海道参照）した後も、八戸港では、イカ、イワシ、サバなどが大量に水揚げされ、99年には**水揚げ量**、**水揚げ高**共に**日本一**となった（翌年も日本一）。だがその後、以前ほど魚が獲れなくなり水揚げ量は30年前の10分の1以下に減少してしまう。22年は水揚げ量全国14位、水揚げ高15位だ。

■約30年間でこんなに変わった…観光・祭り編

突如出現した!?　大人気祭り　五所川原の立佞武多

青森県の夏祭りといえば、**青森ねぶた**と**弘前ねぷた**が全国的にも知られてきた。だが今はもう一つ有名な祭りとして、**五所川原立佞武多《たちねぷた》**が加わっている。

五所川原市は津軽平野のほぼ中央に位置する。この祭りの特徴は、山車《だし》の背が高いこと。スサノオノミコトが台の上に立ち上がった姿をかたどったものなど、高さ20mを超える。

明治から大正時代頃まで、市内の豪商などが競って山車は巨大化していったが、電気の普及で市内に電線が張り巡らされると、山車が電線に引っかかるため巨大な山車はつくられなくなり、祭りも勢いを失ってしまった。

96年、市民が偶然見つけた明治時代の山車設計図や写真からボランティアの手で約80年ぶりに立佞武多が復活。期間中の人出は延べ約20万人にのぼる。

■こんなに変わった教科書記述…歴史編

三内丸山遺跡の出現が、縄文時代の記述を変えた

昔の教科書では、縄文時代の遺跡として、主に**大森貝塚**（東京都）が紹介されていた。「1877年6月、日本に来たアメリカの動物学者モースは、横浜から汽車で向かう途中、大森駅を過ぎた所で貝塚を見つけた」（『中学社会 歴史的分野』日本書籍、92年検定）。

今の教科書では縄文時代を代表する遺跡として、青森県の**三内丸山遺跡**《さんないまるやま》（青森市）などが紹介され、大森貝塚は数冊の教科書を見た限りでは記述がない。三内丸山遺跡の本格的な発掘は92年から始まった。その後大型の建物の跡が次々と見つかり、がぜん注目を浴びだす。大規模集落跡として貴重なもので、97年に国の特別史跡に指定。観光施設としても整備が進み、21年には「北海道・北東北の縄文遺跡群」としてユネスコの世界文化遺産に登録されている。

■約30年でこんなに変わった…交通編

ＪＲ利用：92年東京―青森４時間54分（東北新幹線・盛岡乗り換え東北本線）→23年（東京―新青森）（東北新幹線）２時間58分

東北新幹線が大宮―盛岡に82年開業。91年には東京まで延伸したが、盛岡から青森へは在来線（東北本線）特急への乗り換えが必要だった。02年に盛岡―八戸、10年に八戸―新青森が開業。車両の最高速度アップもあり、大幅な時間短縮を実現。

また92年の例では、東北本線経由、奥羽本線経由、羽越本線経由含めて上野―青森に特急「ゆうづる」、「あけぼの」、急行「八甲田」など6往復（多客期は10往復程度）の夜行特急・急行が走っていた。

■地方百貨店の興亡（県庁所在都市を中心として）

青森にあった武田百貨店と中三百貨店

約30年前、青森市街中心部に**武田百貨店**と**中三**《なかさん》**百貨店**があった。武田百貨店は、幕末期創業の武田呉服店がルーツ、中三百貨店は、明治時代に現・五所川原市で創業した中三呉服店がルーツである。

武田百貨店は青森市での地域一番店の時代もあったものの経営母体が変遷し、ビブレと名を変えた後、**さくら野百貨店青森本店**となって営業を続けている。

中三百貨店は74年青森市に進出、売上高で県内企業7位（３６９億円）を誇った94年には、青森本店、五所川原店（06年閉店）、盛岡店（11年閉店）などを展開。だが19年青森本店は閉店となる。

さくら野百貨店は弘前、八戸など、中三百貨店は弘前で営業中である。

■民放テレビ局　キー局の番組どれだけ見られた？

フジテレビの番組が少ししか見られない！

青森放送（日本テレビ系列）、青森テレビ（TBS系列）に加えて91年に青森朝日放送（テレビ朝日系列）が開局、以後、フジテレビ系列局がないまま3局体制が続いている。各テレビ局のスポット買いなどで、フジテレビの一部の人気番組は放送されてきた。多くの都道府県ではフジテレビ系サザエさんは日曜夕方に放送されるので、サザエさんのテーマ曲を聴くと憂鬱になるという「サザエさんシンドローム」が語られてきたが、青森県ではまったく逆。サザエさんは土曜夕方放送なので翌日は休み、逆に明るい気持ちになったという。

■地元の大企業（売上高ランキング）

94年　1位青森県経済農業協同組合連合会　2位吉田産業（建設資材総合商社）　3位丸大堀内（食品等卸売）　4位北大（遊技場）　5位セントラルファイナンス青森

21年　1位日本原燃（電気・ガス業）　2位ユニバース（スーパーマーケット）　3位丸大堀内　4位吉田産業　5位プライフーズ（食肉加工）

核燃料サイクル関連が県内売上げ1位企業

両年共にベスト5入りしている吉田産業（本社八戸市）は、1921（大正10）年に吉田金物店として創業。大規模な鋼材加工工場を持ち東北一円で幅広く活動。このほか歴史ある企業として角弘（鉄鋼・建設資材販売、本社青森市）がある。1883（明治16）年、藩の家老だった大道寺繁禎が共同出資者を募って弘前で農具会社を興したのが前身。地方では例をみない形での設立だった。21年は18位。

■進学校の実績（東大合格者数）はこんなに変わった!? 変わらない!?

青森、八戸、弘前の伝統校がトップ争い

青森高校、八戸高校、弘前高校が、都市の規模どおり進学校としての三羽ガラス。東大合格者は98年青森高5名、弘前校3名、八戸高2名、06年弘前高6名、八戸高5名、青森高3名、23年八戸高7名、弘前高2名、青森高1名。この約30年間、三校の東大合格者数順位は何度も入れ替わっている。

■青森県が全国シェア上位の生産物

にんにく（1位）67％、リンゴ（1位）63％、ごぼう（1位）39％、イカ類（1位）18％

■家庭での年間購入金額上位のもの（都道府県庁所在地別、全国家計調査より）

リンゴ（1位）8867円、果実・野菜ジュース（1位）1万291円、ソーセージ（1位）9395円、焼き鳥（1位）5118円、ホタテ貝（1位）3599円

岩手県　【旧国名】陸《む》奥《っ》

〔県木〕ナンブアカマツ　〔県花〕キリ　〔県鳥〕キジ
〔総面積〕1万5275㎢（2位）　〔可住地面積〕3751㎢（5位）
〔県庁所在地〕盛岡市

■地理・歴史

県民気質が生んだ!?　歴代総理大臣

岩手県の海辺は、複雑に入り込んだ海岸線が特徴の「リアス式海岸」が続き、その湾内では養殖業が盛ん。ただし全国的に漁業が縮小しているのと同じく、岩手県でも漁業の生産量が93年の約25万トンから20年の約9万7000トンへと減少している。

県内には春から夏にかけて「やませ」と呼ばれる冷たい風が吹く。そのため岩手県は史上いくども大凶作に見舞われてきた。筆者が学んだ70年代の高校の日本史教科書には、昭和恐慌の記述箇所に「飢えて大根をかじる東北地方の子供たち（岩手県遠野市）」と説明がついた写真が掲載されていた（中学教科書『新しい社会　歴史』東京書籍、20年検定にも同じ写真が掲載されているのを見つけた。写真説明は「東北地方の不況（岩手県1934年）」と簡素になっている）。無表情で大根をかじる3人の子供の写真のインパクトは強烈で、それ以来、盛岡や花巻から三陸地方へと向かう途中、この地方がかつて凶作に苦しんだことを思い出す。

岩手県の北部は旧南部藩、南部は旧伊達《だて》藩で、現在の北上市がその境。県民性も南北で異なり、雪に閉ざされる期間が長い北部では、口数が少ない頑張り屋が多く、南部では、外交的で商人気質を持つ人も多い傾向にある。

岩手県からは、これまで4人の内閣総理大臣を輩出している。19代原敬《はらたかし》、30代斎藤実《さいとうまこと》、37代米《よ》内光政《ないみつまさ》と戦後の70代鈴木善幸で、彼ら以外の東北地方出身者は、秋田県出身の99代菅義偉《すがよしひで》までいなかった。たとえば山口県出身の総理大臣のうち5人は明治維新の功労者とそれに連なる者だが、岩手県出身の総理大臣は何の後ろ盾もなく政党や軍部の中で自力により地位を得てきた人々である。

■約30年での人口と自治体変化

県人口：93年141・5万人→22年118・1万人

増減率：マイナス16・5％（減少率の高さ6位）

市町村数：93年　13市30町16村→22年　14市15町4村

主要都市の人口

93年［盛岡市＋玉山村］29・3万人→22年盛岡市（合併）28・5万人

93年［水沢市＋江刺市《えさし》＋前沢町＋胆沢町《いさわ》＋衣川村《ころもがわ》］13・3万人→22年奥州市（合併）11・3万人

93年［一関市《いちのせき》＋花泉町＋大東町＋千厩町《せんまや》＋東山町＋室根村＋川崎村＋藤沢町］14・5万人→22年一関市（合併）11・2万人

93年［花巻市＋大迫町《おおはさま》＋石鳥谷町《いしどりや》＋東和町］10・7万人→22年花巻市（合併）9・3万人

93年北上市8・5万人→22年北上市9・2万人

漁業就業者が約30年間で大幅減

人口が大きく減少するなかでも、県民の漁業就業者が90年1万8000人から20年4700人へと約4分の1にまで減少している。

約30年前に比べて人口が減っている都市がほとんどなのに反して、北上市の例が目立つ。北上市の人口はピークとなる14年（9・4万人）まで増加していた。東北自動車道と秋田自動車道の結節点という立地を生かし、企業誘致に取り組んできた成果などである。

■約30年でこんなに変わった…工業編

釜石市はラグビーの町、鉄の町で一世を風靡

釜石市といえば、年配の方は78年から日本選手権7連覇を果たした「新日鐵釜石」のラグビーチームを思い出す方も多いだろう。釜石はラグビーの町、鉄の町として名を馳せていた。

釜石市には、1880（明治13）年日本最初の製鉄所として官営釜石製鉄所が造られた。その後民間に払い下げられ、合併などにより日本製鐵、富士製鐵、新日本製鐵と社名を変えていく。富士製鐵時代の1960年代前半が全盛期だった。

・60年代前半　釜石製鉄所従業員数8000人超、釜石市人口は約9万人

70年代前半に石油ショック、円高、需要低迷などで冬の時代を迎え、新日本製鐵時代の89年に高炉休止、リストラが続く。

・90年　同従業員数約1300人　釜石市人口約5万人

さらに新日鐵住金、日本製鉄と社名を変え、現在日本製鉄北日本製鉄所釜石地区となる。現在もJR釜石駅前には製鉄所が広大な敷地で稼働し、高品質な線材を生産している。

・22年　同従業員数約200人　釜石市人口約3万1000人

釜石市は人口が激しく減少したものの、鉱山跡や鉄道関連の遺構など近代化遺産の宝庫として魅力的な都市となっている。

■こんなに変わった教科書記述…地理編

南部鉄瓶が急成長の輸出品として教科書に華々しく登場

重厚な黒色、ずしりとした重さが印象的な南部鉄瓶。茶釜も含めた**南部鉄器**の生産は、江戸時代以来、原材料の砂鉄、木炭、粘土、漆を地元で得られる盛岡市や旧水沢市を中心に発展してきた。南部鉄器の需要は、アルミニウムの普及と共に減少してしまったが、近年その質感、芸術性の高さが見直され、新しいデザインや電子調理器に対応した製品なども登場し、国内だけでなく海外への出荷も増やしている。

中学地理の教科書（東京書籍）に掲載された南部鉄器の輸出額の移り変わりグラフを見ると、80年代半ばに約5000万円だったのが、90年代には2～3億円へと急増し、10年代には5億円を超える額にまで成長している。「世界市場と結び付いた伝統工芸」との見出しもあり、岩手県民には誇らしく感じる記述だ。

■30年で変わった？変わらない…県民性編
家庭で食べるサケは、塩サケから生サケへ変化

岩手県の**サケ類の漁獲量**（海面）は1305t（20年）で、北海道、青森県に次いで第3位。食べるほうでは、家庭での**塩サケ購入金額**（盛岡市）が年間1世帯あたり4177円で2位とやはり多い。鮮魚のサケは5072円で23位。

約30年前の92年では塩サケの購入金額（盛岡市）が1万7337円もあった。当時鮮魚のサケは5522円。岩手県（盛岡市）では、サケを食べるにあたって塩サケのほうが圧倒的に多かったが、今では鮮魚のサケのほうが金額的には大きくなったわけだ。

■約30年でこんなに変わった…交通編

JR利用：92年東京―盛岡（東北新幹線）2時間36分→23年同約2時間10分

東北新幹線・秋田新幹線の延伸・開業などは青森県・秋田県参照。

盛岡から三陸へ：JRの急行消滅で鉄道では30年前より遅くなる

盛岡―宮古は、約30年以上前からバス利用が一般的だった。所要時間（約2時間）と運賃は鉄道とバスがほぼ同じだったが、本数はバスのほうが圧倒的に多かった。現在でもその状況は同じである。

盛岡―釜石は、92年JR釜石線経由で急行「陸中」が3往復、所要約2時間。同区間のバス（岩手県交通1日3往復）より約50分も所要時間が短かった。現在JRでは定期列車から急行は消滅し、快速「はまゆり」が運行されているが、所要約2時間15分、30年前より遅い。同区間はバスの運行も少ない。

無料の「高速」道路（復興道路）が次々開通

11年大津波に襲われた東日本大震災からの復興事業として、岩手県内では以下の自動車道の整備が、かつてないほどの早さで進んだ。

三陸沿岸道路（三陸縦貫自動車道など3路線の総称）：仙台市宮城野区から青森県八戸市まで21年全線開通。岩手県内をはじめほとんどの区間が無料（復興道路）。久慈―（宮古経由）―釜石では、開通前は約3時間だったのが開通後約1時間40分に。

宮古盛岡横断道路：21年全線開通。通行無料（復興支援道路）。宮古—盛岡の開通前約2時間が約1時間30分に。

東北横断自動車道釜石秋田線、通称釜石自動車道区間（花巻—釜石）：19年全線開通。花巻付近を除いて通行無料（復興支援道路）。釜石—花巻の開通前約1時間55分が約1時間20分に。＊所要時間はいずれも国土交通省の資料による

■地方百貨店の興亡（県庁所在地を中心として）

県内の百貨店は一つだけに

盛岡市街中心部にある**パルクアベニュー・カワトク**は、江戸時代末、木綿商の川村徳松が創業した老舗（経営会社は変更あり）。80年に現在地（菜園）に移転して営業を続けている。81年に盛岡市街中心部（肴町）に中三百貨店が開店したが、11年閉店。

■民放テレビ局　キー局の番組どれだけ見られた？

フジテレビ系列局が91年に開局して、ギャップが減少

80年代まで岩手放送（TBS系列）、テレビ岩手（日本テレビ系列）しかなかったが、91年に岩手めんこいテレビ（フジテレビ系列）が開局。岩手朝日テレビ（テレビ朝日系列）が96年に開局し、テレビ東京系列以外の主要系列が揃った。

80年代、いわゆるフジテレビ全盛期はフジテレビ系列局がなく、フジの人気番組は、キー局とは異なる時間帯に他系列局で放送されていた。フジのお昼の生放送による看板番組の「笑っていいとも！」が夕方にテレビ岩手で放送されていて、内容と時間帯に違和感を持った人も多かったようだ。

■地元の大企業（売上高ランキング）

94年　1位岩手県経済農業協同組合連合会　2位東日本ハウス　3位岩手東芝エレクトロニクス　4位東北日本電気　5位岩手県競馬組合

21年　1位薬王堂（ドラッグストア）　2位キオクシア岩手（半導体製造）　3位ベルジョイス（スーパーマーケット）　4位岩手県競馬組合　5位十文字チキンカンパニー（鶏肉製品生産・販売）

半導体関連製造会社が上位に

94年売上高3位の岩手東芝エレクトロニクス（本社北上市）は、東芝が世界に先駆けて開発製品化したNAND型フラッシュメモリを製造していた（現・ジャパンセミコンダクター）。キオクシア岩手（本社北上市）は17年に東芝の半導体メモリ事業を分社化して設立され、翌年グループから離脱した企業。

■県下進学校の実績（東大合格者数）はこんなに変わった!?　変わらない!?

戦後ほぼ一貫して盛岡の伝統高校が進学実績トップ

盛岡第一高校がこの約30年間、一強の状態を保っている。90年代から00年代は、東大合格者数2桁の年が多い。一関第一高校が年により盛岡第一高に次ぐ進学実績をあげている。黒沢尻北高校（北上市）、花巻北高校は東北大学の合格者が比較的多い。23年の東大合格者は、盛岡第一高6名、一関第一高1名。

■岩手県が全国シェア上位の生産物

生うるし（1位）82%、養殖ワカメ類（2位）31%、サンマ（2位）13%

■家庭での年間購入金額上位のもの（都道府県庁所在地別、全国家計調査より）

ワカメ（1位）2619円、塩サケ（2位）4177円、サンマ（1位）944円。サンマは19〜21年平均

宮城県

［旧国名］陸奥《むつ》

［県木］ケヤキ　［県花］ミヤギノハギ　［県鳥］ガン
［総面積］7282㎢（16位）　［可住地面積］3186㎢（11位）
［県庁所在地］仙台市

■地理・歴史

「札仙広福」との言葉も生まれた県都仙台市

「札仙広福《さっせんひろふく》」という言葉がある。東京、大阪、名古屋の三大都市圏に次いで、札幌、仙台、広島、福岡の4都市が、地方都市としては群を抜いているためである。仙台市は明治時代から東北地方の中核都市だったが、その実態はますます高まり、「卸売・小売業」の年間販売額では、仙台市だけで東北6県全体の約3分の1を占めている。

宮崎県北部の沿岸部は、リアス式海岸で港が多いほか、江戸時代から風光明媚な地として知られた松島がある。

伊達政宗が藩祖の仙台藩（伊達藩）の藩士は、正宗の影響を受け、派手好きといわれてきた。

■30年での人口と自治体変化

県人口：93年　229・0万人→22年　228・0万人

増減率：マイナス0・4％（減少率の高さ38位）

市町村数：93年　10市59町2村→22年　14市20町1村

主要都市の人口

93年仙台市92・0万人→22年仙台市106・5万人

93年［石巻市＋河北《かほく》町＋雄勝《おがつ》町＋河南町＋桃生《ものう》町＋北上町＋牡鹿《おしか》町］18・3万人→22年石巻市（合併）13・9万人

93年［古川市＋松山町＋三本木町＋鹿島台町＋岩出山町＋鳴子町＋田尻町］13・7万人→22年大崎市（合併）12・7万人

93年名取市5・8万人→22年名取市8・0万人

県の人口が減るなかで、名取市の人口が大幅増加

宮城県の人口のピークは03年の237万人。30年前と現在とを比較すると減少しているが、その減り方は他の東北5県よりもかなり少ない。

仙台市は99年に人口100万人突破。それ以降は毎年の増減が少ない。県内のほとんどの市町村では30年前に比べると人口が減少したが、名取市は大幅増。市内に仙台空港があり、そこへのアクセス鉄道（仙台空港線）が07年に開業。仙台駅から直通電車が運行され、仙台のベッドタウンとして発展している。

■約30年でこんなに変わった…産業編
マグロ、カツオ、サンマ、カキの水産県だが漁獲量は減少

県北部の海岸はリアス式で、気仙沼、石巻、女川《おながわ》、塩竈《しおがま》の四大漁港のほか、入り組んだ湾内で付加価値の高い養殖業も盛んである。漁業生産量は北海道、長崎県に次いで3位（21年）。魚種の漁獲量に関し、宮城県の全国順位を30年前と比較してみよう。

93年→21年　マグロ類1位→2位（6・6万t→1・8万t）、カツオ類4位→2位（4・1万t→3・1万t）、サンマ3位→3位（2・3万t→2300t）、カキ類2位→2位（4・8万t→2・2万t）。

全国順位は30年間でさほど変わらないが、漁獲量は、全国的な傾向と同じく大きく減らしている。

フカヒレ生産量日本一の気仙沼

そんななかで60年以来ずっと全国1位を保っているものがある。**サメ類の漁獲量**（1・1万t、22年、主要4港水揚げ）だ。三陸沖の延縄《はえなわ》漁業の際にマグロといっしょに漁獲される。宮城県は全国のサメの漁獲量の約5割を占め、その9割が気仙沼港に水揚げされている。気仙沼は江戸時代からフカヒレ製造を行っていて、現在もフカヒレ生産量は日本一。肉がカマボコなど練り物

に、骨は健康食品、皮は皮革製品など無駄なく使われている。気仙沼には、フカヒレラーメン、フカヒレ丼、フカヒレスープなどを食べられる店が多い。

■こんなに変わった教科書記述…地理編

横綱「ササニシキ」から「ひとめぼれ」への世代交代

約30年前の教科書には、「新潟県より西をおもな産地とする**コシヒカリ**と東北の**ササニシキ**は良質米の二大横綱といわれた。宮城県農業試験場で開発されたササニシキは、1963（昭和38）年に新しい品種として命名され」（『新版中学社会　地理』教育出版　92年検定、太字変更筆者）と書かれている。

約30年前の教科書での銘柄別作付面積の順位（うるち米、全国、88年）

1位コシヒカリ、2位ササニシキ　3位日本晴、4位アキヒカリ、5位ゆきひかり

日本晴は、愛知県農業試験場で開発・育成され、70年から78年まで作付面積日本一の銘柄だった。とくに西日本の年配の方なら食べていた方も多いはずだ。

22年の同順位

1位コシヒカリ、2位ひとめぼれ、3位ヒノヒカリ、4位あきたこまち、5位ななつぼし

2位の**ひとめぼれ**は、宮城県大崎市にある古川農業試験場で開発・育成されたもの。ササニシキに代わる形で広まり宮城県、岩手県では作付米の大半がひとめぼれである。

現代の教科書では、東北地方を襲った93年の冷害時、宮城県の米の作況指数が20～50（平年を100）になったのにふれながら「この年をきっかけに、宮城県で開発されていた「ひとめぼれ」など、冷害に強い品種の栽培が広がりました」（『中学生の地理』帝国書院20年検定済）と書かれている。全国の中学生がひとめぼれを知ったことになる。

■約30年でこんなに変わった…交通編

ＪＲ利用：92年東京―仙台1時間44分（東北新幹線）→23年（同）1時間30分

仙台市地下鉄：南北線が87年に開業していたのに加え、15年東西線が八木山動物公園―荒井開業。広瀬川を渡る箇所では地上に顔を出す。八木山動物公園駅はレール標高１３６ｍ。地下鉄として地下にある駅としては日本一標高が高い。

ＪＲ仙山線、「ひと昔前はローカル線」からの大変貌

仙台と山形方面を結ぶ仙山線。そのうち仙台―愛子《あやし》15．２㎞は沿線の宅地化で大都市近郊路線へと大変貌。仙台―愛子の平日の本数は81年普通７本＋愛子停車急行１本、92年普通35本＋快速7本、23年普通52本。

三陸を縦断する無料の「高速」道路（復興道路）開通：21年全線開通の三陸沿岸道路（岩手県参照）は、東日本大震災からの復興支援のため鳴瀬奥松島ＩＣ（宮城県）から八戸是川ＩＣ（青森県）まで連続３２０㎞を超える無料の「高速」道路。志津川ＩＣ近くには22年、道の駅さんさん南三陸がグランドオープン。震災翌年に仮設された南三陸さんさん商店街、震災伝承施設の南三陸メモリアル、JR志津川駅（BRT気仙沼線）が一体となったもの。

三陸海岸沿いは、津波で町並みがなくなってしまったエリア、新たにできた施設、無料の高速道路と、震災前との激変を実感する。

■地方百貨店の興亡（県庁所在地を中心として）

仙台駅前から百貨店がなくなる

60～70年代の全国的な百貨店の全盛期には、仙台駅前の**丸光百貨店**、一番町の**藤崎百貨店**と**仙台三越**が売り場面積の広さ、売上高共に、三つ巴の争いを繰り広げていた。91年丸光百貨店が**仙台ビブレ**となり、その後**さくら野百貨店仙台店**となるが、17年閉店。建物を残して仙台駅前から百貨店が消えた。

藤崎百貨店は江戸時代に地元で開いた太物商を発祥とする老舗百貨店で、地元に親しまれている。

■民放テレビ局…キー局の番組どれだけ見られた？

主要4波が早くから出揃う

東北放送（TBS系列）、仙台放送（フジテレビ系列）、宮城テレビ放送（日本テレビ系列）に加えて74年に東日本放送（テレビ朝日系列）が開局し、東北地方のなかでは早々と主要キー4局が出揃った。

テレ東系列局がないが、人気番組「開運！なんでも鑑定団」は東日本放送で平日の昼間に放送されるなど、キー局（火曜夜放送）とは別の曜日で放送される例が多かった。

■地元の大企業…売上高ランキング

94年　1位東北電力　2位カメイ（商社）　3位ユアテック（総合設備工事）　4位宮城県経済農業協同組合連合会　5位東北石油

21年　1位東北電力　2位東北電力ネットワーク　3位トヨタ自動車東日本　4位東京エレクトロン宮城（半導体製造装置）　5位カメイ

エネルギー関連の会社が多く並ぶ

大企業系列が多いなか、カメイは1903（明治36）年現・塩竈市で創業。石油、LPガスなどエネルギー関連を中心に幅広く展開する商社。宮城テレビ放送の大株主。

■進学校の実績（東大合格者数）はこんなに変わった!?　変わらない!?

80年代に大きな変化。県立高校間での競争が激しい

70年代までは仙台第一高校が、東大合格者数で県内一強を続けていた。77年に学区制が敷かれ

仙台第一高は「市内南」、仙台第二高校が「市内北」の地域からの入学になると、80年代前半東大合格者数が逆転する。98年東大合格者が仙台第二高12名、仙台第一高2名。

10年に全県一学区制へと移行。同年宮城第二女子高が共学の中高一貫校になり、仙台二華《にか》高校に校名改称。その前後に仙台第一・第二も共学化。16年仙台二華高が東大合格者県内トップ（8名）となる。23年の東大合格者は仙台二華高8名、仙台第二高7名、仙台第一高2名。

仙台市は、三大都市圏のように私立の進学高が多数あるわけではなく、進学実績に対する県立高校間の競争が激しい。

■宮城県が全国シェア上位の生産物

サメ類（1位）51％、養殖ワカメ類（1位）43％、マグロ類（2位）12％、サンマ（3位）12％、養殖カキ類（2位）14％、大豆（2位）9％

■家庭での年間購入金額上位のもの（都道府県庁所在地別、全国家計調査より）

かまぼこ（1位）８５７２円、清酒（2位）８８６８円

秋田県

【旧国名】出羽《でわ》・陸奥《むつ》

［県木］秋田スギ　［県花］フキノトウ　［県鳥］ヤマドリ
［総面積］1万1638㎢（6位）　［可住地面積］3233㎢（10位）
［県庁所在地］秋田市

■地理・歴史

日本三大美林の秋田スギ、お米は「あきたこまち」

県面積の約72％が森林で、天然の秋田スギは、青森ヒバ、木曽のヒノキと共に日本三大美林といわれてきた。県北部の白神《しらかみ》山地は、青森県にまたがってブナの原生林が広がり、人の手がほとんど入っていず自然の生態系がそのまま残っていて、93年に世界遺産に登録されている。

冬季は豪雪となる地域が多いものの、平地では豊かな水に恵まれ、夏には暑くなる気候と相まって米作りに適している。米の収穫量は全国3位。その約8割が銘柄米として名高い「あきたこまち」である。

現在の秋田県下は、江戸時代には久保田城を居城とする佐竹氏の久保田藩（20万石）のほか、本荘藩（2万石）、亀田藩（2万石）、矢島藩（8000石）などに分かれていた。

■約30年での人口と自治体変化

県人口：93年　121・6万人→22年　93・0万人

増減率：マイナス23・5％（減少率の高さ1位）

市町村数：93年　9市50町10村→22年　13市9町3村

主要都市の人口

93年［秋田市＋河辺町＋雄和町］32・2万人→22年秋田市（合併）30・3万人

93年［横手市＋増田町＋平鹿《ひらか》町＋雄物川《おものがわ》町＋大森町＋十文字町＋山内村＋大雄《だいゆう》村］11・6万人

→22年横手市（合併）8・6万人

93年［大曲《おおまがり》市＋神岡町＋西仙北町＋中仙町＋協和町＋南外村＋仙北町＋太田町］10・3万人

→22年大仙市（合併）7・8万人

93年［本荘市＋矢島町＋岩城町＋由利町＋西目町＋鳥海《ちょうかい》町＋東由利町＋大内町］9・6万人

→22年由利本荘市（合併）7・4万人

93年［大館市＋比内町＋田代町］9・1万人→22年大館市（合併）6・9万人

この30年間での人口減少率が全国一

秋田県は13年から10年連続で人口減少率全国1位。65歳以上の高齢化率は38・1％（全国平均29・1％）でこれも1位。約30年前（93年）は高齢化率18・0％（全国平均13・5％）で4位だったので、全国平均との差が開いてきている。出生率が低く（21年低さ1位）、他都道府県への転出も多い（転出率4位）。

また約30年前、秋田県で2番目と3番目の人口の都市は大館市、能代市だった。だが現在（23年）では、平成の大合併で多くの町村を合併した横手市が2位、大仙市が3位、由利本荘市が4位で、大館市と能代市は5位と6位になってしまった。

■約30年でこんなに変わった…産業編
日本三大美林の秋田スギの今は？

林業として秋田県の素材生産量118万㎥は全国4位（21年）。その93%がスギである。約30年前は99万㎥で5位（94年）。約30年前でも秋田県の林業は勢いを失っていた。

県内の林業が盛んだったのは70年代までで、林業総生産額は79年度の494億円をピークにその後減少し続け、02年度には76億円となる。その後やや持ち直し20年度は約103億円。

人工的に植林された秋田杉が樹齢100年前後なのに対し、**天然秋田杉**は樹齢200〜250年のものが多く、細かい年輪幅や節のない柾目、独特の光沢が特徴。曲げても割れにくく、大館市名産の「曲げわっぱ」にも適している。天然秋田杉は、自然保護を目的に13年、伐採が禁止となった。天然秋田杉は、県北部の米代《よねしろ》川流域の国有林に属するものが多い。散策できる地として、仁鮒《にぶな》水沢《みずさわ》の杉保護林（能代市）がある。

■こんなに変わった教科書記述…地理編

忘れられゆく日本で2番目に大きかった湖・八郎潟

男鹿《おが》半島の付け根部分に、地図上ではぽっかりと穴があいているように見えた湖が八郎潟《はちろうがた》である。昔の教科書で必ずふれられていたのが**八郎潟の干拓**。「秋田県の大潟村は、日本で2番目に大きい湖であった八郎潟を干拓してつくった、新しい村である。（中略。干拓地につくられた）公民館の上にある展望台にのぼると、見わたすかぎり水田や畑が広がり、そのなかを一直線にのびる幹線道路や、大きなカントリーエレベーター（収穫した生ものを乾燥して貯蔵する施設）が見える」（『中学社会　地理的分野』日本書籍、92年検定）。

ここまでの記述を読むと、農業の明るい未来、模範的農場の出現を感じさせる。八郎潟の干拓が計画されたのは、食糧不足で米の増産が切実だった56年頃。その後、米が余るようになる。92年の教科書では、69年に入植中止、その後の減反政策と水田から畑・果樹園への転換を述べていく。一転して暗い影がしのびよったことを語り、「ゆれる米づくりの村」という見出しが印象的である。

90年代に食糧管理法の廃止で自由に米がつくれるようになったが、畑作もスムーズにいったわけではなく、様々な問題を生んできた。現代の教科書を数冊見た限りでは、八郎潟の干拓とその推移に関しては書かれていない。

都市鉱山の出現──生まれ変わった鉱山町

小坂町の**小坂鉱山**は、明治時代に本格的開発が始まり、栃木県の足尾銅山、愛媛県の別子《べっし》銅山と並ぶ日本有数の銅山だった。次第に銅の産出量が減り、外国から銅が大量に安く輸入されるようになって、90年に閉山となる。

現代の中学生用教科書では、鉱山の町として栄えていた頃に建設された芝居小屋（康楽館、1905年築、重要文化財）が今も現役として利用されていて、近代化産業遺産として貴重なことにふれている。さらに「（閉山後）小坂町は、「都市鉱山」ともよばれる。廃棄された大量の携帯電話や家庭電化製品などで使われている、金やパラジウム、プラチナといったレアメタルに注目し、これまでの技術を生かして、精錬所でのレアメタルの取り出しに成功しました」（『新しい社会　地理』東京書籍、20年検定）。小坂町が「リサイクルの町」として生まれ変わったことを語っている。

■約30年間でこんなに変わった…交通編

ＪＲ利用：92年東京―秋田（東北新幹線・田沢湖線）４時間28分→23年東京―秋田（東北・秋田新幹線）３時間37分

秋田新幹線が97年に開業しＥ３系5両編成で運行。13年に車両先端部が長く赤い帯でスタイリッシュな姿が人気のＥ６系7両編成が登場。

秋田自動車道：北上JCT（東北自動車道）―秋田北ICが97年全通。
大館能代空港：98年開港。東京（羽田）便などを運行。

■地方百貨店の興亡（県庁所在地を中心として）

昭和レトロ伝説の百貨店

昭和のムードを残す百貨店として伝説的な存在が、秋田市街にある**木内百貨店**。1889（明治22）年旧久保田藩士の木内俊茂が創業した雑貨店がルーツ。かつては「秋田の三越」と呼ばれ、木内の包装紙による贈答品は、大切な方への贈り物という印象のものだった。20年前後では1階のみの営業となったが、週3日休み、17時までの営業、お釣りの紙幣はピン札などが話題となっていた。コロナ禍に入り休業を続ける。

西武秋田店も1850年創業の本間屋が発祥の老舗。年配の方は展望塔「本金タワー」があった**本金デパート**（大町に立地）を思い出す方も多いだろう。84年秋田駅近くに移転し「ほんきん西武」となる。西武百貨店に吸収合併となり、現在は西武秋田店。

■民放テレビ局　キー局の番組どれだけ見られた？

今もTBS系列の民放局がない

秋田放送（日本テレビ系列）、秋田テレビ（フジテレビ系列）に加えて92年秋田朝日放送（テレビ朝日系列）が開局した。ＴＢＳ系テレビ局がないことでは、福井県と同じ状況。

そのため秋田県では、80年代前半に話題となっていたＴＢＳ系のドリフターズによる「８時だヨ！全員集合」とフジテレビ系のビートたけし&明石家さんまの「オレたちひょうきん族」のチャンネル争いがなかったという。近年でもＴＢＳの話題ドラマが半年遅れくらいで、秋田放送など他の系列局で放送されている。

■地元の大企業（売上高ランキング）

94年　１位秋田県経済農業協同組合連合会　２位アキタ電子（電気機器製造）　３位千秋薬品　４位東北製紙　５位伊徳（スーパーマーケット）
21年　１位イオン東北　２位秋田県厚生農業協同組合連合会　３位伊徳　４位ＴＤＫエレクトロニクスファクトリーズ　５位秋田エプソン

流通業とハイテク企業が上位に並ぶ

伊徳（本社大館市）は１８９９（明治32）年創業、「いとく」の名で秋田県内に20以上のスーパーマーケット、ショッピングセンターなどを展開。ＴＤＫエレクトロニクスファクトリーズ（本社由利本荘市）はＴＤＫの電子部品製造を担う子会社。ＴＤＫ庄内、ＴＤＫ甲府を22年に統合。アキタ電子は14年日立超ＬＳＩシステムズに吸収合併。

■進学校の実績（東大合格者数）はこんなに変わった!? 変わらない!?

秋田と横手にある県立の進学校

秋田高校が最も多くの東大合格者を出してきた。旧制中学からの伝統を持つ大館鳳鳴高校、横手高校がそれに次ぐ。16年に中高一貫校となった秋田南高校が、近年実績を伸ばしている。23年の東大合格者は、秋田高6名、秋田南高1名。

■県が全国シェア上位の生産物

米（3位）7%、大豆（3位）6%、杉（素材）（2位）8%、清酒（5位）4%

■家庭での年間購入金額上位のもの（都道府県庁所在地別、全国家計調査より）

乾うどん・そば（1位）4527円、雑誌（1位）4383円、清酒（4位）7731円

山形県 【旧国名】出羽《でわ》

［県木］サクランボ　［県花］ベニバナ　［県鳥］オシドリ
［総面積］9323㎢（9位）　［可住地面積］2873㎢（14位）
［県庁所在地］山形市

■地理・歴史

最上川沿いに盆地が続き、米作り果樹栽培に向く気候

県東部に蔵王山などの奥羽山脈、西部に月山《がっさん》・羽黒山《はぐろさん》・湯殿山《ゆどのさん》の出羽三山と朝日山地があり、その間を流れる最上川沿いに山形盆地などの盆地が続く。盆地では、奥羽山脈を越えた気流によるフェーン現象で夏は暑くなるのが特徴。夏は暑く冬は寒い気候に向いた米作やフルーツを中心とした農業が盛んである。

江戸時代は山形藩、米沢藩、庄内藩、新庄藩など多くの藩と天領に分かれていた。当時から山形盆地、米沢盆地では米づくりのほか、着物の染料や口紅の原料となる紅花栽培が行われ、最上川をいく船で酒田港へ運ばれた。酒田港からは日本海と瀬戸内海で大阪などへ。

■約30年での人口と自治体変化

県人口：93年　125・3万人→22年　104・1万人

増減率：マイナス16・9％（減少率の高さ5位）

市町村数：93年　13市27町4村→22年　13市19町3村

主要都市の人口

93年山形市24・5万人→22年山形市24・2万人

93年［鶴岡市＋藤島町＋羽黒町＋櫛引町＋朝日村＋温海《あつみ》町］15・1万人→22年鶴岡市（合併）12・2万人

93年［酒田市＋八幡町＋松山町＋平田町］12・3万人→22年酒田市（合併）9・9万人

93年米沢市9・3万人→22年米沢市7・8万人

93年天童市5・9万人→22年天童市6・1万人

平成の大合併を行った市町村が少ない県

山形県で平成の大合併が行われたのは、酒田市、鶴岡市、庄内町の3自治体（合併後の数）だけ。大都市圏（東京都、大阪府、神奈川県）を除けば最も少ない。新たな市名が六つも生まれた隣の秋田県とは対照的だ。

30年前と比較すると県全体の人口が大きく減少するなか、山形市の人口は変わっていないようにみえるが、06年の25・6万人がピークでその後、人口減少となっている。

■こんなに変わった教科書記述…地理編

青森のリンゴから山形のサクランボの記述へ

30年前の地理の教科書では、東北の果樹栽培の項目で、「リンゴをつくっている農家は、どのような困難とたたかってきたのだろうか」と問いかける。リンゴの産地の津軽平野（青森県）では、明治時代から病虫害を袋かけで乗り越え、作業しやすいように木の高さを抑え、共同で農薬を散布するなど工夫をしてきた。戦後、輸入果実に押されるようになると、異なる品種のつぎ木を繰り返し高級品種を生み出して人気を取り戻す。こうした記述が1ページ半に及ぶ（『新版中学社会　地理』教育出版、92年検定）。

現在の教科書では、東北の果樹栽培1ページ半の記述のうち、約1ページ弱が山形県の**サクランボ**に費やされる。山形県が「山形盆地を中心に、夏の昼夜の気温差を生かした果樹栽培を営む農家が多く、『果物王国』と呼ばれてい」（『中学生の地理』帝国書院、20年検定）ることを述べ、「佐藤錦」などのサクランボの品種紹介、さらに手のかかる時期が異なる西洋ナシやブドウなどと並行して栽培することにより安定収入を得ること、大きさを判別して向きを揃えて箱詰めする苦労（機械ではなく手作業）などを述べていく。

全国放送のテレビでも、青森県でのリンゴの出荷より山形県でのサクランボの出荷のほうが多く放送されている印象を受けるので、生徒の関心に応じた変更のように思える。

押しも押されもせぬ「果物王国」の県に

データも近年の山形県の「果物王国」ぶりを示している。サクランボ（全国シェア70％）と西洋ナシ（同65％）が収穫量1位、ブドウ、リンゴ、スイカが3位。サクランボは約30年前と収穫量がさほど変わらないが（1万3000t前後）、西洋ナシは1・5倍に伸びている。

また、山形県の米、野菜、果実の生産額は以下のとおり。

93年　米1387億円　野菜381億円　果実499億円（農業粗生産額）

20年　米　837億円　野菜465億円　果実729億円（農業産出額）

93年は果実が米の約3分の1程度だったのが、20年には、米に近い額にまで伸びている。ちなみに隣の秋田県は米1078億円に対して果実89億円である。

市町村ごとにみると、山形盆地北部に位置する東根市はサクランボの収穫量日本一を誇る自治体。東根市にある山形新幹線駅の名称は、さくらんぼ東根駅。同市には工業団地や山形空港もある。人口も30年前と比べると93年4・3万人、22年4・8万人と増えている（直近5年間はほぼ横ばい）。

■30年プラスさらにひと昔前…話題編

最高視聴率ドラマ『おしん』

50歳代以上の方なら、山形県といえば**ＮＨＫの朝ドラ『おしん』**を思い出す人も多いだろう。

83～84年の放送で、平視聴率52・6％、最高視聴率62・9％で、テレビドラマの最高視聴率を得たドラマである。明治時代、山形県内の貧しい農家に生まれたおしんという名の少女（小林綾子）が奉公に出され、貧しさと戦い、人生の試練に辛抱を重ねて成長していく（大人になってからは田中裕子）物語である。おしんの少女時代の撮影は、山形市に隣接する中山町岩谷地区で行われた。また、奉公に出されるおしんを見送る最上川の川下りシーンは、このドラマの代表的シーンとして有名だった。

当時、困難に辛抱強く耐え忍ぶ姿が山形県人の県民性を表していて好ましいとする人、ステレオタイプの捉え方と反発する人と、両者がいたのを思い出す。どちらにせよ、『おしん』を懐かしむ山形県民は多いだろう。

■約30年間でこんなに変わった…交通編

ＪＲ利用：92年東京―山形2時間27分（東北・山形新幹線）→23年同2時間26分

全体的に停車駅が92年より増えたが所要時間はほとんど変わらない。山形新幹線山形―新庄が99年開業。

東北中央自動車道：90年代後半から山形県内を小刻みに開通してきた。22年に東根北ＩＣ―村《むら》山本飯田《やまもといいだ》ＩＣ間の開業で、東北自動車道福島ＪＣＴから米沢北ＩＣ経由で山形県内を縦断する形で新庄《しんじょう》真室川《まむろがわ》ＩＣまでが全通した。

■地方百貨店の興亡（県庁所在地を中心として）

日本で3番目に古い百貨店

30年前には、山形市街に**大沼山形本店**と**山形松坂屋**があった。大沼山形本店は元禄13（1700）年、大沼八右衛門が荒物屋を開業したのが発祥で、源流としては松坂屋、三越に次いで日本で3番目に歴史のある百貨店だった。戦後も90年代くらいまで、大沼百貨店は贈答品に強く「大沼」の包み紙だったらそれは上等な品という印象を持たれていた。もう一方の山形松坂屋の前身は丸久百貨店である。

その後、山形自動車道や山形新幹線の開業で、高級品の消費者は仙台商圏へ奪われていく。00年に山形松坂屋閉店。20年大沼山形本店閉店。山形市は、日本百貨店協会加盟の百貨店がない県庁所在都市として全国初の例となった。

■民放テレビ局　キー局の番組どれだけ見られた？

フジテレビの番組を見られるようにと署名活動も

山形放送（日本テレビ系列）、山形テレビ（フジテレビ系列→テレビ朝日系列）に加えて89年にテレビユー山形（TBS系列）が開局した。93年にそれまでフジテレビ系列だった山形テレビが、テレ朝系列にネットチェンジする。県内では、「サザエさん」などフジテレビの人気番組はテレビユー山形で時差放送されたものの、大半のフジテレビ番組が放送されなくなった。フジテレビの全盛期でもあり、街角での署名活動なども行われ97年にさくらんぼテレビ（フジテレビ系列）が開局した。

■地元の大企業（売上高ランキング）

94年　1位山形県経済農業協同組合連合会　2位山形県庄内経済農業協同組合連合会　3位山形県信用保証協会　4位米沢日本電気　5位第一貨物（貨物自動車運送）

21年　1位山形県後期高齢者医療広域連合　2位ベーリンガーインゲルハイム製薬　3位ヤマザワ（スーパーマーケット）　4位第一貨物　5位酒田共同火力発電

医薬業界の組織・会社が1位と2位

ベーリンガーインゲルハイム製薬は、ドイツに本社を置きグローバルに展開する大手製薬会社。日本法人の工場が東根市にある。

■進学校の実績（東大合格者数）はこんなに変わった!?　変わらない!?

戦後一貫して進学実績上位高校は変わらず

山形東高校が最も多くの東大合格者を出してきた。伝統的に米沢興譲館《こうじょうかん》高校、鶴岡南高校、酒田東高校がそれに次ぐ。16年楯岡高校を母体とする中高一貫校の東桜学館《とうおう》（東根市）が創立。東大、東北大などへの進学実績を上げてきた。

23年東大合格者は山形東高3名、東桜学館1名、米沢興譲館1名。

■県が全国シェア上位の生産物

サクランボ（1位）70％、西洋ナシ（1位）65％、ワラビ（1位）37％、そば（2位）9％、ばら（切り花）（3位）7％

■家庭での年間購入金額上位のもの（都道府県庁所在地別、全国家計調査より）

さといも（1位）1934円、中華そば（外食）（1位）1万3196円、しょうゆ（1位）2983円、ヨーグルト（1位）1万7157円、タケノコ（1位）1500円、パン（全国最低）2万5002円（最高は大津市3万9992円）

福島県　【旧国名】陸奥《むつ》

［県木］ケヤキ　［県花］ネモトシャクナゲ　［県鳥］キビタキ
［総面積］1万3784㎢（3位）　［可住地面積］4231㎢（3位）
［県庁所在地］福島市

■地理・歴史

浜通り・中通り・会津の地域区分に加え、福島市と郡山市のライバル意識も

福島県は岩手県に次いで本州では2番目に面積が広く、東西に幅広い。阿武隈山地と奥羽山脈によって、太平洋側の「浜通り」、阿武隈川が貫流し福島市や郡山市のある「中通り」、日本海側の水系で山深い地の多い「会津」とに分かれる。この3地域は、気候風土も経済圏も文化も異なっている。

また、中通りの中でも福島市が福島藩の城下町として栄えたのに対し、郡山市周辺は明治時代前期に安積疏水《あさかそすい》の完成によって灌漑用水、工業用水が豊富になる前は原野が広がっていた地で、その後工業都市、軍需産業都市として発展してきた。人口も福島市より多いため、郡山市は「経済県都」の呼び方もされ、両都市間ではライバル意識を持つ人が多い。

県内での江戸時代の最大の藩は会津藩。そのほか福島藩、二本松藩、三春藩、中村藩など中小の藩に分かれていた。

■約30年での人口と自治体変化

県人口：93年　212・2万人→22年　179・0万人

増減率：マイナス15・7％（減少率の高さ9位）

市町村数：93年　10市52町28村→22年　13市31町15村

主要都市の人口

93年郡山市31・6万人→22年郡山市32・0万人

93年いわき市36・1万人→22年いわき市31・5万人

93年［福島市＋飯野町］28・6万人→22年福島市（合併）27・3万人

93年［会津若松市＋北会津村＋河東《かわひがし》町］13・5万人→22年会津若松市（合併）11・6万人

93年［須賀川市＋長沼町＋岩瀬村］7・6万人→22年須賀川市（合併）7・5万人

93年［白河市＋表郷村＋大信村＋東村］6・5万人→22年白河市（合併）5・9万人

93年［原町市＋鹿島町＋小高町］7・8万人→22年南相馬市（合併）5・8万人

郡山市が県内一の人口の都市に

人口の多さでは、19年までいわき市が福島県トップだったが、20年以降郡山市がトップに立った。減り方が、いわき市より少なかったためである。

■約30年でこんなに変わった…産業編

今も昔も、モモの収穫量全国2位、食べるのは1位

福島県は**モモの収穫量**が全国2位（2万7700t、22年）。約30年前も2位（3万8000t）。ちなみに1位は30年前も現在も山梨県である（3万5700t、22年）。

興味深いのは、福島市民のモモを食べる（購入する）量が他県を圧倒して多い点。年間購入金額（22年）は1世帯あたり6939円で2位の岡山市民3750円の2倍近い。3位が山梨県甲府市民で同3173円。なお岡山県はモモの収穫量6位。

約30年前（93年）では、福島市民のモモの年間購入金額は同9204円にものぼっている。2位の岡山市民が7323円なのに対し、甲府市民は10位2065円。福島市民は、30年前も現在も**大のモモ好き**というわけである（福島県民も同様に大のモモ好きだろうといいたいところだが、中通りの例を浜通りや会津に安易に適用するのは間違いなので、ここではデータがないので不明とする）。

JA共選所などの直売所では、傷や割れはあるが味は変わらない「はねだしモモ」を安く購入できる。福島県の代表的なモモの品種は「あかつき」で、果汁が多くみずみずしくて甘味が強いのが特徴。福島盆地の夏の暑さと冬の寒さが栽培に適しているという。

■こんなに変わった教科書記述…産業編

原子力発電所は、どう記述されてきたか

福島県の**原子力発電所**を、30年前の中学地理の教科書はどう述べてきただろうか。意外だったのは、教科書会社によって記述分量がかなり違うことである。7行+写真1点だけの教科書（大阪書籍）もあれば、福島県の原子力発電地帯で2ページ、核燃料サイクル基地と六ケ所村で1ページをさいている教科書（日本書籍）もある。

30年前の教科書の内容を簡単に紹介しておこう。「福島県の太平洋岸の大熊町・双葉町と、その南の楢葉町・富岡町に、それぞれ二つの町にまたがって、二つの原子力発電所がある」（『中学社会　地理的分野』日本書籍、92年検定）という記述から始まる。東日本大震災後テレビなどで何度も耳にする町名である。

さらに同教科書では、これらの町は出稼ぎに出る人が多く過疎の町だったが、首都圏に電力を送るための発電所ができて地元での雇用が生まれ、国からの交付金もあって町の施設が整えられたことを述べていく。放射線の怖さ、放射能を持つ様々な廃棄物が生まれ、それが増える一方なことも述べる。「小さな事故がしばしばおこるが、その修理や清掃などの仕事をするのは、おもに下請けの会社の従業員である」とかなり踏み込んで述べた後、「現在、日本の総発電量の約4分の1を原子力発電がしめている。しかし、ふえ続ける放射性廃棄物をどのように処理・処分するかが、大きな課題となっている」と結ぶ。

どの教科書も放射性廃棄物の問題点、原子炉運転中の事故の危険性にふれるが、これだけ記述量に差があると、若く吸収力旺盛な時期に、どの教科書で学んだか（またはどういう教師に教わったか）によって、原発への知識と印象がかなり異なってくるだろう。

■約30年間でこんなに変わった…交通編

磐越自動車道：90年から延伸開業を続け、95年郡山を境に東側のいわきＪＣＴ─郡山ＪＣＴが全通、97年に西側、会津若松を経由しての郡山ＪＣＴ─新潟中央ＪＣＴが全通。

福島空港：93年開港。札幌、大阪などへ。99年国際線開設、上海、ソウルへ。

■地方百貨店の興亡（県庁所在地を中心として）

仙台へ買い物客が流失、福島市の百貨店がなくなる

福島駅前では80年代に**中合《なかごう》百貨店**と**山田百貨店**が競い合っていた。中合百貨店の発祥は明治時代初期の中村呉服店で、福島市の中心繁華街だった大町に百貨店を開業、73年に駅前へ移転してきた老舗である。98年山田百貨店を引きついだ**福島ビブレ**が、本町通りから駅北側の曾根田町に移転、後に**さくら野百貨店福島店**に名称変更する。

00年代に入り福島─仙台便の高速バスの値下げ、増便などもあり、仙台へ買い物客の流失が顕著になる。05年にさくら野百貨店福島店閉店。中合百貨店本店（福島店）もコロナ禍の20年、セ

レモニーもない寂しい閉店となった。

福島県では郡山市にある**うすい百貨店**が、県内唯一の百貨店である。

■民放テレビ局　キー局の番組どれだけ見られた？
主要キー局4社が早い時期に揃う

福島テレビ（フジテレビ系列）、福島中央テレビ（日本テレビ系列）に加えて81年に福島放送（テレビ朝日系列）、83年テレビユー福島（（TBS系列）が開局。

福島テレビとテレビユー福島が福島市に本社、福島中央テレビと福島放送が郡山市に本社がある。福島県はケーブルテレビ普及率が全国最低の4％（21年。全国平均53％）。80年代前半にはやばやと主要キー局4社のテレビ局が出揃ったのも一因だろう。

■地元の大企業（売上高ランキング）

94年　1位福島県経済農業協同組合連合会　2位ヨークベニマル（スーパーマーケット）　3位佐藤（食品卸）　4位ゼビオ（スポーツ用品販売）　5位メイク

21年　1位ヨークベニマル　2位東北アルフレッサ（医薬品卸）　3位ゼビオ　4位佐藤　5位相馬共同火力発電

30年前も現在も、流通業が上位に並ぶ

佐藤（本社郡山市）は、万延元年（1860）年郡山に生糸木綿商を創業した食料品一般の総合卸売業の老舗。

■進学校の実績（東大合格者数）はこんなに変わった⁉　変わらない⁉

福島市、郡山市、いわき市の伝統校が拮抗

福島高校（福島市）、安積高校（郡山市）、磐城高校（いわき市）が、この30年間変わらずに進学実績の三強。22年23年の合計（各年で大きく数字が異なるので、ここでは合算）の東大合格者は、福島高6名、安積高5名、磐城高4名と拮抗している。

■県が全国シェア1位の生産物

桐（1位）66%、モモ（2位）23%、日本ナシ（5位）6%

■家庭での年間購入金額上位のもの（都道府県庁所在地別、全国家計調査より）

モモ（1位）6939円、清酒（1位）9231円、ビール（1位）1万5651円、カップ麺（1位）7298円、納豆（1位）6949円

茨城県

【旧国名】常陸《ひたち》・下総《しもふさ》

［県木］ウメ　［県花］バラ　［県鳥］ヒバリ
［総面積］6097㎢（24位）　［可住地面積］3889㎢（4位）
［県庁所在地］水戸市

■地理・歴史

農業、工業、学園都市と様々な特徴

江戸時代の常陸国には、将軍家に次ぐ家格の御三家の一つ、水戸藩があったものの、そのほか10以上の小藩に分かれていた。そうした歴史もあり、県内各地域のつながりが比較的薄い。

水戸藩の2代目藩主が、徳川家康の孫で「水戸黄門」の名で知られる徳川光圀《みつくに》。光圀は学問を好み歴史書『大日本史』の編纂を思い立ち、全国に学者を派遣して資料を集めた。隠居した光圀が全国を漫遊して世直しを行ったという話が江戸時代に創作され、後にそれを原案とした映画やテレビドラマが数多くつくられる。TBS系で69年から11年までの42年間放送されたドラマ「水戸黄門」は、黄門役が東野英治郎、西村晃、佐野浅夫、石坂浩二、里見浩太朗と移る。役者が異なるので、世代によって黄門様のイメージも微妙に異なるだろう。

地形的には北部を除いて平野が多い。県南西部では、筑波研究学園都市の整備が進み、東京都のベッドタウンとしての宅地化が進んだ。県東部では海岸近くを中心に鹿島臨海工業地帯など工場が多い。県西部は農業が盛ん。

■約30年での人口と自治体変化

県人口：93年　291・6万人→22年　284・0万人

増減率：マイナス2・6％（減少率の高さ35位）

市町村数：93年　20市43町24村→22年　32市10町2村

主要都市の人口

93年［水戸市＋内原町］25・8万人→22年水戸市（合併）27・1万人
93年［つくば市＋茎崎町］17・0万人→22年つくば市（合併）24・7万人
93年［日立市＋十王町］21・6万人→22年日立市（合併）17・3万人
93年［勝田市＋那珂湊《なかみなと》市］14・6万人→22年ひたちなか市（合併）15・7万人
93年［土浦市＋新治《にいはり》村］13・9万人→22年土浦市（合併）14・1万人
93年［古河《こが》市＋総和町＋三和町］14・3万人→22年古河市14・1万人
93年［下館市＋関城町＋明野町＋協和町］11・9万人→22年（合併）筑西《ちくせい》市10・2万人

研究学園都市のあるつくば市の人口が増加

県全体としては人口が減少するなか、筑波研究学園都市の開発が進んだつくば市の人口増加が目立つ。とくに05年つくばエクスプレスの開業以降、転入者が毎年増加している。

■約30年でこんなに変わった…産業編
サツマイモの収穫量でサツマの国を抜く日が目前!?

サツマイモといえば、鹿児島県が昔から本場。だがその収穫高で茨城県が鹿児島県に迫っている。21年は鹿児島県が19・1万t、茨城県が18・9万tとその差はわずかとなった。30年前も1位鹿児島県2位茨城県だったが、鹿児島県は茨城県の約2・5倍の収穫高だった。年々その差が詰まってきた（22年は鹿児島県21万t、茨城県19・4万tとその差は少し開いた）。

だが実は、この両県でサツマイモの利用の仕方がまるで違う。茨城県は、品種では**ベニアズマ**（ほくほくとした味わいが特徴）が最も多く、生食用が78％、加工食品用が17％。スーパーなどに並んでいるサツマイモの主要産地である。加工食品では、名産の干し芋となる蒸し切り芋と大学いもが多い。**干し芋**の生産量では、茨城県が全国の約90％を占める。そのなかでもひたちなか市での生産が多く、県内生産のシェア80％近くを占めている。干し芋などのサツマイモ加工食品は、90年代以降増加傾向にある。

鹿児島県のサツマイモは、多くがイモ焼酎用

一方、鹿児島県は、品種ではコガネセンガン（多くの用途に向き万能）が多く、生食用はわずか5％しかない。焼酎の原料となるアルコール類用が約50％、でん粉類用が約35％。

面白いのは、家庭でのサツマイモの購入金額について。茨城県（水戸市）が高知県（高知市）に次いで全国で最も少なく1世帯あたり年間851円（22年）。鹿児島県（鹿児島市）は同1340円（17位）でこちらも意外と少ない。1位は滋賀県（大津市）の1907円で、概して関西圏で消費金額が高く、サツマイモをよく食べているようだ。

■約30年でこんなに変わった…産業編
納豆戦争、おかめ対ミツカン二強時代に突入

茨城県の名産品といえば**水戸納豆**。明治時代半ば、水戸市街で初代笹沼清左衛門が「天狗納豆」を創業し、水戸駅で販売するなどして水戸納豆の知名度が高まった。

全国的な納豆の生産量を見ると、約30年前（92年）は19・4万tだったのに対し、健康食としての人気の高まりもあり、20年には34・2万tにまで増えている。

現在の納豆生産は1位が「おかめ納豆」のブランドで知られる**タカノフーズ**（本社茨城県小美玉《おみたま》市）、2位が「金のつぶ」が人気の**ミツカン**（愛知県半田市）。ミツカンは食酢でシェア首位の企業である。この2社でおよそ過半数のシェアを占める。いずれも創業の地が水戸市ではなく、

タカノフーズの水戸工場は水戸の名がつくものの所在地は小美玉市。

約30年前は、タカノフーズが全国8都市に相次いで営業所を開設するなど本格的に全国展開を進めていた時期。ミツカンはまだ納豆生産を行っていない。納豆事業を本格的に始めたのは97年である。タカノフーズは01年発売の昆布だれ「旨味」が大ヒット。ミツカンは酢づくりで培った発酵技術を納豆生産に活かしていく。両社とも、タレにもこだわった点に特徴がある。

家庭での納豆の購入量は茨城県（水戸市）は4位（22年）5961円。約30年前（92年）は1位7484円だった。全国的には購入金額が増えたが、茨城県では減少している。

■こんなに変わった教科書記述…歴史編

災害の多かった炭鉱の記述から、脱煙害の近代化産業遺産の記述へ

石炭や銅を採掘した**鉱山**が、常磐《じょうばん》地方には数多くあった。約30年前の教科書では、石炭から石油へのエネルギー革命を政府が積極的に推し進め、「中小炭鉱が多かった筑豊や常磐などの炭田では、70年ごろにはほとんどの炭鉱が消えた」（『中学社会　地理的分野』日本書籍、92年検定）と述べ、炭鉱での災害も多かったなど暗い記述が目立つ。

現在の教科書では、日立市のシンボルである**大煙突**が近代化産業遺産として登場。久原房之介《くはらふさのすけ》が買収した日立鉱山（銅を採掘）が煙害対策として建設したもので、「当時最も高かったアメリカの煙突を抜き、約156mという世界一の煙突となりました。翌1915年に操業を開始し、

これにより煙害は減りました」(『中学社会　歴史的分野』日本文教出版、20年検定)とある。大煙突が現在でも市内の小学校の校歌に歌われていることも紹介し、教科書での鉱山の記述がマイナスからプラスイメージへと大転換した印象を受ける。

■約30年でこんなに変わった…交通編

JR利用：92年上野―水戸1時間5分→23年同1時間5分

所要時間はこの30年間変わらないが、15年の上野東京ラインの開業で、常磐線の一部の特急・快速が東京駅経由品川駅まで乗り入れるようになった。水戸の一つ先の勝田までほぼ30分おき、その先の日立・いわき(福島県)へはほぼ1時間おきに特急が走っている状況も、この約30年間で変わらない。

つくばへのアクセス：92年では高速バスで東京駅―つくばセンター1時間。つくばエクスプレスが05年秋葉原―つくばに開業。同区間を45分で結んでいる。

茨城空港：10年に小美玉市に開港。神戸、新千歳、福岡、沖縄のほか、台北などへも運行。

■地方百貨店の興亡(県庁所在地を中心として)

水戸の老舗がルーツの二つの百貨店

90年代前半、水戸には、**水戸京成百貨店**と**ボンベルタ伊勢甚百貨店**があった。水戸京成百貨店は明治時代後期に創業した志満津呉服店が発祥、ボンベルタ伊勢甚は水戸徳川家の御用商だった呉服商伊勢屋が発祥である。03年にボンベルタ伊勢甚が閉店すると、その跡地に水戸京成百貨店が移転、店舗名を京成百貨店として現在も営業中。

■民放テレビ局　キー局の番組どれだけ見られた？

在京主要局を受信できる関東広域圏に属する。民間のローカル放送局はない。

■地元の大企業（売上高ランキング）

94年　1位茨城県経済農業協同組合連合会　2位カスミ（スーパーマーケット）　3位インテルジャパン　4位キヤノン化成（トナーカートリッジ製造）　5位関彰商事（商社）

21年　1位ケーズＨＤ（家電量販店）　2位カスミ　3位国立研究開発法人日本原子力研究開発機構　4位日日商事（商社）　5位ジョイフル本田（ホームセンター）

1位はケーズデンキを店舗展開する持株会社

94年に3位のインテルは日本法人の拠点を81年につくば市に開設。日本の半導体メーカーへの窓口となった。16年につくば市の事業所を閉鎖して、機能を東京本社に移した。日本原子力研究開発機構（東海村）は、56（昭和31）年設立の日本原子力研究所と核燃料サイクル開発機構が05年に統合して設立。廃炉作業の行われている高速増殖炉もんじゅ（敦賀市）なども保有。

■進学校の実績（東大合格者数）はこんなに変わった⁉　変わらない⁉

土浦第一と水戸第一のトップ争い

80年代半ば以降、土浦第一高校が、東大合格者数で水戸第一高校を凌駕し続けてきた。水戸市の半分程度の人口の土浦市だが、80年代に筑波研究都市の整備が進んだことで、教育熱心な研究者の子弟などが、つくば市を学区とする土浦第一高に入学したことが大きかった。21年水戸第一高が土浦第一高を34年ぶりに上回り、22年、23年と両校同数の東大合格者を出している。90年代半ばからは私立江戸川学園取手がそれに続いている。23年東大合格者は水戸第一高、土浦第一高各15名、並木中等教育学校9名、竹園高5名、江戸川学園取手4名。

■県が全国シェア上位の生産物

レンコン（1位）50％、はくさい（1位）28％、メロン（1位）24％、いわし類（1位）24％、採卵鶏飼養羽数（1位）8％

■家庭での年間購入金額上位のもの（都道府県庁所在地別、全国家計調査より）

メロン（1位）3448円、納豆（4位）5961円

栃木県　【旧国名】下野《しもつけ》

［県木］トチノキ　［県花］ヤシオツツジ　［県鳥］オオルリ
［総面積］6408㎢（20位）　［可住地面積］3005㎢（12位）
［県庁所在地］宇都宮市

■地理・歴史

宇都宮県と栃木県とに分かれていた時代も

県南部は関東平野で、寒暖の差が激しく果物栽培に適するなど農業が盛ん。北部は那須や日光の高原のほか山地が広がり、酪農が多く営まれている。

江戸時代の幕藩体制では、宇都宮藩、烏山藩、佐野藩、足利藩など10近くの藩に分かれていた。日光は、徳川家康が祀られている聖地として、東照宮をはじめとした建物がつくられ保護されていた。

明治維新後の廃藩置県の際、下野国の北部に宇都宮県（県庁は現・宇都宮市）、南部に栃木県（同栃木市）が設置された。1873（明治6）年、両県が合併し現在の栃木県が生まれた。当初県庁は栃木市に置かれたが、1884年に宇都宮へと移されている。

■約30年での人口と自治体変化

県人口：93年　196・6万人↓22年　190・9万人

増減率：マイナス2・9％（減少率の高さ34位）

市町村数：93年　12市33町4村↓22年　14市11町

主要都市の人口

93年［宇都宮市＋上河内村＋河内町］46・9万人↓22年宇都宮市（合併）51・9万人

93年小山《おやま》市14・5万人↓22年小山市16・8万人

93年［栃木市＋大平町＋藤岡町＋都賀《つが》町＋西方村＋岩舟町］17・6万人↓22年栃木市（合併）15・7万人

93年足利市16・7万人↓22年足利市14・4万人

93年［日光市＋今市《いまいち》市＋足尾町＋藤原町＋栗山村］9・9万人↓22年日光市（合併）7・9万人

合併後の市名は、イマイチよりニッコウに

約30年前と比べると、県内の人口が現在1位と2位の宇都宮市と小山市は人口が増加したのに対し、県南西部の栃木市、足利市それに佐野市では人口が減少しているのが特徴的である。

日光市と今市市は、93年の合併前の人口が各2・0万人と5・9万人だったが、合併後の市名は、日光市より人口が多かった今市ではなく日光に。知名度では圧倒的に日光が高いためだろう。日光市の面積は合併前の約5倍、関東一広い1450㎢となった。

■約30年でこんなに変わった…産業編

イチゴ戦争「女峰VSとよのか」から「とちおとめVSあまおう」に

栃木県では50年代後半からイチゴの栽培が本格的に始まり、68年からイチゴ収穫量日本一を維持していた。80年代後半以降の主力品種は**女峰**《にょほう》。そこへ強力なライバルが出現する。福岡県産の品種**とよのか**である。89年にはイチゴの生産金額で栃木県は福岡県に抜かれてしまう。栃木県農業試験場では品種改良を重ね、女峰より甘味や食感に優れた大粒の品種**とちおとめ**を開発、00年前後には県内のイチゴの大半がとちおとめとなった。

福岡県でも、対抗のため品種**あまおう**を開発。05年前後には福岡県産の大半があまおうになる。現在のイチゴ収穫量（21年）は、栃木県2・4万t、福岡県1・7万t。

宇都宮の餃子が有名になったのは、約30年前から

宇都宮で**餃子**が普及したのは、戦前市内に駐屯していた第14師団が中国に出兵した際に餃子を知り帰郷後に広めたのがきっかけ。93年には、市内餃子専門店など38店舗により宇都宮餃子会が発足。この頃からテレビなどでの紹介が多くなった。

92年の総務省家計調査でも、宇都宮市での1世帯あたり年間購入金額3525円は全国（県庁所在地）で1位。その後も多くの年で1位を獲得してきた。10年代は浜松市（静岡県）と毎年激しい1位争いを行ってきたが、21年、22年と宮崎市が1位を獲得。22年宮崎市4053円、宇都宮市3763円、浜松市3434円。

■約30年でこんなに変わった…トピックス編

那須地方への首都機能移転論が盛り上がっていたが…

90年代には、那須地方（栃木県）に国会を、と**首都機能移転論**が盛り上がっていた。東京への一極集中の是正と地方創生、災害時の首都機能喪失を防ぐなどのためで、実際に「国会等の移転に関する法律」が92年に制定されている。

30年を経てどうなったか。京都府が提案した文化庁の移転だけが23年に実現している。中央省庁の移転は明治時代以後初めて。ただし全面移転ではなく、京都には長官を含めて約３９０人が移り、残りの約２００人は東京に残った。京都—東京間の往復年間１４００回分の旅費が予算に組まれたことなどが問題視された。

■約30年でこんなに変わった…交通編

ＪＲ宇都宮線（愛称）：90年に、東北本線の一部区間、上野—大宮—宇都宮—黒磯間の列車系統の愛称が宇都宮線と設定された。時刻表などでは「東北本線（愛称）宇都宮線」と併記されているものもあるが、車内アナウンスなどは、ほとんどが宇都宮線のみ。「大宮から東北本線で宇都宮に行った」との言い方は、もはや過去のもの。

東武スカイツリーライン（愛称）：12年に東京スカイツリーが完成したのに関連して、東武鉄道が設定した東武伊勢崎線の愛称。こちらも今では愛称のほうが普及している。

北関東自動車道：00年から延伸開通し、11年太田桐生IC―佐野田沼ICの開通で、高崎市―宇都宮市―水戸市を結ぶ形で全線開通。

宇都宮ライトレール：次世代型路面電車として、23年宇都宮駅東口―芳賀・高根沢工業団地14・6㎞が開業。もともと路面電車がなかった都市で新たに路面電車が開業するのは、富山地方鉄道伏木線（現：万葉線高岡軌道線）以来75年ぶりと話題になる。

■地方百貨店の興亡（県庁所在地を中心として）
乱戦状態をくぐり抜けた東武宇都宮百貨店

90年前後、宇都宮市街には過剰といわれた状態で百貨店、大型店が存在した。東武宇都宮駅前の**東武宇都宮百貨店**、県庁近くの**上野百貨店**、**西武宇都宮店**、**ロビンソン百貨店**、**福田屋百貨店**である。上野百貨店は、明治時代創業の油屋呉服店が発祥の老舗。1929（昭和4）年、宇都宮に北関東最初の百貨店となる上野百貨店を開店させた。

周辺は全国と比べても早くからモータリゼーション社会となっていて、市街の百貨店は苦戦していく。94年福田屋が郊外に移転、上野百貨店が00年、西武宇都宮店が02年、ロビンソン百貨店が03年に閉店となる。東武宇都宮百貨店のみが、鉄道駅とバスターミナルに併設の立地のよさを強みとして、営業を続けている。

■民放テレビ局　キー局の番組どれだけ見られた？

在京主要局を受信できる関東広域圏に属する。99年県域民放（第3セクター含む）テレビ局として、とちぎテレビが開局。

■地元の大企業（売上高ランキング）

94年　1位栃木県経済農業協同組合連合会　2位平田商店（各種販売）　3位コジマ（家電量販店）　4位栃木県共済農業協同組合連合会　5位カワチ薬品（ドラッグストア）

21年　1位キヤノンメディカルシステムズ（医療用機器製造）　2位日本産業（太陽光パネル販売）　3位カワチ薬品　4位国分関信越（酒類・食品卸）　5位自治医科大学

1位は東芝がキヤノンへ多額で売却して話題になった会社

キヤノンメディカルシステムズ（本社大田原市）の旧社名は東芝メディカルシステムズ。16年東芝からキヤノンに全株式が譲渡され、キヤノンの子会社となった。カワチ薬品（本社小山市）は、東日本（北海道を除く）で約360店を展開。

■進学校の実績（東大合格者数）はこんなに変わった!?　変わらない!?

宇都宮高校（全日制は男子校）が戦後ほぼ連続して進学実績では県内一強を保っている。07年に中高一貫校となった宇都宮東高校（男女共学）が近年実績を上げてきた。栃木高校（男子校）

は、旧栃木県庁構内にある伝統高で、長い間県内2番手の進学実績を上げている。23年東大合格者は、宇都宮高11名、栃木高5名、宇都宮東高3名ほか。

■県が全国シェア上位の生産物

イチゴ（1位）15％、クレソン（1位）40％、ニラ（2位）16％、カンピョウ（1位）99％以上、乳用牛飼養頭数（2位）4％

■家庭での年間購入金額上位のもの（都道府県庁所在地別、全国家計調査より）

センベイ（1位）8159円、イチゴ（2位）5437円（1位は静岡市の5451円）、ギョウザ（2位）3763円

群馬県　【旧国名】上野《こうずけ》

［県木］クロマツ　［県花］レンゲツツジ　［県鳥］ヤマドリ

［総面積］6362㎢（21位）　［可住地面積］2269㎢（21位）

［県庁所在地］前橋市

■地理・歴史

からっ風だけでない上州名物

全国一の流域面積を持つ利根川の上流・源流部にあたり、首都圏の水がめの機能を果たすダムが多い。冬に吹く北西の冷たく乾いた「からっ風」は上州名物として有名。

山地が多く、火山灰土を含んだ土地、やせた土地では、そうした環境でも育ちやすいキャベツなどの高原野菜やコンニャクイモの生産が盛ん。浅間高原の嬬恋《つまごい》村は、寒冷な気候を利用して、時期をずらした夏から秋のキャベツ出荷量が全国1位。約1億5000万個のキャベツが嬬恋村でつくられている（JA嬬恋村HPより）。下仁田町はコンニャク製粉加工量が全国1位（下仁田町HPより）。群馬県全体でもナス、ホウレンソウ、エダマメ、ハクサイ、レタスなど生産量で全国2～3位の野菜が多い。

豊臣秀吉の命令による国替えで徳川家康の配下が当地に入り、江戸時代には高崎藩、前橋藩など多くの藩に分かれていた。カイコの餌となる桑の木が育つのに適した火山灰土の地が多く、江戸時代から養蚕、製糸が行われ、天領だった桐生を中心に絹織物業も盛んだった。

人口がさほど多くない県の割には四大公営ギャンブルが揃っていた（前橋競輪・桐生競艇・伊勢崎オート。高崎競馬は04年廃止、場外馬券売り場が継続）ことでも知られている。

■約30年での人口と自治体変化

県人口：93年　198・8万人↓22年　191・3万人

増減率：マイナス3・8％（減少率の高さ32位）

市町村数93年　11市32町27村↓22年　12市15町8村

主要都市の人口

93年［高崎市＋倉渕村＋箕郷《みさと》町＋群馬町＋新町＋榛名町＋吉井町］35・0万人↓22年高崎市（合併）37・1万人

93年［前橋市＋大胡《おおご》町＋宮城村＋粕川村＋富士見村］33・7万人↓22年前橋市（合併）33・3万人

93年［太田市＋尾島町＋新田町＋薮塚本町］19・7万人↓22年太田市（合併）22・3万人

93年［伊勢崎市＋赤堀町＋東村＋境町］17・7万人↓22年伊勢崎市（合併）21・3万人

93年［桐生市＋新里村＋黒保根村］14・1万人↓22年桐生市（合併）10・6万人
93年［渋川市＋北橘村＋赤城村＋子持村＋小野上村＋伊香保町］9・0万人↓22年渋川市（合併）7・5万人
93年館林市7・7万人↓22年館林市7・5万人

県内都市の人口順位の変動が激しかった

平成の大合併前の93年、県内都市の人口順位は、1位前橋市（28・5万人）、2位高崎市（23・7万人）、3位太田市（13・9万人）、4位桐生市12・4万人、5位伊勢崎市（11・6万人）だった。現在は高崎市が前橋市を抜き1位に。桐生市が人口減なのに対し、伊勢崎市が合併した自治体の人口が多かったことに加え、旧伊勢崎市エリアも人口が増加したことにより、伊勢崎市が桐生市に大差をつけて4位へと順位を上げている。

■こんなに変わった教科書記述…地理編

世代ごとに教わった工業地帯が異なる!?　今は北関東工業地域を詳述

現代の教科書では「大工場や、大工場から部品の製造を請け負う中小工場も次々と進出し、内陸型の**北関東工業地域**が形成されました」（『中学生の地理』帝国書院、20年検定）、こう書きだした後、北関東工業地域を詳しく述べていく。北関東工業地域は、もともと繊維工業などが盛んだった地域で、その技術や広い土地を活用しやすいため、県や市町村が工場を積極的に誘致して形成された。教科書には各工業地帯・地域の工業出荷額（17年）も示される。

・京浜工業地帯39・7兆円、北関東工業地域30・7兆円、京葉工業地域12・2兆円

今や北関東工業地域は、京浜工業地帯と並べても遜色のない出荷額となっている。

約30年前の教科書では、京浜工業地帯、中京工業地帯、阪神工業地帯が、大きな見出しつきで登場していたが、北関東工業地域はひとことも出てこない。

太田市では、在留外国人の数が30年で8倍に

現代の教科書では、北関東工業地域に関して「自動車関連の工場では、作業に多くの人手が必要とされるため、外国籍の日系人も大勢働くようになった」と紹介する。コラムでは、**日系ブラジル人**が多く住む**大泉町**（太田市の東側で隣接する町）でのブラジルの食材を売る店が多い様子や、彼らの生活ぶりを記述する。

教科書で書かれる自動車工場とは、ＳＵＢＡＲＵ（旧富士重工業）の工場で、太田市は同社の企業城下町ともいわれてきた。戦前には、軍用飛行機を製造する中島飛行機の工場が太田市にあった。戦後中島飛行機は事業解体され、その一つが現・ＳＵＢＡＲＵ。太田市の**在留外国人**は、90年に約１４００人だったのが、22年には約１万２０００人へと激増した。大泉町は人口約４万１０００人のうち在留外国人比率が約20％（23年）にのぼり、比率としては全国の区市町村の中で最も大きい。

■こんなに変わった教科書記述…歴史編

20歳の青年の大発見、岩宿遺跡の記述がなくなった

「1946年（昭和21年）の秋、行商しながら考古学の勉強をしていた20歳の相沢忠洋は、群馬県赤城山麓の岩宿《いわじゅく》の切り通しの崖で、打製石器のかけらをみつけた」（『中学社会　歴史的分野』日本書籍、89年検定）。約30年前の教科書では、日本にそれまでなかったと思われていた**旧石器時代の石器**が発見された**岩宿遺跡**（みどり市）を、発見した若者の写真と共に記載していた。この教科書を使う中学生より5～6歳程度しか違わない若者が、世紀の大発見をしたことを伝え、歴史への関心を高めようとしたことがうかがえる。

現在の教科書では、旧石器時代にはふれるものの、岩宿遺跡は本文に登場しない。今では現地に岩宿博物館もあり、発見の価値が低まったわけではなく、その他に記述すべき内容が多くなったためのようだ。

洪積世と沖積世をやめて、更新世と完新世に

この旧石器時代について、現在の高校の日本史教科書では、更新世《こうしんせい》のものと記述されている。およそ1万年前を境に更新世と完新世《かんしんせい》とに分かれるとも書かれている。90年頃の教科書までは、更新世は洪積世《こうせきせい》、完新世は沖積世《ちゅうせきせい》と呼ばれていた。学界でも長い間使われてきた用語だったが、非科学的なノアの洪水伝説に由来する名づけ方だったので使用されなくなり、教科書でも変更となった。

■約30年でこんなに変わった…見どころ編

世界遺産となった富岡製糸場

明治初期、政府が富国強兵を目指して殖産興業に力を入れてつくったのが**官営模範工場**の一つである**富岡製糸場**（富岡市）。87年まで操業されていて、05年に一般公開された。明治時代の建物や施設が多く、14年に「富岡製糸場と絹産業遺産群」が世界遺産に登録された。約30年前の中学歴史教科書を数冊見た限りでは登場しないが、現代の教科書では、当時の絵などと共に紹介されている。世界遺産登録直後は、見学者が激増して話題となった。

2000年に国宝指定、表現豊かな埴輪群

16年7月にリニューアルオープンした**群馬県立歴史博物館**も興味深い。6世紀後半の築造と推定される長さ約100ｍの**綿貫観音山古墳**《わたぬきかんのんやま》（高崎市）の近くにある。同古墳は、発掘時まで盗掘にあっていなかったため、多くの埴輪が埋葬時のままの位置に置かれていた。被葬者である地域首長「胡坐《あぐら》を組み合掌する男子埴輪」を中心に、高貴な男女埴輪、武人埴輪など、当時の王の世界が再現されて展示されている。多くが20（令和2）年に国宝に指定された。

■約30年でこんなに変わった…交通編

北関東自動車道：栃木県の項参照。

■地方百貨店の興亡（県庁所在地を中心として）

高崎にもあったスズラン百貨店

90年代には前橋に**スズラン百貨店前橋店**と**前橋西武**、高崎に**スズラン百貨店高崎店**と**高崎タカシマヤ**があった。04年にＬＩＶＩＮ（前橋西武が00年に改称）が閉店。スズラン百貨店が前橋市内唯一の百貨店となった。

■民放テレビ局　キー局の番組どれだけ見られた？

在京主要局を受信できる関東広域圏に属する。71年に県域民放テレビ局の群馬テレビが開局。

■地元の大企業（売上高ランキング）

94年　1位前橋乾繭取引所　2位群馬県信用保証協会　3位群馬県経済農業協同組合連合会　4位サンデン（自動車機器システム）　5位群馬日本電気

21年　1位ヤマダデンキ（家電量販店）　2位ベイシア（スーパーマーケット）　3位ＮＥＸＵＳ（遊戯場）　4位ミツバ（電気機器製造）　5位栗原医療器械店（医療機器販売）

ヤマダデンキが、県内・全国家電量販店トップに

ヤマダデンキ（本社高崎市）は、同じ北関東の同業であるコジマ（栃木県）、ケーズデンキ（茨城県）と競ってきたが、00年代にコジマを抜き家電量販店売上高トップに。

■進学校の実績（東大・京大合格者数）はこんなに変わった!? 変わらない!?

マエタカ、タカタカほぼ互角

群馬県の高校といえば、前橋高校（通称マエタカ）と高崎高校（通称タカタカ）のスポーツ対抗戦が名高い。前橋高は1877（明治10）年の創立、高崎高はその20年後、前橋高の分校として創立された。現在も両校とも男子高（高崎高の通信制は共学）である。進学実績も戦後一貫してほぼ互角。

04年に中央中等教育学校が男女共学の中高一貫校として高崎市に創立。23年の東大合格者は高崎高8名、前橋高5名、中央中教5名など。

■県が全国シェア上位の生産物

コンニャクイモ（1位）94％、キャベツ（1位）20％、エダマメ（2位）10％、ホウレンソウ（2位）10％、キュウリ（2位）10％、ナス（3位）9％、レタス（3位）10％、ハクサイ（3位）3％

■家庭での年間購入金額上位のもの（都道府県庁所在地別、全国家計調査より）

ドレッシング（1位）3340円、ちなみにコンニャクは（39位）1508円

埼玉県　【旧国名】武蔵《むさし》

〔県木〕ケヤキ　〔県花〕サクラソウ　〔県鳥〕シラコバト

〔総面積〕3798㎢（39位）　〔可住地面積〕2603㎢（19位）

〔県庁所在地〕さいたま市

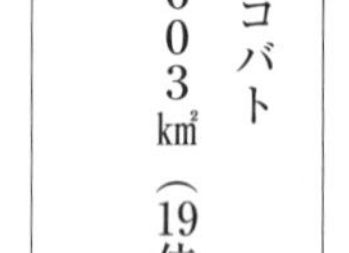

■地理・歴史

東京のベッドタウンと首都圏向け野菜づくりの両面を持つ県

県内東側に広がる平野部分は、東京のベッドタウンとして、戦後一貫して人口増加を続けてきた。多くの田畑が宅地化されたが、野菜づくりが現在も盛んで、埼玉県の生産量は、ホウレンソウ1位、ネギ1位、ブロッコリー2位、カブ2位。なかでも深谷ネギが有名。深谷市は野菜の生産額が170億円（21年）で、全国市町村8位。全国有数の野菜生産都市といえ、なかでもネギは1位である。

県西側の山間部に位置する秩父地方では、林業に加え、養蚕《ようさん》と絹織物業が主要産業だった。秩父銘仙は、伊勢崎、桐生、足利、八王子と共に五大銘仙（絣《かすり》の絹織物）とされ、大正から昭和初期に大流行した。

■約30年での人口と自治体変化

県人口：93年　663・2万人→22年　733・7万人

増減率：プラス10・6％（増加率の高さ5位）

市町村数：93年　42市39町11村→22年　40市22町1村

主要都市の人口

93年［浦和市＋大宮市＋与野市＋岩槻市］103・5万人→22年さいたま市（合併）133・2万人

93年［川口市＋鳩ケ谷市］49・9万人→22年川口市（合併）60・6万人

93年川越市30・7万人→22年川越市35・3万人

93年越谷市28・9万人→22年越谷市34・5万人

93年所沢市30・9万人→22年所沢市34・4万人

93年草加市20・9万人→22年草加市25・1万人

人口増加のペースが近年落ち着きをみせる

埼玉県の人口は、19年まで増加を続け、それ以降ほぼ横ばい状態。とくにさいたま市エリアでは、この30年間の増加率が県全体の増加率の約3倍にあたるプラス28・7％。ちなみに93年頃の埼玉県民は、人口が激増しているのを今よりもっと実感していたはず。63年から93年の間に埼玉県の人口は約400万人も増加している。

■約30年でこんなに変わった…地理編
県庁所在都市駅なのに、特急が停まらなかった浦和駅

平成の大合併で、01年に浦和市、大宮市、与野市が合併、**さいたま市が誕生**。05年に岩槻市も合流。浦和と大宮は江戸時代には中山道の宿場町（日本橋から3番目と4番目）だった。町の規模も同程度なので、お互いをライバル視してきた。明治時代に浦和に県庁が置かれて以来、県庁移転問題で、浦和は熊谷、大宮と争った歴史もある。

ＪＲの電車で東京都内から浦和、大宮方面に向かうと、浦和駅は大きな駅という感じがしない。東北・上越新幹線が開業する前など、数多く走っていた特急は皆浦和駅を通過していた。それどころか当時、普通電車でも浦和駅を通過するものもあった。そんな「哀れな」（と当時筆者は子ども心に感じていた）県庁所在都市は全国でも浦和だけだった。一方の大宮駅は、ほとんどの特急が停車し、新幹線の駅もできた。

電車から見る限りでは、浦和は大宮に見劣りしたのだが、戦後この両都市はほぼ同規模で人口増加を続けてきた。93年の人口は浦和市43・1万人、大宮市41・5万人。

旧浦和市VS旧大宮市のデータ

現在の大宮と浦和を比べてみよう。旧大宮市は、ほとんどのエリアが現さいたま市大宮区、北区、見沼区、西区となり、その合計人口（23年）は53・5万人。旧浦和市は、同浦和区、南区、桜区、緑区となりその合計人口は59・3万人。現在も人口は旧浦和市エリアのほうが多く、その

差はかつてより開いてきている。

JR駅の1日平均乗車人数を93年→19年で見ると、大宮駅が22・9万人→25・7万人。浦和駅が7・5万人→9・6万人。昔も今も大宮駅のほうが圧倒的に多い。

実際に町を歩いていて受ける印象に近い商業統計を見てみよう。年間販売額（卸売業・小売業）は「93年大宮市→23年旧大宮市4区計」が3兆7133億円→3兆2446億円。「93年浦和市→23年旧浦和市4区計」が1兆6031億円→1兆5637億円。浦和のほうが減り方がやや少ない。全国的な知名度は、新幹線駅の存在で大宮、プロサッカーリーグ浦和レッズの存在で浦和というところだろうか。

■約30年でこんなに変わった…産業編 キューポラのある街で有名だった川口市

30年よりもう少し前の話になってしまうが、JR京浜東北線北行で赤羽駅を出て荒川を渡り終えて次の川口駅に着くまで、現在高層マンションなどが立つ数カ所は、かつて**キューポラのある鋳物《いもの》工場**だった。80年代くらいまではそうした光景だったと思う。さらに古い話になるが、川口は、吉永小百合が鋳物職人の娘役で主演した映画『キューポラのある街』（62年）の舞台として全国に知られるようになった。

キューポラとは、鋳物工場で原料の鉄を溶かす円筒形の溶銑炉のことで、その煙突が町のいたる所で見られた。
川口の鋳物は、江戸時代後期から、江戸の問屋に向けて鍋や釜をつくり、明治時代以降は、軍需産業の発展と共に生産量を増やした。戦後も47（昭和22）年には川口産の鋳物が全国の鋳物生産額の約3分の1を占めるまでになった。生産量のピークは73（昭和48）年の約40・7万t。70年代のオイルショックや80年代の急激な円高による不況で生産量を減らしてしまった。

川口市は外国人の人数が全国1位

川口市は、近年**外国人居住者が多い**ことでも知られる。市の総人口の6・5％にあたる4・0万人が住む（23年）。その数は東京23区を除いた自治体（市町村）では全国1位の人数。93年は市の全人口の1・7％だったが、とくに13〜19年に毎年1000〜2000人以上の増加を続けた。中国人が最も多い。

■約30年でこんなに変わった…自然編

日本で一番暑い町争い

07年8月まで、日本で一番暑かった町は、1933（昭和8）年**山形市**で記録した40・8度だった。筆者も小学校時代そう習ったのをよく覚えている。その記録を約70年ぶりに破ったのが07年8月**熊谷市**（埼玉県）と**多治見市**（岐阜県）で同時に記録した40・9度である。この日に限らず熊谷は、毎日の全国最高気温ランキングに頻繁に顔を出し、よくも悪くも「**日本一暑い町**」

として全国的に知られるようになった。熊谷市も「**あついぞ！熊谷**」というコピーで猛暑を熱い口調でアピール、おいしい水を使ったかき氷「雪くま」も開発した。

13年8月に江川崎（高知県四万十《しまんと》市）が41・0度を記録しトップの座から降りる。どうせ暑いなら日本一に、と願う熊谷市民も多いといわれていたが、18年7月には熊谷で待望？の41・1度を記録。トップに返り咲いた。

熊谷市が暑い理由は、西側に山地を控えたフェーン現象と南に大都市を控えたヒートアイランド現象のダブルによるものだという。

■約30年でこんなに変わった…交通編

ＪＲ利用：湘南新宿ラインが01年運行開始。宇都宮線（東北本線）と横須賀線、高崎線と東海道本線が新宿経由で直通運転する系統路線で、それ以前は宇都宮線、高崎線の多くの電車は上野が始終点。池袋、新宿発着の電車が少数あるだけで、渋谷・横浜方面へ直通する電車はなかった（98年の例）。15年には、東北・高崎・常磐線と東海道本線とを上野・東京経由で直通運転する上野東京ラインも開業。

さいたま新都心駅：京浜東北線、宇都宮線・高崎線の列車（現・上野東京ライン）が停車する駅として00年4月開業。さいたま新都心の街開き記念式典と、さいたまスーパーアリーナのプレオープン（同年5月）よりひと月前の開業だった。

埼玉高速鉄道：01年赤羽岩淵―浦和美園が開業、東京メトロ南北線・東急目黒線と相互直通運転開始。

圏央道：関越自動車道鶴ヶ島JCT―青梅ICが96年開通。その後数度延伸開業し、15年埼玉県内が全通。東名高速道路から中央自動車道、関越自動車道を経て東北自動車道までの間が圏央道で結ばれた。

■地方百貨店の興亡（県庁所在地を中心として）
丸広、八木橋、矢尾と多彩な地方百貨店

90年代以前から浦和に**伊勢丹浦和店**、大宮に**そごう大宮店**、**高島屋大宮店**などがあった。地方百貨店としては、**丸広百貨店**が埼玉県内に7店舗を構える。本店にあたる丸広百貨店川越店は51（昭和26）年開業。64年に西武線本川越駅近くに移転した。19（令和元）年にクローズとなった屋上遊園地「わんぱくランド」の観覧車は、川越のシンボル的存在だった。丸広百貨店は、東松山、飯能、入間、上尾、南浦和にも店舗を構える。

熊谷の**八木橋百貨店**は1897（明治30）年創業の八木橋呉服店がルーツ。入口の巨大温度計は、猛暑時に全国ニュースでもたびたび登場する。一階店舗内を旧中山道が貫いていて、その部分の床は石畳風のデザインとなっている。秩父市の**矢尾百貨店**はさらに古く、江戸時代1749年創業の造り酒屋がルーツ。

■民放テレビ局　キー局の番組どれだけ見られた？

在京主要局を受信できる関東広域圏に属する。79年に県域民放（第3セクター含む）テレビ局として、テレビ埼玉が開局。

■地元の大企業（売上高ランキング）

94年　1位埼玉県共済農業協同組合連合会　2位丸十商店　3位日産ディーゼル工業　4位西武鉄道　5位マルシン（建材塗装）

21年　1位全国生活協同組合連合会　2位しまむら（総合衣料品販売）　3位カインズ（ホームセンター）　4位コープデリ生活協同組合連合会　5位ヤオコー（スーパーマーケット）

首都東京都とは対照的に、流通業が上位に並ぶ

製造業、商社など多くの大企業の本社が東京都に集まるのに対し、隣の埼玉県は一転して流通業などが上位に集まっている。

■進学校の実績（東大合格者数）はこんなに変わった⁉　変わらない⁉

伝統の浦和高校に、私立栄東高校が迫る

戦後間もなくの頃から00年代前半までの東大合格者数は、（県立）浦和高校が毎年数十人でトップを独走していた。90年代までは川越高校と熊谷高校がそれに続いていた。16年に私立栄東

高校（さいたま市）が初めて1位（27人）を獲得。17年以降は再び浦和高が1位を続ける。10年代以降、大宮高校、私立開智高校（さいたま市）の躍進も目立つ。

23年東大合格者は（県立）浦和高36名、大宮高19名、栄東高13名、開智高8名、（市立）浦和高7名、浦和第一女子高6名、（県立）川越高5名など。

■県が全国シェア上位の生産物

ネギ（1位）12％、ホウレンソウ（1位）11％、ブロッコリー（2位）9％、カブ（2位）15％、節句人形・ひな人形（1位）45％

■家庭での年間購入金額上位のもの（都道府県庁所在地別、全国家計調査より）

パスタ（1位）1771円、プリン（1位）2132円、書籍代（1位）1万1444円、補習教育（幼児～高卒塾代）（1位）7万8628円、火災・地震保険料（1位）2万4587円

千葉県

【旧国名】下総《しもふさ》・上総《かずさ》・安房《あわ》

［県木］マキ　［県花］ナノハナ　［県鳥］ホオジロ
［総面積］5157㎢（28位）　［可住地面積］3534㎢（6位）
［県庁所在地］千葉市

■地理・歴史

県域のほぼ全体が半島とその付け根にあたる。東京に近い県北西部は、ベッドタウン化が進んだ一方で、県全体としては大消費地に近いため農業、漁業も盛ん。とくに野菜ではダイコン、サトイモ、ネギ、ニンジン、ホウレンソウなど、日常的によく食べるもので、生産量全国1～3位のものが多い。

東京湾沿岸の北部には、京葉工業地域が広がる。すぐ先が東京都であるものの千葉県内に東京ディズニーリゾートがある。

江戸時代には、幕府の方針が江戸の近郊は譜代で固めることだったので、譜代大名の小藩、幕府領、旗本領などが入り組んでいた。利根川舟運の拠点として重要視された関宿藩、江戸の東を守る要衝として重要視された佐倉藩の藩主へは、幕政の中心となる役職を命じられた例が多い。

■約30年での人口と自治体変化

県人口：93年　572・1万人→22年　626・6万人

増減率：プラス9・5％（増加率の高さ7位）

市町村数：93年　30市45町5村→22年　37市16町1村

主要都市の人口

93年千葉市　83・4万人→22年千葉市97・6万人

93年船橋市　52・9万人→22年船橋市64・6万人

93年松戸市　45・4万人→22年松戸市49・7万人

93年市川市43・4万人→22年市川市49・1万人

93年［柏市＋沼南町］35・5万人→22年柏市（合併）43・1万人

人口増加の市が多いが、千葉市の人口は100万人には届かずか

千葉県の人口は、10年まで増加し続けた後、増減を繰り返している、ピークは20年の628・4万人。千葉市の人口は16年まで増加し続け100万人に近づいてからは、ほぼ横ばいとなっている。年齢別人口構成を見ると、100万人には達せず近いうちに人口減少になりそうだ。そのほか30年前と比較して人口増が著しい都市として、浦安市（93年11・7万人→22年16・9万人）、流山市（93年14・4万人→22年20・5万人）などがある。

■約30年でこんなに変わった…産業編
境港から銚子港へ。水揚げ量日本一の港の変遷

全国の漁港の中で、**銚子港は水揚げ量日本一**（22年）。イワシが全体の8割近くを占め、サバがそれに続き、総量は約23・6万トン。銚子漁港が発展したのは、大陸棚が近くにあると共に、黒潮と親潮がぶつかる好漁場にも恵まれていること。また江戸時代には漁港近くの台地に干鰯《ほしか》場があり、漁船が大量の漁獲物を持ち込んでも、それを腐らせず巨大市場の江戸に出荷する体制ができあがっていたためなどである。

約30年前、日本一の水揚げ量だった漁港は**境港**（鳥取県）。マイワシがよく獲れて92〜96年に日本一だった。その後急激に資源が減少し、00年代は**焼津港**（静岡県）が水揚げ量日本一になった年が多い。11年に銚子港が1位になり12年連続1位を保っている。

一方、量ではなく金額で換算すると順位が変わってくる。**水揚げ金額日本一**（22年）は455億円の**焼津港**（静岡県）。銚子港は、福岡港、長崎港に次いで4位の約223億円。焼津港が1位なのは、単価の高いマグロの漁獲量が多いため。

■約30年でこんなに変わった…産業編
「ナシといえば鳥取」ではなく、「ふなっしー」の千葉県に

千葉県は埼玉県と同じく「**首都圏の食料庫**」といわれる。野菜の産出額（21年）は1280億

円で全国3位。種別では、落花生1位、ダイコン1位、カブ1位、スイカ2位、ニンジン2位、ネギ2位、サトイモ2位など。これらは30年前とあまり変わらないのだが、大きく変わったのが**ナシ（日本ナシ）**である。

近年では船橋市（千葉県）の梨の妖精のゆるキャラ「ふなっしー」が全国的に知られるが、かつて「ナシといえば鳥取」のフレーズが有名だった。93年のナシの収穫量は鳥取県が5・7万tで1位。2位が千葉県で4・1万tである。さらにその前の80年代には、鳥取県は8〜10万tの収穫量をあげていた。だが、21年では1位が千葉県2・1万t、2位茨城県1・9万tと続き鳥取県は6位1・1万t。この30年間にナシの世界に何が起きたのか。

千葉県のナシは近年では**幸水**が約50％、**豊水**が約30％。いずれも戦後に命名発表された品種で、みずみずしく甘味が豊か。鳥取県のナシは約80％が**二十世紀**。二十世紀は1888（明治21）年に千葉県大橋村（現・松戸市）で当時13歳の松戸覚之助が親類宅に生えていたものを発見、持ち帰って育てたところ後に実を結んだ。評判を聞いた識者が試食すると素晴らしい味なので、来る新世紀を代表する味の意味をこめて名づけたもの。それが20世紀初頭に鳥取県へと導入され鳥取の名産品となった。

鳥取県では生産者の高齢化や豪雪、黒斑病の多発、大消費地からは遠いことなどにより生産を減らし、千葉県が日本一となり、ナシの世界の時代が移り変わった。

■約30年でこんなに変わった…交通編

成田スカイアクセス開業：10年に北総鉄道を経由して成田空港駅へと乗り入れる成田スカイアクセスが開業。京成スカイライナーが経由を京成本線から成田スカイアクセスへ変更。一部区間160km／h運転。京成上野─成田空港が44分に（約15分短縮）

東武アーバンパークライン（愛称）：東武鉄道では14年から東武野田線をこの愛称で呼ぶようになった。

東京湾アクアラインの開通前、南房総へは特急電車で行っていた

97年に東京湾を横断して神奈川県川崎市と千葉県木更津市を結ぶ東京湾アクアラインが開通。さらに富津館山道路が04年、館山自動車道が07年にそれぞれ全線開通し、房総半島の南端近くまで高速道路が延びた。また、房総半島を東西に横断する形で、木更津から東金《とうがね》を経て九十九里方面（松尾横芝ＩＣ）まで、圏央道が13年に延びていった。

当初アクアラインの通行料金は普通車４０００円。あまりに高く、数年で同３０００円へと引き下げたものの、交通量は計画より少なかった。09年森田健作知事の選挙公約どおりＥＴＣ利用では普通車８００円など通行料を大幅に引き下げると、交通量は当初の4～5倍へと増加した。12年に三井アウトレットパーク木更津がオープンし、都内各地や横浜などからアクアラインを経由して高速バスの本数も増えていった。

館山自動車道の全通後は、東京から館山など房総半島南部へは、鉄道利用から高速バス利用へ

と劇的に変わっていった。09年には東京―館山にＪＲの特急「さざなみ」が定期運行列車で1日7本、不定期で5本程度走っていたが、15年には同区間を定期運行する特急電車がなくなる。新宿／東京―館山は、高速バスのほうがＪＲ特急電車より10～20分程度所要時間が短く、料金も2割程度安くなった。道路渋滞が予想される休日に特急「さざなみ」が不定期運行されているのはありがたい。

■地方百貨店の興亡（県庁所在地を中心として）
そごう横浜と並んでそごうの旗艦店、そごう千葉店

千葉駅周辺には、**三越千葉店**と**そごう千葉店**があった。三越千葉店は、70年代に開業したニューナラヤを84年に三越千葉店としたもので、ニューナラヤは江戸時代半ばの呉服商奈良屋をルーツとする老舗だった。そごう千葉店は67年に千葉そごうとして開業、93年に線路南側の現地に移転してきた。京成千葉駅とＪＲ千葉駅を結ぶ立地の千葉そごう店は、規模の点からもそごう横浜と共にそごうの旗艦店的存在。一方、三越千葉店は17年に閉店となった。

■民放テレビ局　キー局の番組どれだけ見られた？

在京主要局を受信できる関東広域圏に属する。71年に県域民放（第3セクター含む）テレビ局として、千葉テレビ放送が開局。

■地元の大企業（売上高ランキング）

94年　1位ジャスコ（スーパーマーケット）　2位千葉県経済農業協同組合連合会　3位極東石油工業　4位セイコー電子工業　5位オリエンタルランド（東京ディズニーランド運営）

21年　1位イオンリテール（グループ中核企業）　2位イオントップバリュ　3位大阪国際石油精製　4位マツモトキヨシ　5位イオン商品調達

上位は社名を変更したジャスコからイオンへ

94年1位のジャスコは、01年に社名をイオン（本社千葉市）に変更。全国のジャスコの店名もしだいにイオンなどに変更されていった。21年も上位にイオングループが並んでいる。94年5位のオリエンタルランドは、コロナ禍の影響もあり21年上位5社からはもれたが7位に位置している。

■進学校の実績（東大合格者数）はこんなに変わった!?　変わらない!?

80年代頃から県立御三家といわれてきたのが千葉高校、船橋高校、東葛飾高校（柏市）。なかでも千葉高が東大合格者数トップを独占してきたが、02年私立渋谷教育学園幕張高校（千葉市）がトップに立つ。10年代以降の東大合格者数は、渋谷幕張高が千葉高を大きく引き離す。近年私立市川高校の躍進も目立つ。23年東大合格者は、渋谷幕張高74名、千葉高25名、市川高15名、(県立）船橋高11名、東葛飾高9名など。

■県が全国シェア上位の生産物

落花生（1位）85％、ナシ（1位）11％、ダイコン（1位）12％、サトイモ（2位）10％、カブ（1位）27％、ニンジン（2位）18％、ネギ（2位）12％、スイカ（2位）12％、ホウレンソウ（3位）9％、イセエビ（1位）21％

■家庭での年間購入金額上位のもの（都道府県庁所在地別、全国家計調査より）

キウイフルーツ（1位）3176円

東京都 【旧国名】武蔵《むさし》・下総《しもうさ》

［都木］イチョウ　［都花］ソメイヨシノ　［都鳥］ユリカモメ
［総面積］２１９４㎢（45位）　［可住地面積］１４２３㎢（32位）
［都庁所在地］新宿区

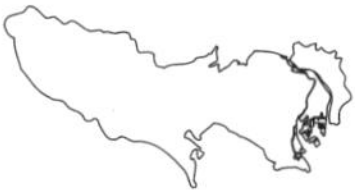

■地理・歴史

徳川幕府の町づくりを今に引き継ぐ日本の首都

政治・経済上の重要な施設が数多くある。30年前くらいから、地方活性化、大地震への備えなどのため首都機能移転が主張されてきたが、ほとんど行われてこなかった。東部の荒川沿いには標高が海水面より低い海抜０ｍ地帯が広がる。江戸川区は陸の７割がゼロメートル地帯。地球温暖化により巨大台風襲来の可能性が増し、大規模洪水発生の際、区の防災危機管理課が「ここ（江戸川区）にいてはだめ」と、刺激的な言葉で早めに区外に避難を促すハザードマップを作成して話題を呼んだ。

１５９０年徳川家康が江戸城に入ってから、江戸の町づくりが始まった。日比谷周辺などは江戸幕府により入り江が埋め立てられた場所である。皇居が旧江戸城なのをはじめ、都心の首都高速道路は多くの区間で江戸時代につくられた濠の上に建造されているなど、江戸時代の町づくりの成果を今も引き継いでいる場所が多い。

都の地形は西に向けて標高が高くなり、最西端の埼玉・山梨との都県境には標高2017mの雲取山《くもとりやま》がそびえる。伊豆諸島、小笠原諸島も東京都の一部。

■約30年での人口と自治体変化

都人口：93年　1183万人↓22年　1404万人

増減率：プラス18・7％（増加率の高さ1位）

市町村数：93年　23特別区27市6町8村↓22年　23特別区26市5町8村

主要都市の人口

93年23区特別区792・7万人↓22年23区特別区952・3万人
93年世田谷区76・2万人↓22年91・6万人
93年練馬区62・0万人↓22年73・8万人
93年大田区63・9万人↓22年72・9万人
93年27市計356・8万人↓22年26市計419・2万人
93年八王子市47・0万人↓22年八王子市56・2万人
93年町田市　35・4万人↓22年町田市43・0万人

人口増加が顕著だったが、近年は頭打ち

30年前と比較して、23区特別区はすべての区で人口が増加している。増加率としては、都心の千代田区（93年4・3万人→22年6・7万人）、中央区（93年7・4万人→17・1万人）、港区（93年15・2万人→22年25・7万人）が大きい。とくに中央区の増加が激しいのは、湾岸エリアに高層マンションが多数できたためだろう。

市部でも福生市《ふっさ》（93年5・9万人→5・6万人）は減少したが、それ以外の市はすべて増加している。01年田無市と保谷《ほうや》市が合併して西東京市に、95年秋川市と五日市町が合併してあきる野市になっている。

東京都全体の人口は21年まで増加を続けてきたが、22年に全体及び23区部全体では微減に転じた。また、コロナ禍明けの23年は一転して微増となっている。

■約30年でこんなに変わった…タウン編
秋葉原は「オタク」の街の面影はなく、電気の街だった

90年頃まで、秋葉原は「**電気の街**」だった。オーディオ関連のミニコンポから高級コンポまで、ワープロ、大画面（といっても30インチ超程度）のブラウン管テレビ、ワードプロセッサー、ビデオデッキ、ゲーム機器、それに映像・音楽・ゲーム各種ソフトを販売する大型店が目立っていた。最盛期は秋葉原に15店舗あったという石丸電気をはじめ、サトームセン、ラオックス、ヒロセムセン、第一家電、シントク、オノデンなどである。アニメ関連の店はあっても目立

つことはなく、メイド喫茶もなかった。

95年前後に、秋葉原電気街のパソコン関係の売り上げが家電関係を上回り、秋葉原は「**マルチメディアの街**」へと変貌をとげていく。90年代後半には不振となった家電製品販売にとって代わるようにして、アニメやゲームマニア対象のソフトウェアを扱う店が激増していく。01年に誕生したメイド喫茶が増えていき、05年にはＡＫＢ48が活動開始。00年代には「**オタクの街**」として全国的に知られるようになった。10年代後半には、訪日外国人が激増する中、秋葉原へも多数の外国人観光客が訪れるようになった。

街中に今よりたくさん喫茶店があった。スタバはなかった

15年に鳥取県に出店して、今や全都道府県に計２０００店近くあるシアトル系コーヒーの喫茶店チェーンの**スターバックス**。だが30年前は、東京にさえまだ一軒もなかった。日本の街中での1号店は96年、銀座松屋百貨店の道をはさんだ隣である（中央通りから1本東に入った松屋通り沿い）。その後13年には日本国内１０００店超えとなるほど急速に店舗を増やした。

スタバに先立って店舗数を急拡大させていたのが、**ドトール**だった。こちらは日本の企業による展開で、80年に原宿駅前に1号店を開店。街中の喫茶店より安い値段の割に美味しく、テイクアウトも気軽にできて人気を博した。

そのあおりを受けた形なのが、個人経営の多い街中の喫茶店である。81年には約15・5万軒あったのが、01年に8・9万軒へと減っていく。21年は5・9万軒。学生街には必ずあった喫茶店

も、チェーン店以外は見かけることが少なくなった。逆に現在営業している個人経営の喫茶店は、何かしらの個性ある店が多い。

96位から14位（駅利用客数）へと躍進し、大変貌をとげた駅

山手線の駅で、三十数年前では駅前に大きな工場があり、日中は閑散としていたのだが、今は高層ビルが林立し、光景が激変した駅がある。**大崎駅**である。92年度の大崎駅の1日平均乗車客数は、山手線29駅中の26番目で4・2万人だった。駅西口には、灰色の壁に囲まれて明電舎の工場が広がっていた。明電舎はいわゆる重電8社に名を連ねる大企業で、1913（大正2）年に大崎工場を開設している。

現在は明電舎工場の跡地に07年に竣工したThink Park TowerをはじめNBF大崎ビル（旧称ソニーシティ大崎）などの高層ビルが林立する。02年にはりんかい線（東京臨海高速鉄道）天王洲アイル―大崎が開業し、臨海地区、東京駅、渋谷・新宿駅方面共に乗り換えなしで行けるようになり、通勤に便利な地として付近にタワーマンションの建設も進んだ。19年度の大崎駅乗車人員は17・7万人（22年度はコロナ禍の影響で減り11・8万人）。山手線の駅では10番目の多さ。JR東日本全駅の中では、92年度の96位から19年の14位と大躍進である。

筆者は大崎駅すぐ近くの区立芳水《ほうすい》小学校（明電舎の社長・重宗《しげむね》芳水が創立して寄付）を卒業したのだが、当時大崎駅が、あの有楽町駅（山手線で上記11番目）より利用客が多くなるとは、夢にも思わなかった。

■こんなに変わった教科書記述…歴史編

中野にあった生類憐みの令で保護した犬の収容施設

将軍徳川綱吉が命じた**生類憐《しょうるいあわれ》みの令**。1685年（政策のはじまりには諸説あり）から20年あまりにわたって出されたもので、生類すべての殺生を禁じたものである。「犬好きの綱吉が江戸中の野良犬を保護するように強要した愚かな策」「身分の低い人間より犬のほうが大切に扱われた」などと語られてきた。保護した犬を収容するために**御犬囲**と呼ばれる施設が数カ所につくられた。一番大きかったのが中野につくられたもので、広さは16万坪、そこへ8万匹以上の犬が収容されたという記録がある。現在のJR中央線中野駅のすぐ北側、中野区役所や明治大学中野キャンパスがある一帯がその場所である。

徳川綱吉の評価が爆上がり!?

現在の教科書では、綱吉の評価が上がっている。「この法によって庶民は迷惑をこうむったが、野犬《やけん》が減少した」（高校用『詳説　日本史』山川出版社、22年検定）。一説では当時野犬が江戸の町に多くなっていたが、これにより噛まれる被害が少なくなり、野犬にゴミを荒らされることもなくなって、江戸の町の衛生面が向上したという。

またそれ以上に評価すべき点として、生命を尊重する道徳の定着をめざし、殺伐とした戦国時代以来の社会的価値観を否定した点だという。「武力にかわって重視されたのが、身分・格式であり、儀礼の知識であり、役人としての事務能力であった」（同）。綱吉の時代は、下剋上、荒ぶる武士の気風が残る**武断政治**から、徳を重んじる**文治政治**への転換が必要で、その象徴として出されたのが生類憐みの令だというわけである。

歴史上の出来事には多面的な見方が必要ないい例だと思う。

■地元の大企業（売上高ランキング）

94年　1位伊藤忠商事　2位三井物産　3位住友商事　4位丸紅　5位三菱商事

21年　1位地方公務員共済組合連合会　2位ＥＮＥＯＳ（石油精製販売）　3位全国共済農業（協連）　4位出光興産（石油精製販売）　5位ＮＴＴドコモ

上位は商社からエネルギー、通信関連の企業へ変化

21年では、商社がベスト5圏外に。三井物産は8位、伊藤忠商事が12位、三菱商事が25位など。

■進学校の実績（東大合格者数）はこんなに変わった!?　変わらない!?

都立高校の復活が進むが、上位は私立と国立の高校

90年代以降では、私立開成高校を筆頭に、国立筑波大学附属駒場高校、私立麻布高校、私立桜蔭高校、私立駒場東邦高校、私立海城高校が、例年全国トップ10クラスの東大合格者を出している。

90～00年代、都立高校は全盛期の60年代前後に比べ進学実績が極端に低迷していたが、03年に都立高校の学区制が廃止され全都1学区となり、10年代以降、日比谷高校の躍進が目立つ。小石川中等教育学校、西高校、それに3年生の全クラスが夏休みあけの学園祭で演劇をやるなど「日本一の学園祭」と評判の国立《くにたち》高校が続く。23年の東大合格者は、開成高148名、筑波大附属駒場高87名、麻布高79名、桜蔭高72名、駒場東邦高72名、日比谷高51名など。

■都が全国シェア上位の生産物

カツオ類（2位）15％（伊豆諸島などによる）、そのほか工業製品多数

■家庭での年間購入金額上位のもの（都道府県庁所在地別、全国家計調査より）

チーズ（1位）8949円、外での飲酒代（1位）1万9168円、タクシー代（2位）9325円、ガソリン代（最下位）2万1583円

神奈川県　【旧国名】武蔵《むさし》・相模《さがみ》

［県木］イチョウ　［県花］ヤマユリ　［県鳥］カモメ
［総面積］2416㎢（43位）　［可住地面積］1474㎢（31位）
［県庁所在地］横浜市

■地理・歴史

ベッドタウン、工業地帯、野菜の産地、観光地として様々な顔

県内の東京湾沿岸は、京浜工業地帯の中心ゾーン。京浜工業地帯は00年代半ばまで工業地帯のなかで1位の生産額だったが、鉄鋼不況などもあり現在は中京工業地帯に抜かれて2位となった。

横浜市街の海辺、80年代に再開発が始まる前は三菱重工の造船所などだった地にできたのが「横浜みなとみらい21」地区。93年に当時日本一の高さ（296m）、地上70階建ての横浜ランドマークタワーが開業。その近く、明治時代末から大正初期につくられた赤レンガ倉庫を活用した赤レンガパークも00年代前半に整備が進んだ。

芦ノ湖などの自然と旧東海道の宿場としての歴史、それに温泉の魅力を持つ箱根は、江戸時代末から外国人に人気で、インバウンドブームの現在もそれが続く。三浦半島は温暖でスイカやダイコンなど全国有数の野菜の産地。三崎漁港はマグロ遠洋漁業の基地でもある。

■約30年での人口と自治体変化

県人口：93年　８１４・９万人↓22年　９２３・２万人

増減率：プラス13・３％（増加率の高さ３位）

市町村数：93年　19市17町１村↓22年　19市13町１村

主要都市の人口

93年横浜市３２５・１万人↓22年横浜市３７５・６万人

93年川崎市１１６・８万人↓22年川崎市１５２・２万人

93年［相模原市＋津久井町＋相模湖町＋藤野町＋城山町］61・９万人↓22年相模原市（合併）71・９万人

93年藤沢市35・５万人↓22年藤沢市44・３万人

93年横須賀市43・８万人↓22年横須賀市39・３万人

93年平塚市24・８万人↓22年平塚市25・６万人

神奈川県も人口減少時代へ突入か

神奈川県の人口は、21年（９２３・６万人）まで増加を続けてきたが、以後微減となっている。

とくに川崎市の人口増加が激しかった（93年→22年増加率30％）。近年でも微増を続けている。川崎市内でも中原区、高津区、麻生区の人口増加率はいずれもこの30年間の比較で40％を超える。

■約30年でこんなに変わった…産業編
京浜工業地帯のシンボルの火が消えた

23年9月、新聞やテレビでこう報じられた。「京浜工業地帯のシンボル、ＪＦＥの高炉が半世紀近い歴史に幕」。鉄鋼大手の**ＪＦＥスチールの東日本製鉄所京浜地区**（川崎市）で、鉄鉱石を溶かして銑鉄を生産する**高炉**（第２高炉、高さ約１０８ｍ）が休止された。高炉がある場所は、ＪＲ鶴見線海芝浦《うみしばうら》駅ホームに立つと目の前の京浜運河の先に浮かぶ人工島の扇島である。

90年代の教科書でも京浜工業地帯や京葉工業地域の主な業種は「製鉄・石油精製・石油化学・造船・製粉などである」（『新版中学社会　地理』教育出版、92年検定）と製鉄が1番目に書かれている。鉄さび色で何やら複雑で無骨ながら先端の煙突から白い水蒸気を噴き上げる高炉は、まさに工業地帯のシンボルといえた（高炉は扇島の最も先端近くにあるので海芝浦駅からは見えないのは残念だが）。

高炉を持ち、高炉でできた銑鉄を鋼鉄に処理する転炉があり、生産された鉄を製品加工する設備も持つ製鉄所は「**銑鋼一貫《せんこういっかん》製鉄所**」といわれる。こうした重厚長大企業の代名詞のような設備を持つ企業は、**日本製鉄、ＪＦＥスチール、神戸製鋼所**の３社のみである。ＪＦＥスチール東日本製鉄所では04年に第一高炉を休止していて、今回の第二高炉の休止により、他社を含めて京浜工業地帯での稼働高炉がなくなった。同社で高炉があるのは千葉地区と西日本製鉄所の福山地区、倉敷地区だけ。また3社合わせると全国で20基となった。

日本鋼管、新日鐵がそれぞれＪＦＥ、日本製鉄に

70〜90年代にラグビー、バレーボール、社会人野球に興味があった方は、ＪＦＥスチールというより日本鋼管といったほうがピンと来る方が多いだろう。今回高炉が休止されたＪＦＥスチールの製鉄所も、かつては日本鋼管だった。日本鋼管は88年に呼称社名をＮＫＫに変えた後、03年に川崎製鉄と統合再編し、鉄鋼事業部門がＪＦＥスチールとなった。また、日本最大の鉄鋼メーカーである日本製鉄は、12年に新日本製鐵と住友金属工業が合併し新日鐵住金となった後、19年に日本製鉄へと社名を変えた。

日本鋼管からはバレーボールの大古誠司、嶋岡健治など多数のオリンピック代表選手を輩出している。また新日鐵は、ラグビーで78〜84年に全国社会人大会および日本選手権7連覇を達成し、主力選手松尾雄治らが「北の鉄人」と呼ばれた新日鉄釜石ラグビー部が、年配の方には記憶に残っているだろう。新日鐵は、バレーボールでも田中幹保、中垣内祐一らがオリンピックで活躍した。

222haに及ぶ扇島の高炉跡地は、脱炭素社会の新エネルギーとして注目される水素の供給拠

点など、川崎市も含めた官民協力による大規模事業が計画されている。そちらに期待したい。

■こんなに変わった教科書記述…歴史編
「いい国」から「いい箱」へ変わった鎌倉時代の始まり

1192年源頼朝が朝廷から**征夷大将軍**に任命され、全国の武士を従える地位についたとして、この時を**鎌倉幕府の成立**、鎌倉時代の始まり、かつてはそう教えられてきた。1192年を「いい国つくろう鎌倉幕府」の語呂合わせで覚えた方も多いと思う。

近年、鎌倉時代の始まり、すなわち武家政権の始まりを**1185年**と教科書では記述するようになった（鎌倉時代の始まりを1192年とする説もあると注を入れている教科書が多い）。「平《へい》氏《し》の滅亡後、源義経が源頼朝と対立すると、頼朝は、義経をとらえることを口実に朝廷に強くせまり、1185年に、国ごとに軍事・警察を担当する**守護**を、荘園や公領ごとに現地を管理・支配する**地頭**《じとう》を置くことを認めさせました。こうして頼朝は、本格的な武士の政権である**鎌倉幕府**を開きました」（『新しい社会　歴史』東京書籍、20年検定）。

つまり、1192年の征夷大将軍任命は、あくまで武士社会のなかに限っての地位の話であるのに対して、1185年の守護、地頭の設置は、武士が全国の土地を管理する役人になることを朝廷が公認したことになり、このことのほうが重要だという認識である。

内容を理解することが重要で、年号を暗記することは、歴史を学ぶうえで二の次だと思うが、

「いい箱つくろう鎌倉幕府」と覚えておいてもいいだろう。

■約30年でこんなに変わった…交通編

横浜市営地下鉄：93年、ブルーライン新横浜―あざみ野延伸で東急田園都市線あざみの駅と接続。99年戸塚―湘南台延伸で小田急江ノ島線・相鉄いずみ野線湘南台駅と接続。08年グリーンライン中山―日吉開業。

横浜高速鉄道みなとみらい線：04年横浜―元町・中華街開業。東急東横線からの電車が元町・中華街へと乗り入れ開始。地上区間をJR根岸線に並行して走っていた東急東横線横浜―桜木町は04年廃止。

相鉄・JR直通線：19年に相鉄本線西谷《にしや》駅から近くのJR東海道貨物線まで連絡線が完成。羽《は》沢《ざわ》横浜国大駅が開業。JR新宿駅から湘南新宿ラインのルートを通って相鉄本線へ乗り入れる電車が運転開始。

相鉄・東急直通線：23年に羽沢横浜国大駅から新横浜駅を経て日吉駅へのルートが完成。相鉄本線から東急東横線・目黒線への乗り入れが開始された。

新東名高速道路：18年海老名南JCT（圏央道）―厚木南IC開通、以後延伸を重ね22年新秦野ICまで開通。

■地方百貨店の興亡（県庁所在地を中心として）

発祥の地横須賀と藤沢に店舗を構える「さいか屋」

大手ではない神奈川県の地場百貨店として、**さいか屋**がある。90年代にはJR川崎駅東口に川崎さいか屋があった。JR川崎駅は京急川崎駅もある東口が賑わっていたが、駅前に工場などがあった川崎駅西口が再開発され、06年に大型ショッピングモールのラゾーナ川崎プラザが開業すると買い物客の流れが西口側に移行。15年に川崎さいか屋は閉店となった。跡地には川崎ゼロゲートが建てられている。

また横須賀では1928（昭和3）年に百貨店を開業した**横須賀さいか屋**が、90年に新館、南館を開業。だが全国的傾向と同じく百貨店離れが進み、10年に大通り館が閉館、21年には横須賀店は、スリム化したさいか屋横須賀ショッピングプラザに。かつて大通り館でさいか屋まんじゅうを販売していて、01年から06年まで首相を務めた小泉純一郎の似顔絵焼き印の入った純ちゃんまんじゅうが大人気となったことを思い出す。現在、**さいか屋藤沢店**が藤沢駅北口駅前で大規模な店舗を構えて営業している。

■民放テレビ局　キー局の番組どれだけ見られた？

在京主要局を受信できる関東広域圏に属する。72年に県域民放テレビ局として、テレビ神奈川が開局。

■地元の大企業（売上高ランキング）

94年　1位日本ビクター　2位松下通信工業　3位日産車体　4位関東自動車工業（トヨタグループ自動車製造）　5位千代田化工建設

21年　1位日産自動車　2位いすゞ自動車　3位ソニーセミコンダクタソリューションズ（イメージセンサー等製造）　4位UR都市再生機構　5位三菱ふそうトラック・バス

伝統的に自動車関連企業が上位に

94年1位の日本ビクターは、76年にビデオの世界標準規格となったVHSビデオを開発。90年代はVHSビデオがまだよく売れていた時代。00年代からDVDなどに代わり、日本ビクターは、JVCケンウッドへ吸収合併された。日産自動車（本社横浜市）は主力生産工場の一つが横浜市神奈川区の埋め立て地（京浜東北線新子安駅南方）にある。

■進学校の実績（東大合格者数）はこんなに変わった!?　変わらない!?

進学実績では、私立、県立とも浮沈が激しい

90年代は、私立桐蔭学園（横浜市）が東大合格者数トップ争いの常連校だったが、00年代以降、私立聖光学院（横浜市）がトップの年が多く、私立栄光学園（鎌倉市）、私立浅野高校（横浜市）、私立洗足学園（川崎市）がそれに次ぐ。湘南高校（藤沢市）は60～70年代半ばまで東大合格者数県内トップを続けていたが、81年の学区細分化などで進学実績を低下させていく。05年

学区制廃止。10年代以降は県立横浜翠嵐《すいらん》高校、湘南高校も実績を上げている。23年の東大合格者は、聖光学院78名、栄光学園46名、横浜翠嵐高44名、浅野高43名、湘南高20名など。

■県が全国シェア上位の生産物

キウイフルーツ（4位）6％、ダイコン（5位）6％、マグロ類（9位）4％

■家庭での年間購入金額上位のもの（都道府県庁所在地別、全国家計調査より）

シュウマイ（1位）2001円、ワイン（1位）8216円、ハム（1位）6474円、補習教育（高校・予備校）（1位）3万2797円

新潟県

【旧国名】越後《えちご》・佐渡《さど》

〔県木〕ユキツバキ　〔県花〕チューリップ　〔県鳥〕トキ
〔総面積〕1万2584㎢（5位）　〔可住地面積〕4550㎢（2位）
〔県庁所在地〕新潟市

■地理・歴史

日本一の長さの信濃川が流れる米どころ

福島県からは阿賀野川、長野県からは日本一の長さの信濃川が流れてきて、最下流部に越後平野が広がる。雪解けの豊富な水があり、新潟県は米の収穫量日本一の米どころ。山間部は大量の雪が降る屈指の豪雪地帯。

越後三大花火大会が有名で、打ち上げ場所の違いから「川の長岡（長岡市）」、「山の片貝（小千谷市）」「海の柏崎（柏崎市）」と称される。

戦国時代には守護大名の上杉謙信が活躍。江戸時代は譜代、外様、幕府領などが入り組み、佐渡島は金山が開発されたことから天領となっていた。

■約30年での人口と自治体変化

県人口：93年　２４７・８万人→22年　２１５・３万人

増減率：マイナス13・1％（減少率の高さ13位）

市町村数：93年　20市56町36村→22年　20市６町４村

主要都市の人口

93年［新潟市＋新津市＋白根市＋豊栄市＋黒埼町＋小須戸町＋横越町＋亀田町＋岩室村＋西川町＋味方《あじかた》村＋潟東村＋月潟村＋中之口村＋巻町］77・8万人→22年新潟市（合併）78・0万人

93年［長岡市＋栃尾市＋中之島町＋越路町＋三島町＋山古志《やまこし》村＋小国町＋与板町＋和島村＋寺《てら》泊《どまり》町＋川口町］29・1万人→22年長岡市（合併）26・4万人

93年［上越市＋安塚町＋浦川原村＋大島村＋牧村＋柿崎町＋大潟町＋頸城《くびき》村＋吉川町＋中郷村＋板倉町＋清里村＋三和村＋名立町］21・1万人→22年上越市（合併）18・7万人

93年［新発田《しばた》市＋豊浦町＋加治川村＋紫雲寺町］10・6万人→22年新発田市（合併）9・5万人

93年［三条市＋下田村＋栄町］11・1万人→22年三条市（合併）9・5万人

平成の大合併で合併した市町村数全国一の県

99年に112あった市町村数が10年には30にまで減り、合併した数は全国一。隣の長野県が同120あった市町村数が77にまでしか減っていないのとは対照的である。

30年前と比較して新潟市は人口が減っていない。06年から19年まで80～81万人でほぼ横ばい状態だったが、20年以降は減少に転じている。

■約30年でこんなに変わった…産業編
米の収穫量、かつての2位から1位へ

新潟県は米（水稲）の収穫量が全国1位で62・0万t（21年）。2位が北海道の57・4万t、3位が秋田県の50・1万t。**新潟県は12年から連続して1位**を保っている。約30年前は1位が北海道の95万t（94年）、2位が新潟県で78・4万tだった。

全国での米の収穫量は、60年代後半がピークで、その後は減少トレンドにある。北海道がずっと減少傾向にあるのに対し、新潟県は90年代後半からほぼ横ばい状態が続いている。

また新潟県は米の収穫量が全国シェア8・2％なのに対し、米の収穫額では1252億円で全国シェア9・1％と高いのも特徴。**魚沼産コシヒカリ**などの銘柄米が高値で売れているためなどである。

せんべい、あられ、おかきの出荷額は、一人勝ち状態

米菓の製造品出荷額では、新潟県は米以上に一人勝ちといった状態。1位新潟県1682億円、2位埼玉県164億円、3位栃木県152億円（以上22年）。この傾向は約30年前も変わらない（93年1位新潟県1394億円、2位埼玉県328億円）。ちなみに米菓のうち、「せんべい」はうるち米、「おかき」と「あられ」はモチ米が原料のもの。

「ソフトサラダ」「ハッピーターン」などヒット商品の多い**亀田製菓**（新潟市）、「雪の宿」などの**三幸製菓**（新潟市）、「味しらべ」などの**岩塚製菓**（長岡市）、「ばかうけ」などが人気の**栗山米菓**（新潟市）といった米菓業界の年商1～4位の企業がいずれも新潟県にある。

「昭和初期から戦前にかけては、東京、大阪、愛知などが米菓の産地で、新潟がトップになるのは1970年代のこと」（新潟郷土史研究会『新潟「地理・地名・地図」の謎』）という。現在の隆盛に至ったのには、原料の米に事欠かないこと、各製造者たちの努力と研鑽《さん》のほか、県の食品研究センターも重要な役割を果たした。

また同じように群を抜いて新潟県が1位のものに、**マイタケの生産量**（3・7万t、21年）がある。全国シェアは67％。83年に生産販売を開始した、**雪国まいたけ**（南魚沼市）のシェアが大半を占める。

■こんなに変わった教科書記述…地理編
東洋一の大事業、大河津分水路の記述が消えた

新潟が米どころとなるまでの苦労を30年前の教科書は伝えている。「越後平野は、もともと水はけが悪く、腰までつかる湿田が多かった」（『新版中学社会　地理』教育出版　92年検定）。水はけが悪いのは、海岸近くの川の出口に砂丘などの小高い地が多く、水がそこで止められてしまうためだった。江戸時代から排水工事が行われてきたが、昭和になって信濃川に**大河津《おおこうづ》分水路**が

完成し、その分岐点より下流の水位が低下したので洪水被害は少なくなって乾田化が進み、米の収穫量は大きく伸びた。

大河津分水路とは、信濃川が越後平野に入って日本海に最も近づく大河津地点から、約10㎞を掘り開いて海へとショートカットさせた人工の川である。当時東洋一の大事業といわれ、1909(明治42)年に起工し、1922(大正11)年に通水した。工事の労働者は延べ1000万人に上った。前記教科書では、信濃川、大河津分水路、関屋分水、数カ所の排水機場、干拓地などが記された越後平野の拡大地図も掲載されている。

現在の教科書では、数冊を見た限りでは、大河津分水路の記述や詳細地図の掲載がない。全般的に近年のできごとにウエイトを置いて書かれているのでしかたがないのかもしれないが、今も恩恵を受けている大土木工事の成果として価値は高く、多くの日本人が知らないままになってしまうのが残念だ。

■約30年でこんなに変わった…家庭消費編
日本酒を飲む量が減ったものの、まだまだ酒好き

新潟は米どころと共に酒どころとしても知られる。上越新幹線新潟駅、長岡駅、越後湯沢駅構内にある**ぽんしゅ館**では、越後地方にある90以上の酒蔵の利き酒《き》ができる(有料)。壁いっぱいに利き酒マシンが並んでいるのを見せられると、日本酒の本場に来たことを、ひしひしと実感さ

せられる。

日本酒の生産高では、1位が灘の酒で有名な兵庫県、2位が伏見の酒で有名な京都府、3位が新潟県である。この順位は約30年前（93年）も変わらない。

飲むほうではどうだろうか。家庭での年間支出額を見ると、約30年前（92年）では新潟市が全都道府県庁所在都市のなかで、堂々の1位（2万4347円）。近年では年によってばらつきが激しいので19～21年の平均で算出すると秋田市に次いで2位（9251円）。金額を見ると、これは全国的な傾向だが、日本酒離れが進んだこともわかる。

新潟県民は**豚肉好き**でも知られる。カリッと揚げた薄いとんかつを、甘辛醤油ダレにつけた**タレかつ丼**は新潟名物。家庭でのブタ肉消費も多く、その購入金額は新潟市が1位（3万8272円、22年）。約30年前（92年）も同3万9958円で新潟市が1位である。

■約30年でこんなに変わった…交通編

JR利用：92年　東京―新潟（上越新幹線）1時間40分↓23年同1時間29分

北陸新幹線が15年長野―金沢開業。新潟県内には北陸新幹線の駅として上越妙高、糸魚川の各駅ができた。

日本海東北自動車道：80年代に開通していた北陸自動車道からさらに北に延びる形で、新潟空港ＩＣから朝日まほろばＩＣへ、02年から11年にかけて延伸開通。

■地方百貨店の興亡（県庁所在地を中心として）

かつての繁華街、古町から百貨店がなくなった

90年代には、新潟市の古くからの繁華街、古町に**新潟三越**と**大和百貨店新潟店**がお互いが見える位置に立っていた。とくに新潟三越は明治時代創業の小林呉服店（後の小林百貨店）が発祥の老舗。小林百貨店という名だった70年代には新館2～4階に映画館が入り人気映画を上映していた。

70年代に、信濃川と新潟駅の間にあった新潟交通の本社用地などが**万代シテイ**として再開発され、84年には**新潟伊勢丹**が開店。街の賑わいは、万代シテイや新潟駅周辺に移る。10年大和百貨店新潟店が閉店、20年には新潟三越も閉店となった。

■民放テレビ局　キー局の番組どれだけ見られた？

民放キー4局の系列が早々と出揃う

80年代半ばまでに、新潟放送（ＴＢＳ系列）、ＮＳＴ新潟総合テレビ（フジテレビ系列）、テレビ新潟（日本テレビ系列）、新潟テレビ21（テレビ朝日系列）が揃ったので、民放が3局しかない県に比べればさほど不満は感じられなかったと思うが、テレビ東京の番組は、一部の人気番組がリアルタイムではない時間帯に放送されてきた。

■地元の大企業（売上高ランキング）

94年　1位新潟県経済農業協同組合連合会　2位福田組（建設）　3位ブルボン（菓子製造）　4位新潟日本電気　5位コロナ（暖房機器製造）

21年　1位コメリ（ホームセンター）　2位原信（スーパーマーケット）　3位原信ナルスオペレーションサービス　4位福田組　5位日本精機（電子機器製造）

上位に大手小売り、菓子メーカーもベスト10前後に

ブルボンは、チョコレートビスケット「アルフォート」などが人気の菓子メーカー。21年は6位。菓子では13位に亀田製菓、14位に三幸製菓。21年3位は、スーパーマーケットの「原信」「ナルス」などの持株会社。

■進学校の実績（東大合格者数）はこんなに変わった!?　変わらない!?

新潟、長岡、高田の3すくみから、新潟の一強時代へ

戦後直後から90年代まで東大合格者数は、新潟高校、長岡高校、高田高校の三校で大半を占めていた。00年前後に国際情報高校（南魚沼市）が躍進し上記三強に割り込み、04年には初めて東大合格者数で県内トップ（6名）となる。近年は新潟高の一強状態が続く。23年東大合格者は、新潟高16名、長岡高1名、高田高1名の3校。

■県が全国シェア上位の生産物

米（1位）8％、まいたけ（1位）67％、米菓（1位）54％、切餅・包装餅（1位）64％、金属洋食器（1位）90％、清酒（3位）9％

■家庭での年間購入金額上位のもの（都道府県庁所在地別、全国家計調査より）

塩サケ（1位）5142円、サケ（鮮魚）（2位）6832円、サヤ豆（1位）4893円、豚肉（1位）3万8272円

富山県　【旧国名】越中《えっちゅう》

［県木］タテヤマスギ　［県花］チューリップ　［県鳥］ライチョウ
［総面積］4248㎢（33位）　［可住地面積］1842㎢（26位）
［県庁所在地］富山市

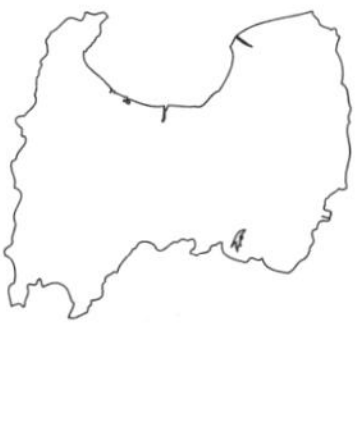

■地理・歴史

王者がいて宝石があり神秘を備える富山湾に面する県

県域の三方に山々が連なり、富山湾を囲むようにして平野が広がる。立山連峰などから大量に流れる雪解け水は、発電、稲作に利用され、地場産業を支えてきた。富山湾では、「富山湾の王者」といわれるブリのほか、「富山湾の神秘」ホタルイカ、「富山湾の宝石」シロエビ、ベニズワイガニなど付加価値の高い水産資源が豊かである。

戦国時代は、織田信長の重臣、佐々成政が富山城に入るが、豊臣政権の下では、越中国は加賀国を治める前田利家の領地の一部となった。江戸時代は、加賀藩3代藩主前田利常の次男利次が10万石を分封されて富山藩を立藩。

■約30年での人口と自治体変化

県人口：93年　112・1万人↓22年　101・7万人

増減率：マイナス9・3％（減少率の高さ19位）

市町村数：93年　9市18町8村↓22年　10市4町1村

主要都市の人口

93年［富山市＋大沢野町＋大山町＋八尾町＋婦中町＋山田村＋細入村］40・9万人↓22年富山市（合併）41・1万人

93年［高岡市＋福岡町］18・9万人↓22年高岡市（合併）16・7万人

93年［新湊市＋小杉町＋大門町＋下村＋大島町］9・4万人↓22年射水《いみず》市（合併）9・2万人

93年［城端《じょうはな》町＋平村＋上平村＋利賀村＋井波町＋井口村＋福野町＋福光町］6・4万人↓南砺《なんと》市（合併）4・9万人

■約30年でこんなに変わった…商売編

90年代にはまだよく見かけた「富山のくすり売り」

近年都会などであまり見かけなくなったものに、**富山のくすり売り**（訪問販売）がある。年に2回ほど数カ月にわたって行商人として他の都府県へ出かけ、得意先の家を訪問し、そこの家族と対面で話をし、前回置いていった薬の使用状況をチェックして補充し、使用した薬の料金だけをもらう行商人である。子どもがいる家庭には、紙風船をくれることでも有名だった。江戸時代前期、富山藩2代目藩主の前田正甫《まさとし》が奨励して広まったとされる。「先用後利《せんようこうり》」がスローガンで、用（薬を家庭に置いてもらう）を先にして、利（薬代の徴収）は後でいい、というのが特徴である。

富山県在住の売薬行商者（「売薬さん」と呼ばれた）は、61（昭和36）年に1万1685人のピークを迎えた。だが同年に国民皆保険制度が実施されると、医者で薬を処方されれば保険がきくため、置き薬の需要が減る。この窮地を救ったのが、60年代後半からの栄養ドリンク剤（オロナミンCなど）ブームだった。行商が自転車からバイク・自動車になり、重いドリンク剤でも簡単に運べるようになった時期と一致したのも幸いだった。

90年代になると、ドラッグストアの増加、コンビニでの一部薬販売許可、それに留守の多い共働き世帯の増加、訪問販売への意識変化などで売り上げは減少の一途をたどる。

それでも約30年前（96年）段階では、富山県在住の置き薬販売従事者が3046人いた。それが19年には599人まで減ってしまう。富山県での配置用医薬品生産額は95年312億円あったのが、20年には15・3億円にまで減少した。

「くすりの富山」は健在

置き薬こそ減少したが、富山県での**医薬品生産**は今も盛んである。93年の富山県での医薬品生産金額が2393億円（全国シェア4・2％）だったのに対し、20年は6609億円（シェア7・

1％）へと成長し全国4位。人口あたりの医薬品生産金額、製造所数、製造所従業員数ではいずれも全国1位である。

■約30年でこんなに変わった…イベント編

チューリップの里・砺波。フェア開催時は臨時列車も走っていた

国内最大級の花の祭典といわれるとなみチューリップフェア（砺波《となみ》市）。ゴールデンウィーク前後の期間、会場には数百品種300万本のチューリップが咲き誇り、高さ26mのチューリップタワーからは、チューリップで描かれた地上絵も見渡せる。23年は14日間の会期中に、砺波市の人口（4・8万人）の7倍以上にあたる延べ35万8000人が訪れた。

なぜ砺波市がチューリップフェアを行うようになったのか。庄川の扇状地に広がる砺波平野の水田地帯は水はけがよく、春先の日射量が多い。そうした条件はチューリップの球根生産に適していた。稲作の前か後に行う裏作として、大正時代にチューリップの切り花販売が行われるようになり、1935（昭和10）年頃からは、アメリカ向けにチューリップ球根の輸出も開始された。戦後も昭和20年代から、公的機関での品種改良研究が行われ始めた。

52（昭和27）年に第1回となみチューリップフェアを開催。現在の砺波チューリップ公園は、砺波園芸分場の跡地を整備したもので、72（昭和47）年にチューリップタワーが完成する。99年に同フェアは来場者37万人を記録している。80年代から00年代にかけては、同フェア期間中の休

日などに、現・JR城端線に臨時列車「チューリップ号」が2～3往復運行されていた。

チューリップと雪の壁が、外国人に大人気に

この30年間で大きく変わったのは、**外国人観光客の増加**である。同じ富山県内、この時期のもう一つの観光の目玉に立山黒部アルペンルートの**雪の大谷**（道の両側が10m以上の雪の壁の中を行く）がある。チューリップフェアの時期でも雪の大谷にはかなり雪が残っていて、訪日観光の人気コースとなった。雪が珍しい台湾、マレーシア、タイ、インドネシアなどからの旅行者が多い。23年は、となみチューリップフェアに約5900人の外国人観光客が訪れている。2代目となるチューリップタワー（高さ26m）も21年に完成した。

■約30年でこんなに変わった…観光地編

世界遺産へのアクセスを変えた02年の東海北陸自動車道開通

庄川をさかのぼった山奥の集落、**五箇山**《ごかやま》は、95年に「白川郷・五箇山の合掌造り集落」として世界遺産に登録された。それ以前、合掌集落として知られてはいたものの、白川郷（岐阜県）に比べて訪れる人もずっと少なく、84年に国道304号五箇山トンネルが開通して城端市と結ばれるまでは、まさに秘境の地だった。02年に東海北陸自動車道五箇山IC―白川郷ICが開通すると白川郷と共に五箇山を訪れる観光客が増加した。

■約30年でこんなに変わった…交通編

ＪＲ利用：92年東京―富山（上越新幹線、長岡乗り換え在来線特急「かがやき」利用）3時間20分→23年同（北陸新幹線）２時間５分

97年北越急行ほくほく線開業で越後湯沢―金沢の特急「はくたか」運行開始。東京―富山（上越新幹線、越後湯沢乗り換え特急利用）3時間8分。15年北陸新幹線長野―金沢開業。

東海北陸自動車道：00年福光ＩＣ―五箇山ＩＣ開通で北陸自動車道小矢部砺波ＪＣＴから五箇山まで全通。02年白川郷ＩＣまで延伸。

■地方百貨店の興亡（県庁所在地を中心として）

西武撤退、富山の中心部、総曲輪《そうがわ》で目立つ富山大和百貨店

90年代には、富山市街の総曲輪地区に**西武百貨店富山店**、近くの西町に**富山大和百貨店**があった。西武百貨店富山店は06年閉店（跡地は現・ワクル総曲輪）。富山大和百貨店富山店は07年現在地（総曲輪フェリオ内）に移転して営業。

■民放テレビ局　キー局の番組どれだけ見られた？

今もテレ朝系列、テレ東系列の局がない

80年代は北日本放送（日本テレビ系列）、富山テレビ放送（フジテレビ系列）の2局だけだったが、90年にチューリップテレビ（TBS系列）が開局した。だが現在もテレビ朝日系列とテレビ東京系列の放送局が県内にない。一部のテレビ朝日とテレビ東京の番組は県内3局で放送してきた。

こうした状況のため富山県内でのケーブルテレビ加入率が69％と高い。ちなみに民放キー4局が揃う隣の新潟県の同加入率は23％と低い。

■地元の大企業（売上高ランキング）

94年　1位北陸電力　2位三協アルミニウム工業　3位富山県経済農業協同組合連合会　4位立山アルミニウム工業　5位トナミ運輸

21年　1位北陸電力　2位三協立山（建材）　3位北陸電力送配電　4位日医工（医療用医薬品）　5位インテック（情報・通信）

豊富な水力発電電力を利用したアルミニウム関連社が上位に

富山県には、富山市へと流れる神通《じんつう》川と常願寺《じょうがんじ》川（上流の和田川）、高岡市へと流れる庄川と小矢部川などにダム式、水路式などの水力発電所が多い。アルミニウム製造には大量の電力が必要なので、富山県はアルミニウム関連の工場立地に適していた。三協立山は、03年三協アルミと立山アルミが経営統合した企業。

■進学校の実績（東大合格者数）はこんなに変わった!?　変わらない!?

富山と高岡の高校から伝統的に東大合格者を多数輩出

富山県は伝統的に人口の割に東大合格者数が多い。23年の東大合格者数は46名。90年代以降、高岡高校、富山中部高校がトップを争っている。富山高校がそれに続く。23年の東大合格者は、富山中部高25名、高岡高10名、富山高9名など。

■県が全国シェア上位の生産物

アルミサッシ（1位）31％、銅・銅合金鋳物（1位）24％、水力発電量（1位）11％、球根類（チューリップ、ユリなど）（2位）19％

■家庭での年間購入金額上位のもの（都道府県庁所在地別、全国家計調査より）

ブリ（1位）7062円、昆布（1位）1574円、イカ（1位）3148円、トマト（1位）1万499円

石川県　【旧国名】加賀《かが》・能登《のと》

［県木］アテ（ヒノキアスナロ）［県花］クロユリ［県鳥］イヌワシ
［総面積］4186㎢（35位）［可住地面積］1395㎢（33位）
［県庁所在地］金沢市

■地理・歴史

名産品・金箔が象徴する加賀百万石の城下町の風土

金沢平野を中心とした加賀地域と、能登半島の能登地域に分けられる。金沢平野の大部分を占めるのが手取川扇状地。扇状地は水がしみこみやすく水田には向いていなかったが、明治時代に雪解け水を活用した用水路が各地に建設され、北陸有数の稲作地帯へと変貌を遂げた。

金沢は加賀百万石の城下町で、県内には、加賀友禅（金沢市）、九谷焼（金沢市、小松市、加賀市、能美《のみ》市）、金沢箔《はく》、輪島塗、山中漆器（加賀市）など江戸時代に保護されて発展した伝統工芸品が多い。金沢箔とは厚さ1万分1ミリの金箔《きんぱく》で、日本の金箔総生産の約99％を金沢市が占める。

金沢をはじめとした北陸地方では、「弁当忘れても傘忘れるな」との格言が知られる。金箔を扱う時の大敵は静電気。金沢市は年間降水量が多く、ほどよい湿度のため静電気が発生しにくいことと、良質な水が豊富に存在することが金箔づくりに適していた。加賀藩も金箔づくりを庇護した。金箔は金沢の風土を象徴するものといえるだろう。近年、金箔を乗せたスイーツの店も市内に増えている。

■約30年での人口と自治体変化

県人口：93年　117・1万人→22年　111・8万人

増減率：マイナス4・5％（減少率の高さ28位）

市町村数：93年　8市27町6村→22年　11市8町0村

主要都市の人口

93年金沢市43・1万人→22年金沢市44・9万人

93年［松任《まっとう》市＋美川町＋鶴来町＋河内村＋吉野谷村＋鳥越村＋尾口村＋白峰村］10・2万人

→22年白山《はくさん》市（合併）11・3万人

93年小松市10・8万人→22年小松市10・7万人

93年［加賀市＋山中町］8・0万人→22年加賀市（合併）6・4万人

県の人口が減るなか、金沢市、白山市は人口をほぼ横ばいに保つ

30年前と比較して県全体の人口は減少しているが、金沢市は人口の増減が比較的少なかった。

金沢市は18年（46・6万人）をピークに以後減少となっている。白山市は00年代から増減があまりなくほぼ横ばい。白山市は金沢のベッドタウンとしての性格のほか、後述のクスリのアオキや金沢村田製作所などの本社が立地。製造業が比較的盛ん。

■約30年でこんなに変わった…観光地編
昔は兼六園とお城だけといわれた金沢の町

水戸の偕楽園、岡山の後楽園と共に日本三大名園とされる**兼六園**があり、昔から訪れる人が多かった。だが30年以上前の有名スポットといえば、兼六園に加えて金沢城公園と尾山《おやま》神社、数カ所の武家屋敷跡と様々な老舗めぐりくらいだった。

現在金沢を代表する人気スポットとして**ひがし茶屋街**がある。文政3（1820）年に公許され形成された町で、街路に面して1階に出格子をかまえ、2階のつくりを高くして座敷を構える「茶屋建築」が連なっている。京都・祇園の茶屋町と並んで江戸時代後期から明治初期にかけての茶屋建築がまとまって残されていることで貴重な場所である。

同エリアが国の重要伝統的建造物群保存地区に選定されたのは01年。80年代くらいまでは、ほとんど訪れる観光客はいなかった。古い町並みや老舗の紹介に力を入れているのが特徴だった旅行案内書『ブルーガイドパック能登・金沢』（75年発行）でも、金沢の町を10ページで紹介しているのに対し、東山茶屋街は寺町の記述で1行述べているだけである。

もう1カ所の人気スポット、プールの底にいるように感じる作品など体験型アートが特徴の**金沢21世紀美術館**の開館は04年。また20年には、日本海側で初の国立美術館として兼六園の南側に**国立工芸館**が開館。東京国立近代美術館工芸館に収蔵されていた美術工芸作品から1900点以上がこちらに移された。旧陸軍第九師団司令部庁舎（南東側）と旧陸軍金沢偕行社《かいこうしゃ》（北西側）の二つの建物を移築して再利用している。金沢の町の観光的魅力は、この30年でかなり増した。

■約30年でこんなに変わった…温泉編
歓楽ムードだった加賀温泉郷が、モーニング娘。のイメージに変貌？

石川県の温泉は、この30年間でずいぶんとイメージが変わった所が多い。代表的な温泉地は、福井県境に近い**加賀温泉郷**（山中温泉、山代温泉、片山津温泉）と能登半島の**和倉温泉**である。

かつて加賀温泉郷は、関西方面から団体旅行などで訪れる歓楽温泉としてのイメージが濃かった。入込客の数字だけを見ると、山代温泉・片山津温泉は80年頃がピーク、山中温泉と和倉温泉は90年頃がピークで、コロナ禍となる前の19年の例では、それぞれピーク時の約半分になっている。だが直近の12年間（08〜19年）を見ると加賀温泉郷の3温泉合計の入込客数は9％の減少に留まっている。

加賀温泉協議会は、18年春からモーニング娘。の加賀楓《かえで》を観光大使に起用。首都圏各駅などにポスターを貼り、話題を集めた。20年から加賀楓は、加賀市からも観光大使に任命された。また山代温泉では10年に1877（明治19）年に建てられた共同浴場の総湯を復元。

和倉温泉は、加賀屋が果たしてきた役割が大きい。旅行新聞新社が主催する「プロが選ぶ日本のホテル・旅館100選」（全国の旅行業者の投票による）の総合部門1位を77年から36年連続で受賞。20階建て、200を超える客室数の大規模旅館で、コロナ禍前には、台湾から能登空港へのチャーター便で同旅館への宿泊者がやってきていた。和倉温泉街でも、温泉玉子をつくる籠が設置された湯元の広場など、街中の賑わい拠点づくりも進められている。

能登半島北部の**白米《しらよね》の千枚田**は、昔からあった大規模な棚田だが、新たに観光地として脚光を浴びている。

■約30年でこんなに変わった…交通編

ＪＲ利用：92年東京―金沢（上越新幹線、長岡乗り換え在来線特急「かがやき」利用）3時間58分→23年同（北陸新幹線）２時間25分

97年北越急行ほくほく線開業で越後湯沢―金沢の特急「はくたか」運行開始。東京―金沢（上越新幹線、越後湯沢乗り換え特急利用）3時間43分。15年北陸新幹線長野―金沢開業。

92年大阪―金沢（湖西線・北陸本線特急）2時間37分→23年同2時間31分。24年3月北陸新幹線金沢―敦賀延伸。大阪―金沢は、大阪からの在来線特急を敦賀で北陸新幹線に乗り換えて2時間8分に。

能登空港：輪島市に03年開港。東京国際空港（羽田）便が就航している。台湾からのチャーター便の就航もある。

■地方百貨店の興亡（県庁所在地を中心として）

昔の丸越百貨店と大和百貨店が金沢でしのぎを削る

金沢の二大繁華街といえる武蔵ヶ辻に**金沢エムザ**、香林坊《こうりんぼう》に**大和百貨店香林坊店**があり、それぞれそのエリア一帯の核的存在となっている。金沢エムザは、昭和初期に出店した**丸越百貨店**がルーツで、73年に金沢名鉄丸越百貨店に名称変更。地元では丸越の名で知られてきた。02年めいてつエムザ、22年に金沢エムザに名称変更。

大和百貨店は大正時代創業の宮市洋品店が発祥で、太平洋戦争中の１９４３（昭和18）年大和百貨店に名称変更、86年に香林坊へ移転して大和百貨店香林坊店に。

■民放テレビ局　キー局の番組どれだけ見られた?

90年代初期に、主要キー4局系列が揃う

90年にテレビ金沢（日本テレビ系列）、91年に北陸朝日放送（テレビ朝日系列）が開局し、それ以前からの北陸放送（ＴＢＳテレビ系列）、石川テレビ（フジテレビ系列）と共に、主要キー4局系列が出揃った。現在もテレビ東京系列のテレビ局がなく、テレ東の主な番組は、上記4局

で一部放送している。

■地元の大企業（売上高ランキング）

94年　1位石川県経済農業協同組合連合会　2位ＰＦＵ（コンピューター関連製造）　3位カナカン（食料品・酒類卸）　4位真柄建設　5位大和（百貨店）

21年　1位クスリのアオキ　2位金沢村田製作所　3位カナカン　4位ＰＦＵ　5位明祥（医薬品・医療機器卸売）

クスリのアオキとコンピューター関連会社

クスリのアオキ（本社白山市）は、明治時代に薬種商として白山市（旧松任市）で創業、86年金沢市に1号店出店。北陸地方を中心にドラッグストアを積極的に出店、同業他社の吸収合併も行い18年に５００店舗を超えた。ＰＦＵ（かほく市）は、60年設立のウノケ電子工業（後のユーザック電子工業）が発祥。87年パナファコムと合併してＰＦＵに。

■進学校の実績（東大合格者数）はこんなに変わった!?　変わらない!?

県立高校と国立大学附属高校が上位に

富山県と共に、人口の割に東大合格者数が多い。80年代から90年代は、国立の金沢大学附属高校が毎年20～30人の東大合格者を出し、県内トップだった。金沢泉丘高校、小松高校がそれに続いていた。10年代以降は金沢泉丘高が東大合格者数トップになる年が多い。23年の東大合格者は、金沢泉丘高23名、金沢大附属高11名、小松高5名、七尾高2名など。

■県が全国シェア上位の生産物

金属箔（1位）51%、漆器製家具（1位）26%、ポリエステル長繊維織物（3位）12%、イカ類（4位）7%、エビ類（4位）7%、ブリ類（5位）5%

■家庭での年間購入金額上位のもの（都道府県庁所在地別、全国家計調査より）

和生菓子（1位）1万5347円、ケーキ（1位）9484円、アイスクリーム・シャーベット（1位）1万3932円、もち（1位）3278円、ブリ（鮮魚）（2位）5168円

福井県 【旧国名】越前《えちぜん》・若狭《わかさ》

［県木］マツ　［県花］スイセン　［県鳥］ツグミ
［総面積］4191㎢（34位）　［可住地面積］1077㎢（42位）
［県庁所在地］福井市

■地理・歴史

嶺北と嶺南で話し言葉も異なる県域が細長い県

若狭湾沿いの旧若狭国と、その北東側、福井平野と大野盆地、山間部からなる旧越前国とで県域を構成。一方地形のうえでは、JR北陸本線の北陸トンネルが通る木ノ芽峠が境をなしていて、そこを境に、嶺南と嶺北の呼び方が地元で使われている。北陸新幹線が24年3月に延伸してくる敦賀は、まぎらわしいのだが、嶺南に位置しながら旧国境北側の越前国に属する。両地域の違いを端的に示しているのが話し言葉で、嶺南では関西弁、嶺北では独特の福井弁が話される。

海沿いは対馬海流の影響で冬でも比較的暖かく、越前海岸では、真冬に山の斜面一帯に咲く水仙が名所となっている。越前海岸沖は暖流と寒流がぶつかる潮目で、そこで育つ越前ガニ（雄のズワイガニ）は身が引き締まりおいしい。

県内の工業では、昔から羽二重で名高い絹織物へのこだわりの技術が、現在盛んなハイテク繊維産業に生かされている。

「浄土真宗《じょうどしんしゅう》中興の祖」と呼ばれる「蓮如上人《れんにょしょうにん》」は、越前国北端近くの海辺に位置する吉崎御坊を北陸の布教拠点にした。越前には古寺が多く、その7、8割が浄土真宗（一向宗《いっこうしゅう》）寺院が占め、越前は真宗王国とも呼ばれている。

■約30年での人口と自治体変化

県人口：93年　82・5万人→22年　75・3万人

増減率：マイナス8・7％（減少率の高さ22位）

市町村数：93年　7市22町6村→22年　9市8町

主要都市の人口

93年［福井市＋美山町＋越廼《こしの》村＋清水町］26・9万人→22年福井市（合併）26・0万人

93年［三国町＋丸岡町＋春江町＋坂井町］8・6万人→22年坂井市（合併）9・0万人

93年［武生《たけふ》市＋今立町］8・5万人→22年越前市（合併）8・2万人

93年鯖江《さばえ》市6・3万人→22年鯖江市6・9万人

93年敦賀市6・6万人→22年敦賀市6・4万人

93年［大野市＋和泉村］4・2万人→22年大野市（合併）3・2万人

93年小浜市3・4万人→2・9万人
93年［芦原町《あわら》＋金津町《かなづ》］3・2万人→22年あわら市（合併）2・7万人

県人口が減少するなか、産業が盛んでほぼ横ばいの都市も

約30年前と比較して県内全体の人口が減少しているものの、福井港を中心に工業団地のある坂井市、眼鏡フレーム産業が盛んな鯖江市では約30年前より増加している。ただし坂井市は07年の9・5万人がピーク、鯖江市は18年まで増加し続けた後、微減から横ばいとなっている。

■約30年でこんなに変わった…産業編
全国シェア9割超の眼鏡フレームの町、鯖江の浮沈

眼鏡フレームの一大産地として知られるのが**鯖江市**。明治時代半ば、豪雪に見舞われる農閑期の副業として、大阪や東京から職人を師として招き事業が展開していった。細かい作業を丁寧にこなせる県民性をベースにして発展、60（昭和35）年には全国シェア50％を超えた。80年代には金属アレルギーを起こしにくいチタン素材のフレームの実用化・生産を世界で初めて実現させ、**世界的な眼鏡フレーム産地**の地位を築き上げる。

だが直近の約30年間は、激動の時代となった。鯖江市の眼鏡産業の出荷額が最高を記録したのは92年の1145億円。この時の事業所数が887、従業者数は7744人である。

鯖江の眼鏡産業は製造受託、いわゆるOEMがメインだった。その後中国メーカーの低価格フ

レームの流通、フレームとレンズを低価格でセット販売するいわゆる3プライスショップ（ゾフ、ジンズ、オンデーズなど）の台頭、後継者不足などで出荷額は11年に540億円にまで落ち込んでいく。事業所数、従業者数もピークの約6割にまで減少した。3プライスショップでも鯖江で製造された眼鏡は販売されていたが、そこでの売れ筋は安い中国製フレームだった。

鯖江市では、「作るだけの産地」から「売れるものを作って売る産地」への転換をはかる。東京などに各社がアンテナショップを開設、「東京ガールズコレクション」でのPRなどの情報発信を進めた。20年には出荷額636億円にまで持ち直してきた。

■約30年でこんなに変わった…観光編
恐竜王国の誕生、恐竜の博物館もリニューアル

福井県は、近年では**恐竜王国**と呼ばれる。日本で発見された恐竜化石のうち、約8割が福井県で見つかっていて、**勝山市**には日本最大の**恐竜化石発掘現場**がある。00年には**福井県立恐竜博物館**が勝山市に開館した。23年に新館を増築しリニューアルオープン。本物の骨を使った10体を含む50体の肉食恐竜や草食恐竜の骨格が展示されているほか、大型復元ジオラマやCG映像シアターなどがあり人気となっている。

70年代くらいまで、日本には恐竜はほとんどいなかったと思われていた。82年に勝山市で中生代白亜紀前期（約1臆2000万年前）のワニ化石が発見されたことをきっかけに、大規模かつ

集中的な発掘調査が行われるようになった。勝山市で多くの化石が発見できた理由は、恐竜が生きていた頃に堆積した地層の中で、川の流れなどにより骨がたくさん集まった部分（ボーンベッド）が発見できたためだった。09年に勝山市全域が、恐竜渓谷ふくい勝山ジオパークとして日本ジオパークに認定されるなど、認知度を高めている。

■約30年でこんなに変わった…交通編

ＪＲ利用：92年東京―福井（東海道新幹線「ひかり」、米原乗り換え特急「しらさぎ」利用）３時間26分

15年の北陸新幹線長野―金沢開業後も東京―福井は東海道新幹線利用の方が早く、所要時間は92年当時とほとんど変わらない。24年３月北陸新幹線金沢―敦賀延伸開業予定。**24年３月東京―福井２時間51分**。

92年大阪―福井（湖西線・北陸本線特急）１時間51分→23年同１時間47分。24年３月北陸新幹線敦賀延伸では、大阪―福井の在来線直通特急はなくなり敦賀乗り換えが必要で、短縮時間は約３分にとどまる。

舞鶴若狭自動車道：03年に舞鶴東ＩＣ―小浜西ＩＣ、14年に小浜ＩＣ―敦賀ＪＣＴ開通で北陸自動車道と接続し全通。京都府を経て兵庫県吉川ＪＣＴで中国自動車道とも接続。

■地方百貨店の興亡（県庁所在地を中心として）
だるま屋と呼ばれていた西武福井店

福井駅近くに**西武福井店**がある。1928（昭和3）年、地場資本の百貨店、だるま屋として創業。戦前はだるま屋少女歌劇部を創設したり、遊具施設を置いた「コドモの國」（別館）を設けたりしていた。70年に西武百貨店と業務提携し、80年だるまや西武、06年に福井西武、09年に西武福井店と名称変更する。05年まで屋上にあったプレイランドを懐かしむ市民の声を聞く。現在夏季に、そらのガーデン（ビアガーデン）を開いている。21年に新館が閉館したが、本館と新館を結ぶ地下通路が「だるまロード」と名づけられていたり、大創業だるま祭りというセールが催されたり、創業時のだるまの名も現在に引き継がれている。

■民放テレビ局　キー局の番組どれだけ見られた？
2局しか民放がなく、有名番組の放送が少なかった

福井放送（日本テレビとテレビ朝日のクロスネット）、福井テレビ（フジテレビ系列）の2局。福井でしか通じない言葉に「逆チャン」がある。福井放送を見ていて、福井テレビにチャンネルを変えたり、福井テレビから福井放送に変えたりするのが「逆チャン」。ほかに民放を選びようがないのでこの言い方ですむ。ケーブルテレビの加入率が、石川県43％、新潟県23％などと比較して福井県は75％と高い（22年）。

福井放送は日本テレビ系の番組が多い。テレビ朝日系列、TBS系列、テレビ東京系列の人気番組などは、福井放送、福井テレビ共に分け合うようにして放送している。

ケーブルテレビが普及する前、福井県人は、全国的に有名な番組を知らない例が多いともいわれていた。

■地元の大企業（売上高ランキング）

94年　1位三谷商事　2位福井県経済農業協同組合連合会　3位セーレン（繊維）　4位フクビ化学工業　5位アイシン・エイ・ダブリュ工業

21年　1位福井村田製作所（電子部品・セラミックコンデンサー）　2位三谷商事　3位アイシン福井（自動車部品製造）　4位ゲンキー（ドラッグストア）　5位PLANT（スーパーマーケット併設ホームセンター）

大企業のグループ会社と地元商社

三谷商事（本社福井市）は、セメント販売量では日本一など建設関連を基幹事業とする商社。創業100年を超える。アイシン福井（本社越前市）は83年にサンワ工業として発足、94年にアイシン・エイ・ダブリュ工業と社名変更してアイシングループに加入。アイシンはトヨタグループに属する。

■進学校の実績（東大合格者数）はこんなに変わった!?　変わらない!?

県立の伝統校などが進学実績の上位を独占

80年代から90年代は、藤島高校（福井市）と高志《こうし》高校（福井市）が東大合格者数トップを争っていた。両校は学校群制度における同一学群で、生徒はどちらの高校に行くか選べなかった。04年の学校群制度廃止以降、江戸末期の福井藩校明道館《めいどうかん》、旧制福井中学という伝統を持つ藤島高校が東大合格者数トップを続ける。上記2校に武生高校が続く。23年東大合格者は、藤島高9名、高志高7名、武生高3名。

■県が全国シェア上位の生産物

眼鏡フレーム（1位）94％、漆器製食卓用品（1位）49％、ポリエステル長繊維織物（1位）38％、六条大麦（1位）24％、サワラ類（鮮魚）（1位）14％

■家庭での年間購入金額上位のもの（都道府県庁所在地別、全国家計調査より）

カニ（1位）3592円、コロッケ（1位）3143円、せんべい（3位）7627円、理髪代（1位）6422円

山梨県 【旧国名】甲斐《かい》

［県木］カエデ　［県花］フジザクラ　［県鳥］ウグイス
［総面積］４４６５㎢（32位）　［可住地面積］９５３㎢（45位）
［県庁所在地］甲府市

■地理・歴史

盆地では気候に適した果樹栽培、高原は観光地として人気

県中央部に位置する甲府盆地は、夏は暑くて冬は寒い。寒暖の差が激しい内陸性気候が果物づくりに適し、ブドウ、モモ、スモモは収穫高全国1位。南に高さ日本一の富士山（３７７６ｍ、山頂付近は所属未定）があるほか2位の北岳（３１９３ｍ）、3位の間《あい》ノ岳（３１９０ｍ、山頂は静岡県との県境）と、県内に標高1~3位の山がある（接する）高い「山あり」県でもある。富士山の大噴火で流れ出た溶岩が谷を埋め川を堰き止めてできた富士五湖や、清里などの八ヶ岳山麓は、高原リゾートとして観光地化も進んでいる。

甲斐国の大名、武田信玄は、金山の開発、信玄堤を建設しての治水など統治に優れると共に戦国時代最強といわれた武田騎馬隊をつくりあげた。地方大名に過ぎないものの、今も全国的に有

名な存在。武田家は戦国末期に滅亡し、甲斐国は江戸時代には将軍家一門や譜代大名領を経て幕府領となった

■約30年での人口と自治体変化

県人口：93年　86・5万人→22年　80・2万人

増減率：マイナス7・3％（減少率の高さ24位）

市町村数：93年　7市37町20村→22年　13市8町6村

主要都市の人口

93年［甲府市＋中道町＋上九一色村（北部）］20・3万人→22年甲府市（合併）18・6万人

93年［竜王町＋敷島町＋双葉町］6・3万人→22年甲斐市（合併）7・6万人

93年［八田村＋白根町＋芦安村＋若草町＋櫛形町＋甲西町］6・5万人→22年南アルプス市（合併）7・1万人

93年［春日居町＋石和《いさわ》町＋御坂町＋一宮町＋八代町＋境川村＋芦川村］6・4万人→22年笛吹市（合併）6・8万人

甲府市周辺では、本格的人口減に見舞われていない地域も

山梨県全体及び甲府市の人口が約30年前と比較して減少しているのに対し、甲府市の西に隣接する甲斐市が人口増加しているのが目立つ。甲府のベッドタウンとして発展していて、直近20年

間では微増を続けている。南アルプス市と笛吹市は、10年ほど前から人口は微減に転じている。

■約30年でこんなに変わった…交通編

ＪＲ利用：92年新宿―甲府（中央本線特急利用）1時間30分↓23年同1時間25分

■約30年でこんなに変わった…産業編

小粒のデラウエアから、緑輝く大粒のシャインマスカットへ

山梨県といえばブドウ。収穫量日本一はこの30年間変わっていない。93年1位山梨県6・9万t、2位長野県3・1万t。21年1位山梨県4・1万t、2位長野県2・9万t。収穫量はやや減っているが、近年とくにブドウ（生食）の世界では、高級品種化など劇的な変化が起きている。

93年では**デラウエア**と**甲州**の2種で山梨県のブドウ出荷量の50％を占めていた。2種ともいわゆるぶどう色の実。甲州は800年以上の歴史がある品種である。また93年はちょうど大粒黒色系の**巨峰**が台頭し、大粒白色（黄緑）系の**ネオマスカット**が減少していく時期だった。巨峰が73年2％から93年21％に、一方ネオマスカットは73年22％から93年6％という状況だった。そしてこの時代、現在人気の**シャインマスカット**は、まだ影も形もない。品種として登録されたのは06年である。

シャインマスカットは、皮ごと食べられて美味しいだけでなく、植物の病気にも強い。20年には山梨県のブドウ出荷量の38％に達し、長らく1位だった巨峰（31％）を上回った。ブドウの代表がデラウエアから巨峰へ、そしてシャインマスカットへと移った30年間だった。

■約30年でこんなに変わった…観光編
富士山を背後にして立つ五重塔に、タイ人が続々と

20年にコロナ禍が始まる前の約8年間、日本への外国人旅行者の激増が続いた。93年が341万人、11年が622万人だったが、19年には、3188万人にも上った。93年から約20年かけて2倍になっていたのが、その後の10年弱で5倍近く増加したことになる。

山梨県には外国人が好む富士山があり、登山客や富士五湖への観光客が多い。山梨県内での外国人延べ宿泊者数は、11年に20・4万人だったのが19年には178・0万人と、8・7倍にも増えた。日本全国では同期間の外国人延べ宿泊者数増加が5・95倍なので、山梨県は平均よりはるかに多く増加したことがわかる。

この激増の時期、それまで日本人にさほど知られていなかった所で、**外国人が「魅力を発見」**して多数訪れ、日本人にも話題となったスポットが数カ所ある。代表的な所として千本鳥居のある伏見稲荷大社（京都府）が有名だが、もう一つ代表例として山梨県の**新倉富士浅間神社**《あらくらふじせんげん》（富士吉田市）が挙げられる。

富士山と五重塔、日本人には違和感いっぱいの光景が外国人に人気

富士山が日の前にそびえ富士吉田市内を見下ろす地に、赤い五重塔が立っている。春には桜が咲く。古都を連想させる桜に包まれた五重塔と、白く雪をかぶった富士山というのは、日本人にはなんとも違和感を抱いてしまう組み合わせである。だがここで自撮りすると、外国人にとって**日本のイメージがぎっしり詰まった風景**の中に自分が写る。それが人気となった。

最初はタイ人の間にSNSで人気がでた。タイ人が最も多く旅行するソンクラーン（タイ正月）の時期（4月中旬）にちょうど桜が満開となる。その時期富士山はまだ雪化粧なのもうってつけである。15年版のミシュラングリーンガイドJAPAN（英文の旅行案内書）の表紙にここの写真が使われるほどポピュラーとなっていった。

山梨県を訪れるタイ人延べ宿泊者数は、11年が1・8万人だったのが、19年には15・3万人になった。両年とも1位中国人、2位台湾人に次ぐ数字だったが、コロナ禍の影響が残る22年では、タイ人がトップ（3・1万人）となった。

■地方百貨店の興亡（県庁所在地を中心として）

市民に愛された岡島百貨店も、23年に規模縮小の移転

甲府には90年代、市街中心部に**岡島百貨店**、県庁の南側に**甲府西武百貨店**、甲府駅前に**山交百貨店**があった。岡島百貨店は江戸時代後期に創業した茶商・大黒屋がルーツ。1938（昭和

13）年に百貨店営業を開始した。甲府西武は51（昭和26）年に**中込百貨店**として営業を始め79年に甲府西武となった。山交百貨店は、54（昭和29）年に**甲府松菱百貨店**として開業し、63年に山交百貨店となった。

90年代に郊外に大規模ショッピングセンターが相次いでオープンするなか、甲府市街の中心部の空洞化、駐車場不足、平成不況などが重なり98年甲府西武百貨店が閉店、19年山交百貨店が閉店（跡地は駅前の現・ヨドバシカメラ）となる。岡島百貨店は、「甲府のデパートといえば岡島さん」と親しまれ、その包装紙による贈答品は高いブランドイメージを確立していたが、23年に規模を大幅に縮小して近くに移転した。

■民放テレビ局　キー局の番組どれだけ見られた？
日テレ系とTBS系の2局しかない

山梨県の民放テレビ局は、59年開局の山梨放送（日本テレビ系列）と70年開局のテレビ山梨（TBS系列）だけ。この2局はフジテレビ、テレビ朝日、テレビ東京の一部人気番組も放送している。サザエさんやドラえもんなど人気番組が早朝など、関東各県とはまったく異なる時間帯に放送されてきた。そのため山梨県でのケーブルテレビの普及率は、81％（21年）と東日本（中部地方以北）で最も高い。

■地元の大企業（売上高ランキング）

94年　1位ファナック（工作機械用CNC装置）　2位山梨県経済事業農業協同組合連合会　3位岡島（百貨店）　4位オギノ（スーパーマーケット）　5位甲府カシオ（情報処理機器製造）

21年　1位ファナック　2位東京エレクトロンテクノロジーソリューションズ（半導体製造装置用成膜事業など）　3位オギノ　4位ミラプロ（真空装置関連製造）　5位キトー（マテリアル・ハンドリング機器）

ハイテク産業が上位にランクイン

ファナックは、工作機械用制御装置で世界トップメーカー。富士通の子会社として72年創業。山中湖の北側、忍野《おしの》村に本社、研究所、工場がある。2位は東京エレクトロンのグループ会社で本社韮崎市。

■進学校の実績（東大合格者数）はこんなに変わった!?　変わらない!?

総合選抜制の廃止で混戦状態に

90年代から00年代、東大合格者数は甲府南高校がトップの年が多かった。当時進学校を中心とした県立高校では総合選抜制が実施されていて、生徒は希望の高校を選べなかったが、甲府南高は理数科が設置されていて、そこには学区制の縛りがなく全県から理数が得意な成績上位者が集まった。進学実績では、私立駿台《すんだい》甲府高校、（長坂町外三町村学校組合立。現・北杜《ほくと》市立）甲陵高校などがそれに続いた。07年総合選抜制廃止。10年代以降は、甲府南高、吉田高校（富士吉田市）、甲陵高などがトップを争っている。23年の東大合格者は、甲陵高2名、吉田高2名、甲府南高1名、駿台甲府高1名など。

■県が全国シェア上位の生産物

ブドウ（1位）25％、モモ（1位）32％、ミネラルウォーター（1位）30％、果実酒（3位）12％

■家庭での年間購入金額上位のもの（都道府県庁所在地別、全国家計調査より）

ブドウ（1位）8260円（2位の高松市4793円に大差）

長野県　【旧国名】信濃《しなの》

［県木］シラカバ　［県花］リンドウ　［県鳥］ライチョウ
［総面積］１万３５６２㎢（４位）　［可住地面積］３２４９㎢（９位）
［県庁所在地］長野市

■地理・歴史

険しい山間部が多いなか、盆地や高原では農業、工業、観光業が盛ん

県内は北信（長野市など）、東信（軽井沢町、佐久市、上田市など）、中信（松本市、大町市、木曽地方など）、南信（諏訪市、伊那市など）に区分され、北信と中信はライバル意識が強い面がある。盆地や高原では野菜・果樹づくりが盛んなほか、地域の特産としてソバ、ワサビ（安曇《あずみ》野《の》地方）、寒天（諏訪地方）などもつくられている。諏訪湖周辺ではかつて製糸業が盛んで、大正時代のピークには、製糸工場で働く「女工」と呼ばれた女性労働者が４万６０００人もいた。戦後は精密機械工業が発達し、近年では半導体や電子部品製造が盛んである。

戦国時代では、武田信玄と上杉謙信の軍勢による川中島の戦い（現・長野市）、真田氏が守る上田城での徳川軍との上田合戦などが有名。

■約30年での人口と自治体変化

県人口：93年　217・0万人→22年　202・0万人

増減率：マイナス6・9%（減少率の高さ26位）

市町村数：93年　17市36町67村→22年　19市23町35村

主要都市の人口

93年［長野市＋大岡村＋豊野町＋戸隠村＋鬼無里《きなさ》村＋信州新町＋中条村］38・0万人→22年長野市（合併）37・1万人

93年［松本市＋四賀村＋奈川村＋安曇村＋梓川村＋波田《はた》町］23・1万人→22年松本市（合併）23・7万人

93年［上田市＋丸子町＋真田町＋武石村］16・1万人→22年上田市（合併）15・5万人

93年［佐久市＋臼田町＋望月町＋浅科村］9・6万人→22年佐久市（合併）9・8万人

93年［明科《あかしな》町＋豊科町＋穂高町＋三郷村＋堀金村］8・6万人→22年安曇野市（合併）9・7万人

93年［飯田市＋上村＋南信濃村］11・0万人→22年飯田市（合併）9・8万人

93年［伊那市＋高遠町＋長谷村］7・2万人→伊那市（合併）6・7万人

松本市、安曇野市など30年前より人口が増加している市も

県全体では約30年前と比較して人口が減少するなか、安曇野市の増加が目立つ。安曇野市は13

年に9・9万人となってから微減を保っている。松本市のベッドタウンとしての特徴のほか、製造業従事者も比較的多い。

■約30年でこんなに変わった…スキー場編
今の4倍近くいたスキーヤーで賑わっていたゲレンデ

長野県内には多数のスキー場がある。JR北陸新幹線沿いには、軽井沢、菅平、志賀高原、野沢温泉地区、JR中央線・大糸線沿いには、蓼科、白馬地区に数多くある。

約30年前は全国的にスキー人口が最も多かった時代で、長野県内でもピークの92年度にはスキー場の延べ利用者数が2120万人もいた。それがコロナ禍前の19年度は553万人、コロナ禍の20年度は368万人にまで減った。22年度は569万人へとやや持ち直した状況である。

98年の長野オリンピックで、スキーモーグルの里谷多英選手が金メダルを獲得した飯綱高原スキー場（長野市）が20年に営業終了するなど、ゲレンデの数も減少。ピーク時に長野県内に110カ所あったスキー場は、22年度では78カ所（営業した数）となっている。

近年の地球温暖化で雪不足にも直面、人工降雪機の導入などの対策が迫られている。野沢温泉スキー場では20年、約30億円かけてゴンドラリフトを架け替えると共に、約5億円で降雪機を22台導入するなど、意欲的に取り組んでいる。

70年代には、上野駅、新宿駅からスキー客向けの多数の夜行臨時列車が出発していた（例：75

年2月の週末、新宿から松本、白馬方面へ夜行列車7本運行)。90年代は都内各地からスキー場への夜行バスの発車が見られた。それらを懐かしむ中高年の方々も多いだろう。

■約30年でこんなに変わった…生活編
健康のため、減塩運動に素直に従った長野県民

長野県民は、かつて脳血管疾患での死亡率が高かった。94年では人口10万人あたり151人で全国ワースト2位。漬物やみそ汁など**塩分のとり過ぎにより高血圧**となるのが一因で、減塩が盛んに推奨されるようになった。県民性として、「納得すれば素直にいうことを聞く」のが長野県人の特徴である(といいきれるデータはないが、筆者は実の父が北信、義理の父が南信出身なので、県民性と減塩の話はいたる所で聞いた)。

長野県は味噌の生産が、他県を大きく引き離しての日本一。出荷額735億円(21年)で全国シェア51%にのぼる。約30年前(92年)では、味噌の家庭での年間消費額(長野市)は、5212円、全国都道府県庁所在都市で2位。同じく食塩の消費額も942円で1位。塩分をたっぷり摂取していたことを示している。

減塩運動の結果どうなったか。22年では味噌の消費額は92年の半額以下の2577円で10位、食塩も約半減の445円で18位。野菜の漬物(たくあんと白菜の漬物を除く)も92年の消費額が8073円だったのが、22年では5137円へと減っている。減塩を達成したといえるだろう。

おかげで脳血管疾患の死亡率は21年、人口10万人あたり115人、ワースト2位だったのがワースト8位にまで向上した。

■こんなに変わった教科書記述…野尻湖編

野尻湖といえばナウマン象と習ったのだが、今は…

30年前の歴史の教科書に必ず出てきたのが、**野尻湖でのナウマン象の骨**の発掘である。数十万年前、日本列島は中国大陸と陸続きだったため、ナウマン象やオオツノシカがやってきて、その歯や骨が野尻湖で見つかったことが書かれていた。当時の教科書で習った人たちは、野尻湖といえばナウマン象を思い出すが、日本に**マンモス**がいたことは知らない。

現代の教科書では、数万年前、北海道にマンモスがいたこともふれている。野尻湖でのナウマン象の発掘にはふれていない教科書もあり、それらで習った人は、野尻湖でナウマン象といわれても、キョトンとするだけだろう。

■約30年でこんなに変わった…交通編

ＪＲ利用：93年東京／上野―長野（在来線特急）２時間39分→23年東京／上野―長野（新幹線）１時間17分

97年に長野新幹線高崎―長野開業、15年には長野―金沢が延伸し北陸新幹線に名称変更。

上信越自動車道：93年藤岡JCT（関越自動車道）—佐久IC開業、以後長野県内を延伸開業し、97年長野県内全通、99年上越JCT（北陸自動車道）へ延伸し全通。

■地方百貨店の興亡（県庁所在地を中心として）

東急VSそごうの時代が続いていた

90年代には長野駅前に**ながの東急百貨店**、長野市街中心部の新田町交差点に**長野そごう百貨店**があった。ながの東急百貨店は、地場資本により**丸善銀座屋**として58年に開業。後に当時東急グループの総帥五島昇（父の五島慶太が長野県青木村出身）に提携を持ち掛け、70年ながの東急百貨店となった。長野そごう百貨店は、**丸光百貨店**として57年に開業し、82年にそごうと提携するが、近くにあったダイエー長野店と競合するなど苦戦して00年に閉店。跡地は現在信越放送の「TOiGO SBC」となっている。

■民放テレビ局　キー局の番組どれだけ見られた？

テレビ東京の番組が、ごく一部しか見られない

91年に長野朝日放送（テレビ朝日系列）が開局し、信越放送（TBS系列）、長野放送（フジテレビ系列）、テレビ信州（日本テレビ系列）と共に主要キー局が出そろった。テレビ東京の人気番組は、「ポケモン」を長野放送が日時を遅らせて早朝に放送するなどして要望に応えていた。

なお、信越放送の筆頭株主で、同局で信毎ニュースを流している信濃毎日新聞（県内一の県域地方紙）は、社名が似ている毎日新聞とは無関係。むしろ朝日新聞と関係が強い。

■地元の大企業（売上高ランキング）

94年　1位長野県経済事業農業協同組合連合会　2位セイコーエプソン　3位ながの農業協同組合　4位マルイチ産商（食品卸）　5位長野日本電気

21年　1位セイコーエプソン　2位新光電気工業（半導体用リードフレームなど）、3位マルイチ産商　4位竹内製作所（小型建設機械製造）　5位ツルヤ（スーパーマーケット）

精密機械工業の伝統ある企業などが上位に

セイコーエプソン（本社諏訪市）は、戦時中に現・諏訪市で服部時計店（現在のセイコーグループ）の元従業員が創業した大和工業が発祥。59年に諏訪精工舎と名称変更し、諏訪市周辺で腕時計の一貫生産などを行っていた。85年にエプソンと合併してセイコーエプソンとなる。セイコーグループの中核3社の一つとして、プリンター、産業用機器などを生産。

■進学校の実績（東大合格者数）はこんなに変わった!?　変わらない!?

松本・諏訪と長野の各伝統校からが今も昔も多い東大合格者

80年代から00年代にかけては、長野高校、松本深志高校が東大合格者のトップを争う年が多く、諏訪清陵高校、上田高校などがそれに続いていた。近年は長野高校がトップとなる年が多い。23年の東大合格者は、（県立）長野高11名、松本深志高3名、屋代高校2名、伊那北高1名、諏訪清陵高1名など。

■県が全国シェア上位の生産物

みそ（1位）51％、レタス（1位）33％、セロリ（1位）42％、ナメコ（1位）24％、エノキタケ（1位）61％、マツタケ（1位）81％、ワサビ（1位）40％、寒天（1位）45％、リンゴ（2位）17％

■家庭での年間購入金額上位のもの（都道府県庁所在地別、全国家計調査より）

エノキタケ（1位）1739円、生うどん・そば（2位）5022円。1位は高松市の5764円で同市の場合うどんが大半と想像でき、生そばとしては長野市が1位と推測。

岐阜県 【旧国名】美濃《みの》・飛騨《ひだ》

〔県木〕イチイ　〔県花〕レンゲソウ（ゲンゲ）　〔県鳥〕ライチョウ
〔総面積〕1万621㎢（7位）　〔可住地面積〕2211㎢（23位）
〔県庁所在地〕岐阜市

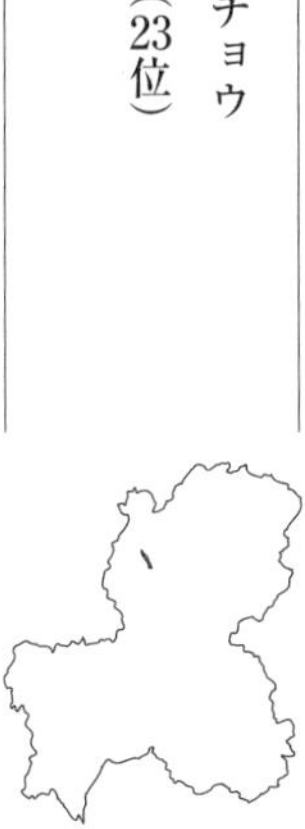

■地理・歴史

ものづくりの県といわれ、昔から各地に個性ある名産品が

南部は、木曽川、長良川、揖斐川の木曽3川によってつくられた濃尾平野で人口密度が高いのに対し、北部は人口密度が低い。その山深い中に高山盆地がある。南部の美濃地方は夏は高温多雨、北部の飛騨地方は冬の寒さが厳しく雪も多い。95年に世界遺産に指定された白川郷の合掌造り民家は、雪下ろしの作業を楽にすることと、養蚕スペースの確保のために工夫された建築様式。

製造業が盛んで「ものづくりの県」といわれ、多治見市・土岐《とき》市の美濃焼、関市の刃物・洋食器、岐阜市などのアパレル関連、各務原《かかみがはら》市の金属加工業・航空産業、郡上《ぐじょう》市の食品サンプル、高山市の飛騨木工、高山市・飛騨市の一位一刀彫、飛騨春慶塗など、それぞれ個性がある。

滋賀県境近くに徳川家康の東軍、石田光成の西軍が「天下分け目の戦い」を繰り広げた関ケ原がある。江戸時代、飛騨国は幕府が山林・鉱山資源に目をつけ、幕府領となった。

■約30年での人口と自治体変化

県人口：93年　208・5万人↓22年　194・6万人

増減率：マイナス6・7％（減少率の高さ27位）

市町村数：93年　14市55町30村↓22年　21市19町2村

主要都市の人口

93年「岐阜市＋柳津町」41・6万人↓22年岐阜市（合併）40・4万人

93年「大垣市＋上石津町＋墨俣《すのまた》町」16・1万人↓22年大垣市（合併）16・0万人

93年「各務原市＋川島町」14・0万人↓22年各務原市（合併）14・6万人

93年「高山市＋丹生川《にゅうかわ》村＋清見村＋荘川村＋宮村＋久々野町＋朝日村＋高根村＋国府町＋上宝村」9・5万人↓22年高山市（合併）8・5万人

大阪府より広い面積となった高山市

県全体では30年前に比べて人口が減っているなか、各務原市が増加しているのが目立つ。同市には、大正時代開設の各務原陸軍飛行場以来の歴史を持つ航空自衛隊岐阜基地に隣接して川崎重工業の岐阜工場、その西に金属工業団地などがあり、工業出荷額は県内一。09年まで人口増加していたが、その後は微減となっている。

高山市は平成の大合併で日本一広い市となった。面積2178㎢で、大阪府や香川県より広い。山間部が多く人口は香川県の10分の1以下。

■約30年でこんなに変わった…生活編
2位から1位へ。岐阜市民の喫茶店好き

岐阜県と愛知県の人は、昔から**喫茶店によく入る。**92年の家計調査では、1世帯あたりの年間喫茶店消費額が、岐阜市では1万3880円で全国の都道府県庁所在都市で2位、名古屋市が1万6187円で1位だった。22年では、岐阜市が1万5616円で1位となり、名古屋市は1万3427円で2位。東京都区部が1万8229円、最も少ない青森市が3364円（いずれも22年）なので、岐阜市と名古屋市の人たちがいかによく喫茶店を利用しているのかがわかる。

全国的にみると、喫茶店の数は81年の約15万5000軒をピークに減少している。96年には10万2000軒、21年には約5万9000軒にまで減少した。都会ではスターバックスやドトールなどをよく見かけるようになり、喫茶店の減少をあまり感じないかもしれないが、個人経営の喫茶店が減少している。

岐阜県の喫茶店数は96年に3710軒だったのが、22年ではマイナス39％の2262軒。かなり減っているが、全国平均での軒数は同期間でマイナス49％なので、これでも減り方が少ない。

岐阜県の喫茶店の数は人口1000人あたり1・15軒で高知県の同1・16軒に次いで第2位。東京都は0・36軒、全国平均は0・43軒である。

食べ物メニューも充実している喫茶店

岐阜県（及び愛知県）の喫茶店の特徴は、**個人経営の店が多い**こと。店のマスターとお客は顔見知りが多く常連さんも多い。軒数では92％にあたる2090軒が個人経営店である（愛知県は85％、東京は60％）。

また、**食べ物メニューが豊富**なことも特徴。パスタやピラフに加え、定食類やラーメンなども並ぶ店が多い。このようになったのは、岐阜県や愛知県では戦後に繊維産業が栄えたことと関係があるという。当時は織機をガチャンと動かせば万単位のお金が儲かることから「ガチャマン景気」との言葉が生まれるほどだった。工場は小規模のものが多く、機械の音でうるさいので、来客との打ち合わせに喫茶店を利用した。忙しいのでそこで食事もした。そのため食事メニューの充実した喫茶店が多くなっていった。

■こんなに変わった教科書記述…歴史編

織田信長が革新的人物だったというのは間違い？

今川義元を桶狭間の戦いで破ってから7年後の1567年、織田信長は稲葉山城に進攻、城主斎藤龍興は城を捨て逃亡し、信長は本拠地を小牧山城から稲葉山城へと移し、城と町の名を「岐阜」と改めた。古代中国で周王朝の文王が「岐山」で天下平定したのに因んだ命名である。この頃から信長は、**「天下布武」**の印章を用いるようになる。

この「天下」とは、武士による国内統一の意味とされてきた。だが近年の研究により高校教科書でも天下布武の印章について「この場合の『天下』は、将軍の支配が及ぶ畿内やそこでの政治秩序を意味したとみられる」（『詳説日本史』山川出版社、22年検定）と述べている。畿内とは近畿地方の一部であり、この印章の意味するところでは、**信長が全国統一をめざしたとはいえない**というわけである。また、**楽市楽座**も信長が発布するより前に近江国で行われていたなど、**信長の革新性を疑う**説も相次いだ。

現代の中学の教科書でも織田信長に対して「これまで、革新的で、古い権威を否定した人物と考えられてきましたが、最近では、そうした人物像が見直されています」（『新しい社会　歴史』東京書籍、20年検定）とわざわざ書かれている。信長に対して、戦に強く様々なアイデアを駆使して強大な権力を得ていったスーパースターというイメージを持つ人が多いと思うが、そう思い込むのは短絡的と促す記述である。

■約30年でこんなに変わった…交通編

東海北陸自動車道：名神高速道路一宮ＪＣＴから郡上八幡ＩＣを経て飛騨清見ＩＣまで00年に開通。08年飛騨トンネルの完成により白川郷ＩＣを経て北陸自動車間小矢部砺波ＪＣＴまで全通した。また04年に飛騨清見IC―高山西ICの中部縦貫自動車道が開通。

高山への高速バス路線誕生：97年長野県境の安房峠《あぼうとうげ》道路が開通。東京／新宿―高山、松本―高山の直行バス運行開始。東京―高山間の直行バス約5時間30分（東海道新幹線、高山本線経由より約1時間よけいにかかるが、料金は約半額）。

■地方百貨店の興亡（県庁所在地を中心として）

タカシマヤと近鉄百貨店があった時代

90年代には、岐阜市内の中心部、柳ケ瀬地区に**岐阜タカシマヤ**と**岐阜近鉄百貨店**があった。岐阜近鉄百貨店は、戦前に開業した**丸物百貨店**が77年に名称変更したもの。JR名古屋タカシマヤの開業を翌年に控えた99年に閉店。19年**ヤナゲン大垣本店**が閉店したことにより、岐阜タカシマヤは県内唯一の百貨店となった。

■民放テレビ局　キー局の番組どれだけ見られた？

昔から在名4局が東海3県をカバー＋岐阜放送

東海3県（愛知県、岐阜県、三重県）の民放テレビ局は、90年代以前から中京テレビ（日本テレビ系列）、CBCテレビ（TBS系列）、東海テレビ（フジテレビ系列）、名古屋テレビ（メ～テレ）（テレビ朝日系列）のいわゆる在名4局（準キー局ともいわれる）があり、それに岐阜県では68（昭和43）年テレビ放送開始の岐阜放送がある。岐阜放送はテレビ東京の番組を比較的多く放送している。

■地元の大企業（売上高ランキング）

94年　1位大日本土木（ゼネコン）　2位西濃運輸　3位岐阜県経済農業協同組合連合会　4位安田（水道管工事販売）　5位イビデン（電子部品）

21年　1位バロー（スーパーマーケット）　2位西濃運輸　3位イビデン　4位セリア（100円ショップ）　5位岐阜車体工業

ゼネコンに代わってスーパーが1位に

大日本土木（本社岐阜市）は、上下水道工事など土木事業のほか、岐阜県庁、岐阜市庁舎建設などを手がけた。バブル崩壊などで苦境となり、ＮＩＰＰＯ（旧日本鋪道）などの連結子会社となった。バロー（本社多治見市）は、58年恵那市にスーパーの第一号店を開業。現在岐阜県に約70店のほか、中部地方、近畿地方にも合計200店以上出店している。

■進学校の実績（東大合格者数）はこんなに変わった!?　変わらない!?

岐阜、大垣、高山にある伝統の県立高校が実績を上げる

90年代から岐阜高校が東大合格者数ではトップを維持している。大垣北高校、可児《かに》高校、多治

見北高校、斐太《ひだ》高校（高山市）などがそれに続く。岐阜高校は明治時代前期創立の旧制岐阜一中、斐太高校も明治時代創立の旧制斐太中。斐太とは万葉集で飛騨国を意味することからの命名。23年の東大合格者は、岐阜高13名、大垣北高2名、斐太高2名など。

■県が全国シェア上位の生産物

包丁（1位）56％、陶磁器製和飲食器（1位）46％、木製机・いす（1位）14％、水力発電量（2位）10％

■家庭での年間購入金額上位のもの（都道府県庁所在地別、全国家計調査より）

柿（1位）3137円、喫茶店代（1位）1万5616円、和食（外食）（1位）4万1642円、中華食（外食）（1位）8009円、洋食（外食）（1位）1万7623円

静岡県 【旧国名】駿河《するが》・伊豆《いず》・遠江《とおとうみ》

〔県木〕モクセイ　〔県花〕ツツジ　〔県鳥〕サンコウチョウ
〔総面積〕7777㎢（13位）　〔可住地面積〕2775㎢（15位）
〔県庁所在地〕静岡市

■地理・歴史

海沿いは様々な産業の工場がある東海工業地域

北部に赤石山脈や富士山があり、太平洋に向かって南が低くなる。暖かい南側の斜面はミカンの栽培に適し、国内有数のミカンの産地となってきた。扇状地や台地は水はけがよく茶の栽培も昔から盛ん。海沿いは東海工業地域を形成していて、静岡県の製造品出荷額は全国3位。富士・富士宮市に製紙・パルプ、静岡市に食品加工、浜松市に楽器・オートバイ・軽自動車などの工場がある。浜名湖はウナギの養殖で名高い。

駿河国の中心は静岡。古代から国府だったことから駿府《すんぷ》と呼ばれ、徳川家康は隠居後に江戸から駿府に入った。遠江国の中心は浜松で、県庁所在都市の静岡市より人口が多い。伊豆半島（伊豆国）は山がちで、伊東、修善寺、堂ヶ島など温泉地が点在する。

■約30年での人口と自治体変化

県人口：93年　371・2万人↓22年　358・2万人

増減率：マイナス3・5％（減少率の高さ33位）

市町村数：93年　21市49町4村↓22年　23市12町

主要都市の人口

93年［静岡市＋清水市＋蒲原《かんばら》町＋由比町］73・8万人↓22年静岡市（合併）68・9万人

93年［浜松市＋天竜市＋浜北市＋春野町＋龍山村＋佐久間町＋水窪町＋舞阪町＋雄踏町＋細江町＋引佐《いなさ》町＋三ケ日町］75・3万人↓22年浜松市（合併）79・6万人

93年［富士市＋富士川町］24・5万人↓22年富士市（合併）25・1万人

93年［沼津市＋戸田《へだ》村］21・8万人↓22年沼津市（合併）19・1万人

人口23万人の清水市の名称がなくなった

平成の大合併による静岡市との合併で、清水市という自治体がなくなった。清水市の人口は03年の合併時23・5万人で、平成の大合併で従来の市名がなくなったなかでは、最も人口が多い市となった。

浜松市は平成の大合併で他の11の市町村と合併したが、合併前も静岡市より人口が多かった（93年静岡市47・1万人、浜松市54・8万人）。この約30年間で静岡市の人口が減り、浜松市の人口が増えているが、浜松市も08年の81・3万人をピークとしてその後人口を減らし続けている。

■こんなに変わった教科書記述…地理編

静岡県が、全国一のお茶どころから陥落！

約30年前の教科書には、「茶は牧ノ原を中心に栽培され、全国の約50％もの生産量です」とあり、円グラフで1位静岡県（50・2％）、2位鹿児島県（15・2％）と示される（『中学社会　地理的分野』大阪書籍、92年検定）。2位とは大きな差があり、お茶といえば静岡と覚えたはずだ。

この状況は完全に過去の話。19年、**鹿児島県の茶の産出額**が252億円になり、**50年以上トップであり続けた静岡県を抜いた**。静岡県とはわずか1億円の差だった。

茶の産出額は、栽培農家が摘み取った「生葉」とそれを加工した「荒茶」の各産出額の合計で表される。この年、荒茶の産出額では静岡県が鹿児島県を上回ったが、それ以上に鹿児島県の生茶の産出額が静岡県のそれを上回っていた。

静岡県では、山の斜面や台地に昔からの茶畑が集まり、大型機械が入りにくい。担い手の高齢化も進んできて、生産量が低下傾向にある。一方鹿児島県は、「儲かる茶業経営」をスローガンに農地の大規模化・機械化に積極的に取り組んできた。実際10アールあたりの生葉生産量は、静岡県の1・3倍ほどある。

ただし21年の産出額では、静岡県が鹿児島県を抜き返した（静岡県268億円、鹿児島県239億円）。

現代の教科書では、九州のページで「鹿児島県は静岡県に次ぐ茶の生産県になっています」と小さな写真つきで載るようになった（『中学生の地理』帝国書院、20年検定）。

■こんなに変わった教科書記述…漁業編

水揚げ金額日本一の焼津港

約30年前の教科書には、カツオやマグロを獲る遠洋漁業の代表的漁港として、焼津港が紹介される。全国のマグロ類の水揚げ量のうち焼津港が31％のシェア、カツオは58％のシェアを占めていた。焼津港は全国の漁港のなかで漁獲量は6位だった。

現代の教科書では、全体的に昔より漁業及び林業の扱いが少ない。「焼津港はマグロやカツオの漁獲量は日本一」の1行だけ。現在覚えておきたいのは、**焼津港が、水揚げ金額7年連続日本一**（22年現在。22年468億円）という点。水揚げ量は銚子港、釧路港に次いで3位だが、値段の高いマグロの水揚げが多いので金額では1位となった。全国のマグロ（マグロ・キハダ・メバチ）の58％、カツオの51％を焼津港が占めている。

■約30年でこんなに変わった…楽器産業編

ヤマハと河合の牙城にローランド参入

浜松は**楽器の都**といわれる町。明治時代に日本で最初に浜松でオルガンの製造に成功した山葉《やまは》寅楠《とらくす》が創業した**現・ヤマハ**と、日本楽器製造（現・ヤマハ）に勤務していた河合《かわい》小市《こいち》が創業した

現・河合楽器製作所。両社とも本社や工場が浜松市にあり、ピアノをはじめとした楽器の2大メーカーだった。そこへ現れたのが72（昭和47）年に大阪で創業した**ローランド**である。すでに工場のあった浜松市に、05年に本社を移転してきた。

アコースティックのピアノの生産量は、静岡県がシェア100％。ほとんどがヤマハと河合楽器によるものである。ローランドは電子楽器に特化している。ヤマハの楽器は売上3026億円（楽器事業）、河合楽器は729億円（楽器教育事業）、ローランドは958億円となっている（いずれも22年度）。

■約30年でこんなに変わった…交通編

ＪＲ利用：92年東京—静岡59分→23年同59分

92年当時から東海道新幹線では、静岡と浜松に停車する「ひかり」が1時間に1本程度あったのは現在と変わらない。新横浜を通過する「ひかり」も多かった。

新東名高速道路：12年に御殿場ＪＣＴ（東名高速道路）—浜松いなさＪＣＴの162km（清水・引佐各連絡路を含む）が一度に開通、16年浜松いなさＪＣＴ—豊田東ＪＣＴが延伸し、豊田東ＪＣＴを経て東海環状自動車道、伊勢湾岸自動車道、東名高速道路とつながった。

静岡空港：09年開港。愛称は富士山静岡空港。新千歳、那覇、福岡、熊本、鹿児島、出雲などへの便が就航。国際線はソウルへの定期便のほか中国各地、台北などへのチャーター便が発着。

■地方百貨店の興亡（県庁所在地を中心として）
勝ち残る静岡伊勢丹、松坂屋静岡、浜松では遠鉄百貨店

90年代には、県庁の南の市街中心部に**静岡伊勢丹**、静岡駅前に**松坂屋静岡**、そのすぐ近くに**西武静岡**があった。静岡伊勢丹は明治時代に呉服商として創業した**田中屋百貨店**が前身で、72年に伊勢丹と資本提携、81年に静岡伊勢丹となった。かつては田中屋伊勢丹と呼ぶ市民も多かった。松坂屋静岡は1932（昭和7）年、西武静岡は70年に開店している。規模が小さかった西武静岡が06年に閉店を余儀なくされ、07年静岡パルコとして再オープン。

浜松市では、88年**遠鉄百貨店**が開店。92年に戦前から浜松駅近くに開業していた**松菱百貨店**が新館を建設し、県下最大の売り場面積となる。**西武浜松店**も近くで71年に開店していた。JR浜松駅と遠鉄新浜松駅とにはさまれる形の好立地を得ている遠鉄百貨店に押され、97年西武浜松店は閉店、松菱百貨店も01年経営破綻で閉店となった。

■民放テレビ局　キー局の番組どれだけ見られた？
民法キー4局が比較的早く出揃う

79年に静岡第一テレビ（日本テレビ系列）が開局し、静岡放送（TBS系列）、テレビ静岡（フジテレビ系列）、静岡朝日テレビ（テレビ朝日系列）の民放キー4局の系列が出揃った。中京圏との格差はさほど感じないと思うが、テレビ東京系は各局で分け合うようにして人気番組を放

送。ウルトラマンシリーズなどが日時を遅らせて（遅れネット）早朝に放送されたりしてきた。

■地元の大企業（売上高ランキング）

94年　1位スズキ（自動車製造）　2位ヤマハ発動機　3位ヤマハ（楽器・オーディオ）　4位大昭和製紙　5位静岡県経済農業協同組合連合会

21年　1位スズキ　2位ヤマハ発動機　3位一条工務店（ハウスメーカー）　4位キャタラー（自動車用排出ガス浄化触媒）　5位マックスバリュ東海（スーパーマーケット）

不動の1・2位はスズキとヤマハ発動機。3位以下は混戦

ヤマハは音響機器やスポーツ用品など幅広く手掛ける。21年は8位だった。ヤマハ発動機は、55年日本楽器製造（現・ヤマハ）のオートバイ製造部門が分離して設立された会社。大昭和製紙は、03年日本製紙（93年に十條製紙と山陽国策パルプが合併で誕生）と合併して日本製紙となる。富士市に工場がある。一条工務店は、テレビなどの宣伝をあまり行わないが、住宅展示場の出店に力を入れている。

■進学校の実績（東大合格者数）はこんなに変わった!?　変わらない!?

静岡と浜松の伝統高校が進学実績を誇る

90年代は東大合格者数で清水東高校がトップになる年もあったが、00年以降は浜松北高校と静岡高校でトップを争ってきた。沼津東高校がそれに次ぐ。近年は磐田南高校、掛川西高校、韮山高校（伊豆の国市）、浜松西高校、富士高校、藤枝東高校も複数の東大合格者を出している。23年の東大合格者は、静岡高12名、浜松北高10名、韮山高5名、浜松西高4名など。静岡高、浜松北高とも同年京大にも2桁人数の合格者を出している。

■県が全国シェア上位の生産物

茶（荒茶）（1位）38％、みかん（温州みかん）（3位）13％、マグロ類（1位）19％、ピアノ（1位）100％、プラモデル（1位）92％、紙・パルプ工業（1位）12％

■家庭での年間購入金額上位のもの（都道府県庁所在地別、全国家計調査より）

マグロ（1位）1万72円、緑茶（1位）8459円、プリン（1位）2211円、火災・地震保険料（3位）2万4446円

愛知県

【旧国名】三河《みかわ》・尾張《おわり》

［県木］ハナノキ　［県花］カキツバタ　［県鳥］コノハズク
［総面積］5173㎢（27位）　［可住地面積］2996㎢（13位）
［県庁所在地］名古屋市

■地理・歴史

尾張（名古屋など）と三河（豊橋など）では、性格が違う？

県の西部に名古屋市を中心とした濃尾平野、東に岡崎平野が広がっている。知多半島が伊勢湾に突き出すように伸び、その東の渥美半島とで海を囲み三河湾をなしている。

三大工業地帯のなかでも生産額がトップの中京工業地帯があり、豊田市を中心に自動車産業が発展している。東三河を中心に園芸農業が盛んで、切り花の生産は愛知県が62年から連続して日本一。

戦国時代では織田信長と豊臣秀吉が尾張出身、徳川家康が三河出身。金の鯱《しゃちほこ》のある名古屋城や信長の性格から、尾張人が派手好きで、三河人は家康からの連想で堅実と思われがちだが、尾張人は安定志向、三河人は好奇心旺盛ともいわれる。

■約30年での人口と自治体変化

県人口：93年　679・5万人→22年　749・5万人

増減率：プラス10・3％（増加率の高さ6位）

市町村数：93年　30市48町10村→22年　38市14町2村

主要都市の人口

93年名古屋市209・5万人→22年名古屋市229・3万人

93年［豊田市＋藤岡町＋小原村＋足助《あすけ》町＋下山村＋旭町＋稲武町］37・1万人→22年豊田市（合併）41・9万人

93年［岡崎市＋額田《ぬかた》町］32・1万人→22年岡崎市（合併）38・5万人

93年［一宮市＋尾西市＋木曽川町］35・2万人→22年一宮市（合併）38・2万人

93年春日井市26・8万人→22年春日井市31・0万人

人口減少が数都市で始まっている

約30年前との比較では、愛知県、各都市の人口は増加しているが、愛知県の人口は19年の755・3万人をピークに減少に転じている。名古屋市の人口も、20年まで増加し続けたが、21年以降微減。区ごとに見ると、東区、中区、守山区は22年まで増加を続けている。豊田市も20年の42・6万人をピークに減少。

■こんなに変わった教科書記述…地理編
かつては、トヨタの工場労働者のための記述も

愛知県の工業といえば代表的なのは、トヨタをはじめとする**自動車工業**である。約30年前の中学地理の教科書では、「愛知県の豊田《とよた》とその周辺には、世界でも指折りの大きな自動車会社の工場が集中している」（『中学社会　地理的分野』日本書籍　92年検定）と書かれている。

教科書では企業名を書かないのだが、この自動車工場とはもちろん**トヨタ**のこと。本社、研究所付近の様子にふれた後、「4万をこえる従業員の大部分は、会社の社宅や寮に住み、スポーツや買い物など会社の施設を利用する人が多い。このほか、市内や周辺の町には、自動車の部品をつくる下請けの中小工場が数多くあり、多くの市民が、この自動車会社と結びついて生活している」。また工場内の様子として、溶接や塗装はロボットが行っていること、それに「下請け工場に発注した部品が、必要な時間と場所に、必要な量だけ届くように工夫されていて、むだなく仕事が進められている（カンバン方式）。それだけに、下請け工場は納期をきびしく守らされている」ともある。

この工場で将来働くことを希望する若者に、工場の様子を伝えたり、納期を守るように教育したりする本という印象さえ受ける。

現代の教科書では、町の様子や工場の様子を伝える記述はいっさいなく、自動車工業は、約3万点もの部品を組み立てて1台の自動車をつくるので、周辺には関連工場が多数あるなど、統

計データなどを用いて淡々と伝えている。

豊田市での自動車産業のこの30年

約30年前の教科書に掲載された88年の統計では、豊田市の製造品出荷の総額は6兆7440億円。そのうち自動車および自動車用各種器具が89・2％を占めている。その後の推移を追うと、09年前後に落ち込むことはあったがおおむね増加基調で、20年では**製造品出荷総額**は15兆1717億円。そのうち**輸送機械**が91・0％を占めている。

この30年間トヨタは成長を続けたが、電気自動車、自動運転の時代が迫りつつあるなか、10年後どうなっているかが、最も興味深い点に思える。

中京工業地帯が京浜工業地帯を抜いて1位に

約30年前の教科書では、工業生産額は**1位京浜工業地帯**約74兆円、2位中京工業地帯約45兆円、3位阪神工業地帯約38兆円の順。さらにその約10年前、80年段階では阪神工業地帯が2位で中京工業地帯は3位だった。

だが、現在の教科書では、**1位が中京工業地帯**約58兆円、2位京浜工業地帯約40兆円、3位阪神工業地帯約33兆円の順（17年の統計）。中京工業地帯は輸送機器が出荷額の50％、機械工業全体では約70％を占めていて、それにより1位となった。

明治用水や愛知用水は、かつてみんな習って知っていた

約30年前の教科書では、**愛知の三大用水**との見出しのもと、その用水による灌漑《かんがい》地域の地図つ

きで、明治用水、愛知用水、豊川用水を紹介している（『中学社会　地理的分野』大阪書籍、92年検定）。岡崎平野の中央にある碧海《へきかい》台地は、水にめぐまれない土地だった。矢作川《やはぎ》から水を引く計画が江戸時代からあったが、１８８０（明治13）年になって完成。新しい時代を代表する工事ということから**明治用水**と命名され、おかげで岡崎平野の多くの土地が水田となり、ほかの農作物生産や養鶏を組み合わせる多角農業が発展し、全国の手本とされた。

愛知用水は61（昭和36）年に完成し、知多半島の上水道のほか名古屋の工業用水にも使われてきた。**豊川用水**は68年に完成し、豊橋平野や渥美半島の農業の発展に貢献した。

八郎潟の干拓（秋田県）、安積疏水《あさかそすい》（福島県郡山市への灌漑）、信濃川の大河津分水路（新潟県）、満濃池《まんのういけ》（香川県にある日本最大のため池）など、水を管理しての農業関連土木工事は、30年以上前の教科書では大きく扱われていたが、近年はほとんどふれられなくなった。

愛知の三大用水について現代の教科書では、豊川用水についてのみ、これにより渥美半島の園芸農業が盛んになったと3行ほどでふれるにとどまっている。

■約30年でこんなに変わった…交通編

ＪＲ利用：92年東京―名古屋（東海道新幹線）1時間36分→23年東京―名古屋（同）1時間34分

名古屋市営地下鉄：93年鶴舞線庄内緑地公園―上小田井が開業し、名鉄犬山線と相互乗り入れ開始。94年桜通線今池―野並、11年野並―徳重が開業。また名城線が延伸を重ね04年環状運転開始。23年駅名変更（中村区役所が太閤通、市役所が名古屋城など）。

リニモ（愛知高速交通東部丘陵線）：磁気浮上式鉄道で、愛知万博（05年3～9月）が開催される9日前に藤が丘―万博八草（万博終了後に八草に駅名変更）開業。市営地下鉄東山線、愛知環状鉄道と連絡。

中部国際空港：愛称セントレア。05年開港。04年に名鉄空港線（常滑―中部国際空港）が開業している。

■民放テレビ局　キー局の番組どれだけ見られた？

準キー4局とテレビ愛知が90年代以前から開局

90年代には、東海3県（愛知県、岐阜県、三重県）の民放テレビ局は、中京テレビ（日本テレビ系列）、CBCテレビ（TBS系列）、東海テレビ（フジテレビ系列）、名古屋テレビ（メ～テレ）（テレビ朝日系列）のいわゆる在名4局（準キー局ともいわれる）が出揃っていた。愛知県を放送地域としたテレビ愛知（テレビ東京系列）も83年に開局している。

■地元の大企業（売上高ランキング）

94年　1位トヨタ自動車　2位中部電力　3位豊田通商（商社）　4位日本電装　5位愛産商

会

21年　1位トヨタ自動車　2位デンソー（自動車部品）　3位アイシン（自動車部品）　4位スズケン（医薬品卸）　5位中部電力ミライズ

トヨタグループ各社と中部電力で上位をほぼ独占

豊田通商、日本電装（96年にデンソーに社名変更）、アイシン共にトヨタグループの会社。21年では10位以内にトヨタ車体、豊田通商、豊田自動織機も入る。スズケンは全国47都道府県すべてに営業拠点を配置する医療用医薬品卸最大手クラス企業。

■進学校の実績（東大合格者数）はこんなに変わった!?　変わらない!?

公立高校王国での3校のトップ争い

90年代以降の東大合格者数では、旧制愛知一中が前身の旭丘高校（名古屋市）、旧制愛知二中が前身の岡崎高校（岡崎市）、浄土宗学愛知支校が前身の私立東海高校（名古屋市）の3校がトップ争いを繰り広げてきた。近年では一宮高校（一宮市）、明和高校（名古屋市）がそれに続いている。

愛知県は大都市名古屋を抱える割に公立高校王国といわれる。23年の東大・京大合格者数の合計は、県立高校282人、私立高校115人。たとえば大阪府での東大・京大合格者数は、国立・府立高校が私立高校よりやや多い程度、東京都での東大合格者数は、国立・都立高校は私立高校の半分程度しかない。
23年の東大合格者は、東海高38名、岡崎高26人、旭丘高25人など。

■県が全国シェア上位の生産物

バラ（切り花）（1位）17％、キク（切り花）（1位）34％、キャベツ（2位）18％、ブロッコリー（3位）9％、パチンコ、スロットマシン（1位）48％

■家庭での年間購入金額上位のもの（都道府県庁所在地別、全国家計調査より）

焼肉（外食）（2位）1万1088円、喫茶代（2位）1万3427円、医科診療代（1位）5万9343円、医薬品（1位）4万6690円

三重県

【旧国名】伊賀《いが》・紀伊《きい》・伊勢《いせ》・志摩《しま》

［県木］神宮スギ　［県花］ハナショウブ　［県鳥］シロチドリ
［総面積］5774㎢（25位）　［可住地面積］2064㎢（24位）
［県庁所在地］津市

■地理・歴史

「お伊勢参り」の伊勢神宮周辺も90年代から変貌

北部は伊勢湾に面し、愛知県寄りの海岸近くは中京工業地帯の一部で、人口も比較的多い。南部は熊野灘に面し、英虞《あご》湾での真珠の養殖など漁業も盛ん。

江戸時代に「お伊勢参り」が大流行した伊勢神宮があり、その参道を中心に広がるおはらい町は、菓子づくりの老舗や旅館などの歴史的な建物が並ぶ。おはらい町一帯は、マイカー時代の到来で、70年代には観光客が素通りしてさびれた状態になってしまった。80年頃から伝統的町並みの再生活動を開始。20年に一度の式年遷宮の年の93年、昔の町並みを移築・再現した「おかげ横丁」を開業、県を代表する観光地へと成長していった。

県南部には、伊勢と熊野とを結び、「紀伊山地の霊場と参詣道」として、04年に一部が世界遺産に登録された伊勢路が続く。

■約30年での人口と自治体変化

県人口：93年　181・8万人↓22年　174・2万人

増減率：マイナス4・2％（減少率の高さ29位）

市町村数：93年　13市47町9村↓22年　14市15町

主要都市の人口

93年［四日市市＋楠《くす》町］29・0万人↓22年四日市市（合併）31・0万人

93年［津市＋久居《ひさい》市＋河芸《かわげ》町＋芸濃町＋美里村＋安濃《あのう》町＋香良洲《からす》町＋一志町＋白山町＋美杉村］28・1万人↓22年津市（合併）27・4万人

93年鈴鹿市17・7万人↓22年鈴鹿市19・8万人

93年［松阪市＋嬉野町＋三雲町＋飯南町＋飯高町］16・2万人↓22年松坂市（合併）16・1万人

93年［桑名市＋多度町＋長島町］12・6万人↓22年桑名市（合併）14・0万人

93年［伊勢市＋二見《ふたみ》町＋小俣町＋御薗《みその》村］13・9万人↓22年伊勢市（合併）12・3万人

愛知県近くの市でもこの10年間では人口減少

県全体の人口が30年前と比較して減少するなか、県北の桑名市、四日市市、鈴鹿市の人口が増えていることが目立つ。近年では、桑名市は08年の14・1万人、四日市市は08年の31・5万人、鈴鹿市は08年20・0万人をピークに各都市とも微減となっている。

■約30年でこんなに変わった…産業編
四日市の石油コンビナートが、公害病の元凶から夜景の聖地へ大変貌

「四日市《よっかいち》には、1950年代末に全国にさきがけて石油化学コンビナートが建設された。（中略）市街地に隣接して化学工業があいついで進出したため、ぜんそく患者が続発し、大きな社会問題となった」（『中学社会　地理的分野』日本書籍、92年検定）。当時の教科書では、**四日市ぜんそく**のほか、**水俣病**、**イタイイタイ病**、**新潟水俣病**を、今も苦しむ人のいる**四大公害病**として詳しくふれている。一方、現代の教科書では四大公害病について、そうしたものがあったと簡潔に記すにとどめている。

現代の四日市の町の状況はどうだろうか。旅行ガイド雑誌では、四日市のコンビナートを、「幻想的な工場夜景の聖地へ！」（『るるぶ'24伊勢志摩』）と紹介している。工場夜景は、大小きらめく照明のなか、複雑にうねる配管、吹き上がる水蒸気などSF映画を彷彿させる。四日市港ポートビルの最上14階には展望展示室があり、ここからの石油化学コンビナートの夜景は複雑に織りなされた光のじゅうたんのような美しさ。工場夜景クルーズも週末に運航されている。現地の人にとって、石油コンビナートが疫病神から観光資源に変貌したわけで、まさに隔世の感を抱かされる。

「世界の亀山モデル」の盛衰

00年代半ば、**シャープの三重県亀山工場**で生産された**液晶テレビ**には、「世界の亀山モデル」とのシールが貼られていた。液晶の品質の高さに圧倒的な信頼が寄せられていて、他社製のテレビよりやや高くても、よく売れていた。家電量販店に並ぶテレビのなかで、このシールは輝いているように見えたのを思い出す。

98年にシャープの4代目社長に就任したばかりの町田勝彦は、「国内で販売するブラウン管テレビを、05年までにすべて液晶テレビに置き換える」と意気軒高に宣言した。店頭に並ぶテレビの多くが、まだ重たい箱型のブラウン管テレビだった時代である。町田の宣言は、当時社内の技術者も困惑するほどだったという。

02年三重県の企業誘致政策により、東名阪自動車道亀山ＩＣ近くに、シャープ亀山工場が誘致された。当時は液晶テレビといえばシャープの時代で、シャープの選択と集中による成功として、経済界で高く評価されもした。

だが08年にリーマンショックが襲い、韓国、中国、台湾企業の猛追を受け、業績は急降下。09年には工場の一部が操業停止に追い込まれる。その後はスマホ時代が到来し、アップルの下請け的状態になるなど経営は迷走する。大リストラも行われ、16年にシャープは台湾の鴻海グループに買収された。20年にシャープ亀山工場は、シャープディスプレイテクノロジーとして分社化された。

■約30年でこんなに変わった…交通編

東名阪自動車道：名古屋方面から四日市ＩＣまで70年代に開通していたが、津市の伊勢関ＩＣまで05年に全通し、伊勢自動車道と接続。伊勢自動車道は93年に伊勢関ＩＣ—伊勢ＩＣ（伊勢市）が全線開通している。

伊勢湾岸自動車道：愛知県東部方面の東名・新東名高速道路から名古屋市街（北部）を経由せず伊勢湾沿いに三重県へと短絡して向かう道路。98年に愛知県内の伊勢湾沿いの区間が開通し、延伸を重ね04年豊田ＪＣＴ（東名高速）—四日市ＪＣＴ（東名阪自動車道）が全通。

紀勢自動車道：伊勢自動車道勢和多気ＪＣＴから三重県内を南に向かって尾鷲北ＩＣへと延伸を重ね12年までに開通。

■地方百貨店の興亡（県庁所在地を中心として）

津市で営業する老舗の松菱百貨店

三重県内には、１９３６（昭和11）年に三重県初の大型百貨店として誕生した**津松菱百貨店**（創業当初の名称は大門百貨店）と、**近鉄百貨店四日市店**がある。91～01年には、**松坂屋四日市店**が存在した。静岡県浜松市にも01年まで松菱百貨店があったが、津松菱百貨店は、浜松の松菱を創業した谷政二郎が大門百貨店を継承したものである。

■民放テレビ局　キー局の番組どれだけ見られた？

昔から在名4局が東海3県をカバー＋三重テレビ放送

東海3県（愛知県、岐阜県、三重県）の民放テレビ局は、90年代以前から中京テレビ（日本テレビ系列）、CBCテレビ（TBS系列）、東海テレビ（フジテレビ系列）、名古屋テレビ（メ～テレ）（テレビ朝日系列）のいわゆる在名4局（準キー局ともいわれる）があり、それに三重県では69（昭和44）年テレビ放送開始の三重テレビ放送がある。三重テレビ放送は、テレビ東京の番組を比較的多く放送している。

■地元の大企業（売上高ランキング）

94年　1位住友電装（自動車部品）　2位三重県経済農業協同組合連合会　3位三重県共済農業協同組合連合会　4位三重四日市農業協同組合　5位鈴鹿富士ゼロックス

21年　1位住友電装　2位シャープディスプレイテクノロジー（ディスプレイデバイス）　3位キング観光（遊技場）　4位日本トランスシティ（倉庫・運送）　5位扇港電機（電気設備資材販売）

1位の企業は変わらずだが、変革の嵐も吹いた

住友電装（本社四日市市）は、ワイヤーハーネスをコア事業をとした住友グループのグローバル企業。鈴鹿富士ゼロックスは10年、富士ゼロックスマニュファクチュアリング（現・富士フイ

ルムマニュファクチャリング）などと統合。

■進学校の実績（東大合格者数）はこんなに変わった!?　変わらない!?
四日市市と津市の学校のトップ争い。近年は四日市が優勢

旧制三重県立一中からの伝統校の津高校、四日市高校、真宗高田派による創立で県下一古い私立高田高校（津市）が90年代以降、東大合格者数トップを争ってきた。74〜94年は学校群制度が敷かれていて、その時代は津西高校なども東大合格者が多かった。近年は四日市高校が1位になる年が多い。23年の東大合格者は、四日市高17名、高田高4名、私立三重高（松阪市）3名など。津高はこの年京都大学への合格者（7名）が多かった。

■県が全国シェア上位の生産物

サツキ（植木栽培出荷量）（1位）79％、イセエビ（2位）17％、養殖真珠（3位）16％、養殖マダイ（4位）6％

■家庭での年間購入金額上位のもの（都道府県庁所在地別、全国家計調査より）

エビ（1位）4353円

滋賀県

【旧国名】近江《おうみ》

〔県木〕モミジ　〔県花〕シャクナゲ　〔県鳥〕カイツブリ
〔総面積〕4017㎢（38位）　〔可住地面積〕1300㎢（36位）
〔県庁所在地〕大津市

■地理・歴史

近江商人、近江牛など近江ブランドの多い県

日本一大きな湖の琵琶湖が、滋賀県の総面積の約6分の1を占める。湖の面積は約670㎢で東京23区がすっぽり入ってしまう大きさ。琵琶湖の東岸に広がる近江盆地では古代から稲作が行われ、「近畿の米どころ」といわれてきた。全国順位では目立たないが、近江牛（山形県の米沢牛、三重県の松阪牛と共に三大和牛ブランド）、近江米、近江茶などが有名。

江戸時代、米が多く穫れた近江は重税が課せられ、生活に困った農民が行商を始めたのが近江商人の起こりとされる。三方よし（売り手よし、買い手よし、世間よし）の精神で信頼を集めた。日本を代表する商社の丸紅や伊藤忠は近江商人をルーツとする。

戦国時代では、織田・徳川連合軍が浅井・朝倉連合軍を破った姉川の戦いの後、信長は

1576年安土城を築く。だが、本能寺の変（82年）で信長が殺された後に安土城も焼け落ちる。翌年賤ケ岳《しずがたけ》の戦いで秀吉が柴田勝家を破るなど、何度も戦乱の舞台となった。江戸時代には譜代大名で最大級の勢力の井伊家彦根藩が置かれている。

■約30年での人口と自治体変化

県人口：93年　125・8万人→22年　140・9万人

増減率：プラス12・0％（増加率の高さ4位）

市町村数：93年　7市42町1村→22年　13市6町

主要都市の人口

93年［大津市＋志賀町］28・3万人→22年大津市34・4万人

93年草津市9・5万人→22年草津市13・7万人

93年［長浜市＋浅井《あざい》町＋びわ町＋虎姫町＋湖北町＋高月町＋木之本町＋余呉町＋西浅井町］12・3万人→22年長浜市（合併）11・6万人

93年［八日市市＋永源寺町＋五個荘町＋愛東町＋湖東町＋蒲生町＋能登川町］10・9万人→22年東近江市（合併）11・3万人

93年彦根市10・1万人→22年彦根市11・2万人

93年［近江八幡市＋安土町］7・8万人→22年近江八幡市（合併）8・2万人

人口増加率が全国4位！　若者が比較的多い人口構成の県

滋賀県全体としては、最近（21年9月からの1年間）では、人口減少率がマイナス0・11％で増加または減少率の少なさで全国5位、22年では年少人口（15歳未満）の割合が13・2％で全国2位の高さ、老年人口（65歳以上）の割合が43位の低さ。高齢化社会の日本のなか、若者が比較的多い人口構成となっている。

県南西部の大津市、草津市、それに守山市（93年6・0万人→22年8・5万人）が、京都・大阪のベッドタウン・衛星都市として、30年前と比べると人口が大きく増加している。大津市の例では、全国の多くの地方都市で人口が減る直近10年間でも、人口はほぼ横ばい、生産年齢人口もほぼ横ばい状態を保っている。そうした影響を受けて、人口減の自治体も多いなか、この30年間でみると県全体としては人口が増加した。

■約30年でこんなに変わった…イベント編
かるた甲子園、かるたの聖地が有名に

近江神宮では50年代から競技かるたの名人位戦、79年からは**全国高等学校小倉百人一首かるた選手権大会**（以下高校かるた選手権）が行われていた。だが近江神宮が「かるたの聖地」として全国的に知られ、高校生の選手権大会が「かるた甲子園」ともいわれるようになったのは、10年代前半頃からである。

発端は08年から末次由紀の漫画『ちはやふる』が女性向け漫画雑誌『BE・LOVE』（講談社）に連載開始したこと（22年連載終了）。主人公が高校にかるた部をつくり、高校かるた選手権で優勝、個人戦でもクイーンをめざす内容である。11年から数回にわたり同アニメがテレビ放送、16年・18年には広瀬すず主演で映画『ちはやふる―上の句―』『同―下の句―』『同―結び―』が上映された。

同大会は、当初全国で8校の参加から始まった。23年では約400校が予選参加し、約60校が同大会（本戦）に参戦している。これまで静岡県立富士高校、私立暁星高校（東京都）が10回以上優勝している。

近江神宮でこうした大会が行われるのは、小倉百人一首の第一番歌「秋の田の かりほの庵《いお》の苫をあらみ わが衣手は 露にぬれつつ」を歌った天智天皇を祭神とする神社のため。

■約30年でこんなに変わった…歴史編
鉄砲づくりを支えた「国友の里」が中学の教科書に

現代の教科書では、戦国時代の記述で、「鉄砲づくりを支えた堺と国友《くにとも》」という見出しなどで、国友という地名が登場する。鉄砲づくりは種子島から伝わってきて、多くの豪商がいて資金が豊富にあった堺（大阪府）と共に「刀の原材料となる砂鉄が近くで豊富に採れ、古くから刀鍛冶がいた国友（滋賀県長浜市）は、全国有数の鉄砲の生産地となりました」（『中学生の歴史』帝国書院、20年検定）と記述される。

約30年前の教科書では国友という地名は出てこないので、国友を知る大人は、関西圏の人以外では少ないだろう。

国友は、木下藤吉郎（豊臣秀吉）が建てた長浜城から北東へ約5㎞、姉川に沿った地にあり、現在では国友鉄砲ミュージアムがある。ここでは鉄砲の種類のなかでも火縄銃を専門に紹介・展示している。

近年、火縄銃に関心を持つ欧米からの来館者も増えているという。火縄銃の出現は、戦国時代からの日本統一に大きな影響を及ぼしたわけで、教科書に掲載されたのは、日本人としても国友の地を知っておくべきだとされたわけである。

■地方百貨店の興亡（県庁所在地を中心として）

京都市の商圏に近く、百貨店が少ない県

大津市は京都市内の繁華街まで電車で近いので、百貨店の進出がなかったが、76年膳所《ぜぜ》駅近くにマイカー時代を意識した郊外型百貨店として**西武大津店**が開業。97年に**近鉄百貨店草津店**が開店するまで、滋賀県内唯一の百貨店だった。西武大津店は全国的に西武百貨店の閉店が相次ぐなか、20年閉店。近鉄百貨店草津店が滋賀県内唯一の百貨店となった。

■民放テレビ局　キー局の番組どれだけ見られた?

準キー局といわれる在阪4局体制

70年代以前から、よみうりテレビ（日本テレビ系列）、朝日放送（テレビ朝日系列）、毎日放送（TBSテレビ系列）、関西テレビ放送（フジテレビ系列）の在阪4局による体制が確立されてきた。滋賀県内を放送対象地域とする民放（第3セクター）として、72年放送開始のびわ湖放送があり、テレビ東京の番組の一部の放送も行ってきた。

■地元の大企業（売上高ランキング）

94年　1位平和堂（総合スーパー）　2位日本電気硝子（ガラス、土石製品製造）　3位関西日本電気　4位滋賀県経済農業（協連）　5位長浜キヤノン

21年　1位平和堂　2位日本電気硝子　3位古河AS（自動車部品製造）　4位日立建機ティエラ（建設機械製造）　5位フジテック（エレベーター・エスカレーター製造）

平和堂に続き、上位には機械製造の会社が並ぶ

平和堂（本社彦根市）は57年に設立、66年に総合スーパーを開業し、滋賀県内を中心に京都府、大阪府及び近県に160以上の店舗を展開。日本電気硝子（本社大津市）は、液晶用ガラス基板、電子部品用、建築用などガラス製品を幅広く製造。

■進学校の実績（東大合格者数）はこんなに変わった⁉　変わらない⁉

大津・守山・彦根と東海道沿いに進学校が集中

滋賀県の特徴として、東大志望より京大志望者が圧倒的に多いこと、また成績上位者が京都市内などの私立進学高に通う例が多いことが挙げられる。東大合格者数でいえば、90年代以降膳所高校（大津市）がトップの年が多く、彦根東高校、守山高校がそれに続く。東海道沿いに立地の高校に集中した形である。23年の東大（カッコ内は京大）合格者は、守山高4名（7名）、膳所高3名（46名）、彦根東高（12名）など。

■県が全国シェア上位の生産物

あゆ（養殖）（5位）5％

■家庭での年間購入金額上位のもの（都道府県庁所在地別、全国家計調査より）

パン（1位）3万9992円、コーヒー（1位）9845円

京都府 【旧国名】山城《やましろ》・丹後《たんご》・丹波《たんば》

［府木］北山スギ　［府花］シダレザクラ　［府鳥］オオミズナギドリ
［総面積］4612㎢（31位）　［可住地面積］1177㎢（38位）
［県庁所在地］京都市

■地理・歴史

古都・京都に限らず魅力の多い京都府

南北に細長い府で、南部には京都市のある京都盆地があり、最北部は丹後半島や天橋立のある日本海に面する。平安時代から江戸時代まで都のあった京都市周辺には歴史ある建物が多く、94年には「古都京都の文化財」として17の寺社や城が世界遺産に登録されている。京都市内には、懐石料理や和菓子など老舗・名店が多い。聖護院大根、賀茂ナス、エビイモなど長い年月をかけて品種改良してきた京野菜も京都名物。西陣織、清水焼、京扇子、京友禅、丹後ちりめんなどの伝統工芸品が多いだけでなく、京都市周辺にはハイテク産業の企業も多く進出している。

京都市は大学の数が多く、学生の町といわれる。京都市での人口に対する大学・大学院・短大学生数の割合は10・0％で全国一（東京23区では同5・8％）。

府内には、国指定の保存地区となった「伊根の舟屋」（1階が船の収納庫、2階が作業場などの木造建屋が約230軒も海辺に軒を連ねる）、「日本の原風景・南丹市美山かやぶき集落群」など26カ所の京都府景観資産登録地区など、風情あるエリアが点在している。

■約30年での人口と自治体変化

県人口：93年　260・5万人→22年　255・0万人

増減率：マイナス2・1％（減少率の高さ36位）

市町村数：93年　11市32町1村→22年　15市10町1村

主要都市の人口

93年［京都市＋京北町］140・2万人→22年京都市（合併）138・9万人

93年宇治市17・9万人→22年宇治市18・4万人

93年亀岡市8・9万人→22年亀岡市8・8万人

93年長岡京市7・6万人→22年長岡京市　8・1万人

93年舞鶴市9・5万人→22年舞鶴市7・9万人

京都市の旧市街は人口増加

京都市の人口は、この30年間で比較すると減少しているが、洛中（旧市街）にあたる上京区、中京区、下京区に限ると、3区合計では93年24・2万人→22年27・4万人へと増加している。直近

1年間（22年1月から23年1月）でも上記3区は人口増加を保っている（約1000人増）。

■こんなに変わった教科書記述…地理編

古都の景観が損なわれるのを憂える30年前の教科書

30年前の教科書では、京都市街の町並について、「保存と開発」という小見出しのもと、「最近になって、土地が値上がりしたことや、広場が少なくなったことを理由に、高い建物の建築基準をゆるめました」（『中学社会　地理的分野』大阪書籍、92年検定）との本文と共に、高層ビルにはさまれた昔ながらの京都の町屋の写真、背後にビルが建設され借景がだいなしになった「さくや池」の写真が掲載されている。そして「歴史的都市にふさわしい開発計画がのぞまれます」と結ぶ。

現代の教科書では、「例えば京都市では、伝統的な町並みがよく残っている地区などで、建物の高さやデザインを整えたり、電線を地中に埋めたりすることが行われています」（『中学生の地理』帝国書院、20年検定）と述べ、05年と20年、同一地点の清水寺付近、二年坂の写真を並べて掲載している。05年は電柱と電線が景観をかなり阻害しているが、20年ではそれらがなくなり、すっきりした町並みになっている。

建物の高さやデザイン、屋外広告物を規定する新景観政策

04年に、わが国初の景観に関する法律である**景観法**が施行された。京都市ではそれを受けて07

年から**新景観政策**を策定した。具体的には、「建物の高さ」（市街中心部の建物の高さはそれなりに高く規定し、三方の山すそに行くに従って建物の高さ規定を低くするなど）、「建物等のデザイン」（地域の特性に合わせた基準を定めるなど）、「屋外広告物」（屋上看板や点滅式照明の禁止、デザイン基準を定めるなど）、「眺望景観や借景」（優れた眺望の地や、庭園などでの借景を損ねる建物規制など）、「歴史的な町並み」（修理・修景などへの助成など）からなる政策である。この政策は、さらに22年**夜間景観づくりのための指針**（適格な明るさや色、演出性など）が加わってバージョンアップされている。

30年前の教科書では、景観が損なわれる状況を指摘するだけだったが、それから十数年後に解決方針が定められ、現代の教科書では、その成果の一部を述べている形である。

■約30年でこんなに変わった…京都観光編
外国人旅行者の増加で発生したオーバーツーリズム

この10年ほどの間に京都市で発生した大きな問題が、**オーバーツーリズム**である。日本を訪れる外国人旅行者が13年に初めて1000万人を超えた後、毎年増加し続け、19年には3188万人にまで膨れ上がった。**京都市を訪れる外国人旅行者も激増**し、国別では中国人が一番多かった。

観光地近くの路線バスが常に大混雑になり、地元住人が病院に通うのにとても大変になった地区もあった。17年春には「祇園白川宵桜ライトアップ」が中止となった。花見客の増加による安全対策のためだった。また、オーバーツーリズムというよりモラル欠如の問題だが、祇園では、外国人がお座敷に向かう舞妓さんに一緒に写真を撮らせてくれと、高級な着物に汗ばんだ手で触って引き留める例も見られた。

意外な所に外国人が多く訪れるようになったスポットもある。**伏見稲荷大社**がその代表例で、13年頃から急に多くの外国人がやって来るようになった。それまでは日本人旅行者すら少なかった神社である。1万基もの赤い鳥居が並ぶ光景は、多くの外国人にとってとても印象的な風景に感じるようだ。トリップアドバイザー（アメリカのオンライン旅行会社のウェブサイト）による「旅好きが選ぶ！　外国人に人気の日本の観光スポット」では、伏見稲荷大社が14年に全国1位を獲得し、以後も数回1位となっている。このほか京都では、古い町家を再利用した宿やカフェもこの10年間で増えているのも目立つ。

■約30年でこんなに変わった…交通編

JR利用：92年東京—京都（東海道新幹線）2時間15分→23年同2時間10分

京都市営地下鉄：烏丸《からすま》線97年北山—国際会館延伸。東西線97年醍醐—二条開業、京阪京津線が御陵から乗り入れ開始。04年醍醐—六地蔵延伸、08年二条—太秦天神川《うずまさてんじんがわ》延伸。

京都縦貫自動車道：京都市南西側の大山崎JCT（名神高速道路）から京都府をほぼ縦断する

形で丹後半島の付け根付近の宮津天橋立ＩＣへの道路。80年代後半の一部開通から延伸を重ね15年全通。綾部ＪＣＴで舞鶴若狭自動車道、宮津天橋立ＩＣで山陰近畿自動車道へとつながる。

■地方百貨店の興亡（県庁所在地を中心として）

大丸の名がつく二つの百貨店

京都の繁華街で大手百貨店グループ以外の地方百貨店としては、四条河原町近くの**藤井大丸百貨店**がある。明治初期の藤井大丸呉服店がルーツ。同じ四条通り、**大丸松坂屋百貨店**が経営の大丸京都店とはまったくの別会社。

■民放テレビ局　キー局の番組どれだけ見られた？

在阪4局＋京都放送の体制

70年代以前からある在阪準キー4局のよみうりテレビ（日本テレビ系列）、朝日放送（テレビ朝日系列）、毎日放送（ＴＢＳテレビ系列）、関西テレビ放送（フジテレビ系列）による体制が確立されてきた。京都府内を放送対象地域とする民放に69年テレビ放送開始の京都放送がある。テレビ東京の一部の番組の放送も行ってきた。

■地元の大企業（売上高ランキング）

94年　1位佐川急便　2位オムロン　3位京セラ　4位任天堂　5位村田製作所
21年　1位任天堂　2位村田製作所　3位佐川急便　4位京セラ　5位ローム

業界トップクラスの大企業が並ぶ

さすが京都府という感じで、誰もが知る大企業ばかりがランクイン。94年2位のオムロンも21年6位。21年のベスト10内には、島津製作所、日本電産も。

■進学校の実績（東大合格者数）はこんなに変わった⁉　変わらない⁉

進学校では、東大より京大志望者が増えたこの30年

東大合格者数は90年頃までは私立洛星高校（京都市）がトップだったが、それ以降私立洛南高校（京都市）のトップが続いている。その洛南高も90年代は50人以上の東大合格者を出した年が多かったが、10年代以降、10～20人程度となっている。ただし東大に比して京都大学の合格者の比率が高くなった。府立では旧制京都一中を前身とする洛北高校（京都市）、嵯峨野高校（京都市）、京都市立では堀川高校、西京高校などがそれに次ぐ。

京都府では長い間、公立高校の難関大学合格実績が低いことが指摘されてきた。小学区制が原因とされ、99年に市立堀川高校が府全域から募集できる「探求科」を設けると、その一期卒業生が国公立大学に１０６名（前年は６名）現役合格し、「堀川の奇跡」と話題になったこともある。

23年の東大（カッコ内は京大）合格者は、洛南高13名（76名）、堀川高8名（59名）、洛星高7名（39名）、西京高3名（42名）、洛北高2名（27名）、嵯峨野高2名（22名）など。

■県が全国シェア上位の生産物

絹織物（1位）68％、既製和服・帯（1位）48％、宗教用具（1位）17％、和生菓子（1位）7％、清酒（2位）16％。

■家庭での年間購入金額上位のもの（都道府県庁所在地別、全国家計調査より）

うなぎのかば焼き（1位）4990円、牛乳（1位）1万9277円、書籍代（2位）1万8896円、たばこ代（最小）4993円（最大の札幌市は2万3258円）

大阪府

【旧国名】摂津《せっつ》・和泉《いずみ》・河内《かわち》

〔府木〕イチョウ　〔府花〕サクラソウ、ウメ　〔府鳥〕モズ
〔総面積〕1905㎢（46位）　〔可住地面積〕1334㎢（35位）
〔県庁所在地〕大阪市

■地理・歴史

「食い倒れ」の町、大阪市を中心とする府

日本で2番目に面積が小さい都道府県。88年までは香川県より小さいとされていたので、大阪府が日本で一番小さいと習った覚えのある年配の方もいるだろう。面積の算定方法の変更などで香川県より広いとされ、その後の海の埋め立てなどでその差は広がった。

旧淀川を見下ろす上町台地の北端に、豊臣秀吉が大阪城を築いた。江戸時代には、日本海側の諸都市から瀬戸内海を経ての西廻り航路と、江戸からの南海路の起終点に大阪があたるため、物資の集まる商業都市として発展した。運河も縦横に掘られていき、「水の都」とも呼ばれた。「京都の着倒れ、大阪の食い倒れ」という言葉が生まれたように、食べ物にぜいたくをする文化も浸透している。ぜいたくといっても、お好み焼き、てっちり、タコ焼きなど庶民的なもので、それ

らの味にこだわるというものである。

■約30年での人口と自治体変化

県人口：93年　872・3万人→22年　878・2万人

増減率：プラス0・7％（増加率の高さ9位）

市町村数：93年　33市10町1村→22年　33市9町1村

主要都市の人口

93年大阪市249・5万人→22年大阪市273・2万人

93年［堺市＋美原町］83・6万人→22年堺市（合併）82・6万人

93年東大阪市　49・6万人→22年東大阪市48・2万人

93年豊中市39・9万人→22年豊中市40・9万人

93年枚方市《ひらかた》39・3万人→22年枚方市39・8万人

93年吹田市33・1万人→22年吹田市37・9万人

近年は増加の少ない府庁所在都市・大阪市

大阪市の人口は、93年から99年まで減少した後、21年まで増加を続け、22年から23年は微減、微増を繰り返している。コロナ禍前までの15〜19年は毎年約1万人の増加のうち、外国人の増加が毎年約5000人を占めていた。

■こんなに変わった教科書記述…地理編

在日韓国・朝鮮人が多い歴史的理由にふれる現代の教科書

大阪市生野区の**鶴橋、桃谷**には**日本最大のコリアンタウン**がある。03年の韓国ドラマ『冬のソナタ』放送などで日本に韓流ブームが訪れる前、大阪に在日韓国・朝鮮人が多く暮らしていることを、関東では、知らない人が多かったのではないかと思う。筆者の場合、それを知ったのは社会人になって数年経てからである。約30年前の中学地理の教科書でも書いていないし、テレビなどでもほとんど伝えていなかったと思う。

現代の（一部の）教科書では、「近畿地方と朝鮮半島との結び付き」という見出しで、生野区の商店街を写真つきでふれている（『中学生の地理』帝国書院、20年検定）。「近畿地方には、多くの在日韓国・朝鮮人が暮らしています」とし、その歴史的背景として、「日本が朝鮮半島を植民地支配した時期に、朝鮮半島から職を求めて移住したり、労働者として連れてこられたりした人々とその子孫です」と説明する。生野区にはキムチなどの食べ物や民族衣装を売る店が並ぶ商店街があることを紹介し、「在日韓国・朝鮮人は独自の伝統文化や生活習慣を誇りとして大切にしています」と結んでいる。

韓国・朝鮮人より中国＋ベトナムの方が多くなった

大阪市の外国人住民数の推移を国別に見ていくと、85年では外国人住民の94％にあたる11・0万人が**韓国・朝鮮人**だった。しだいに韓国・朝鮮人が減少し、00年代からは**中国**、10年代からは**ベトナム**からの住民が増えていく。22年では韓国・朝鮮人は5・9万人（外国人全体の39％）、中国人が4・3万人（同28％）、ベトナム人が2・2万人（同15％）となった。大阪市はアジアの人が多いというのが正しい言い方になってきている。

阪神工業地帯が、戦後首位から転落した理由

約30年前と今と両方の教科書を読むと、阪神工業地帯の変貌がよくわかる。約30年前の教科書で要点をまとめると、以下のようになる。

・大阪付近では、明治時代以降、綿織物、ほうちょう、石鹸、マッチなどの日用品など軽工業がさかんで、海外にも輸出された。

・第一次世界大戦の頃から、機械・金属・化学などの重化学工業が発展し、阪神工業地帯が形成され、全国1位の生産をあげてきた。大阪が商業の中心であったこと、神戸港をひかえ水陸交通の便がよく、工業用水に恵まれていたことが発展の理由。

・第二次世界大戦後も、重化学工業はさらに成長するが、70年代になって地下水の過剰くみ上げで地盤沈下の公害問題が深刻化。東京へ本社や研究所の移転が多く、重化学工業が伸び悩む。阪神工業地帯の工業出荷額は京浜、中京工業地帯に追い越される。

・一方、軽工業から出発した中小工場では、大企業の下請けが大部分で、その多くは立てこんだ街の中にあり資金不足もあって、施設の改善が困難。

このように解決の難しい問題を指摘されて記述は終わっている。

重化学工場の地がテレビパネル工場、そして物流施設への有為転変

現代の教科書では、以下のとおりとなる。

・80年代以降、重化学工業が伸び悩むと工場の移転や閉鎖が進み、その跡地に「テレビなどの工場が進出して、一時期、一大生産拠点となりました」（兵庫県尼崎市の湾岸の同一地点の空撮写真で、64年火力発電所、10年テレビの薄型パネルの生産工場、19年物流施設と変貌していくさまを掲載）。教科書では社名を書かないが、11年に閉鎖されたパナソニックのプラズマディスプレイを生産する尼崎工場を指している（『中学校の地理』帝国書院、20年検定）。

・しかしテレビ工場は世界的な不況やアジアなど外国との競争の影響を受けて急速に縮小し、現在の臨海部は、太陽光発電のパネルや蓄電池などの今後成長分野の工場、大型の物流施設、テーマパーク（USJのことだろう）などが集まる地域へと変化している。

・また25年に大阪湾の夢洲《ゆめしま》で開催予定の「日本国際博覧会」でも、最先端の環境技術を生かした施設の整備が進められる。

現在の教科書は、なんとなく明るい未来を感じさせる記述となっているのが印象的だ。

■こんなに変わった教科書記述…歴史編

日本で一番大きな古墳、大仙陵って何？

中学歴史の教科書で、空から見た大きな古墳の写真の説明文として、「大仙《だいせん》（大山）古墳（大

阪府堺市）日本で最も大きい前方後円墳《ぜんぽうこうえんふん》で、全長約486m、高さ約33mです」（『中学生の歴史』帝国書院、20年検定）と書かれている。聞いたことのない名の大きな古墳だと不思議に思われる方も多いだろう。**仁徳《にんとく》天皇陵**と伝えられてきたものとの付属説明があれば、「なあんだ」と納得されるだろう。

今では**大仙古墳**というのが正しく、20年検定の教科書でも、（伝仁徳天皇陵）または（仁徳陵古墳）とカッコつきで併記されているものと、仁徳天皇にはまったくふれず大仙古墳とだけあるものとまちまちである。

仁徳天皇は、4世紀末頃に第16代天皇として即位した天皇。『古事記』などに記述された歴代天皇陵の築造順と、古墳全体の形式や発掘品などの考古学的特徴での築造順が一致しないことから、仁徳天皇ではなく、履中《りちゅう》天皇の陵墓ではないかという説が有力になってきた。

新たに習う中高生と、かつて仁徳天皇陵と習った大人と、歴史の話に花を咲かせるためにも、教科書では、仁徳天皇陵と伝えられてきたとの一言を入れてほしい。

■約30年でこんなに変わった…交通編

ＪＲ利用：92年東京—新大阪（東海道新幹線）２時間30分→23年同２時間22分

92年は「のぞみ」は2往復しかなく、ほとんどは「ひかり」の2時間52分などだった。93年から毎時1本の運行となり、その後も本数を増やしていく。

ＪＲ東西線：97年京橋―尼崎開業。
ＪＲおおさか東線：08年放出―久宝寺、19年新大阪―放出開業。
ＪＲ桜島線：01年ユニバーサルシティ駅開業。
大阪メトロ（旧大阪市営地下鉄）：06年今里筋線（井高野―今里）開業。18年大阪市営地下鉄は大阪市高速電気軌道に事業譲渡。愛称大阪メトロに。
新名神高速道路：17年高槻ＪＣＴ―川西ＩＣ開通、18年川西ＩＣ―神戸ＪＣＴ開通。名神高速道路と中国自動車道を北側にバイパスする形でつながる。
関西国際空港：94年開港。開港から2年間は、国際線の発着回数が国内線のそれを下回っていたが、19年には国際線の発着数が国内線の2倍以上にまで増えている。

■民放テレビ局　キー局の番組どれだけ見られた?
在阪5局体制が昔から確立

82年にテレビ大阪（テレビ東京系列）の開局により、それ以前からあるよみうりテレビ（日本テレビ系列）、朝日放送（テレビ朝日系列）、毎日放送（ＴＢＳテレビ系列）、関西テレビ放送（フジテレビ系列）と共に在阪5局による体制が確立されている。

■地元の大企業（売上高ランキング）

94年　1位日本生命保険　2位ニチメン　3位松下電器産業　4位住友生命保険　5位関西電力

21年　1位日本生命保険　2位パナソニックHD　3位関西電力　4位住友生命保険　5位大和ハウス工業

業界を代表する関西系企業が並ぶ

いずれも業界を代表するような大企業がランクインしている。ニチメンは03年、共に日本の十大商社に数えられていた日商岩井と合併して双日（本社東京都）に。

■進学校の実績（東大合格者数）はこんなに変わった!? 変わらない!?

北野、天王寺、名門府立高校復活のドラマ

90年代以降、東大合格者数に関しては、私立大阪星光学院（大阪市）がトップの年が多い。私立清風南海高校（高石市）、私立清風高校（大阪市）、大阪教育大学附属高校池田校舎（池田市）などがそれに続いていた。一方90～00年代には、府立高校の進学実績の低迷が続いた。

08年大阪府知事に橋下徹が就任、「教育日本一」を政策に掲げた。08年段階では、橋下の母校でもある府立北野高校（大阪市）は東大合格者ゼロ。北野高校は、旧府立一中の伝統を持ち70年代頃まで大阪府一の進学実績を誇っていた。11年府立の10高校に学区制を適用しない文理学科を

設置、どこからでも出願できるようになり人気が高まる。20年には、北野高、天王寺高（大阪市）が京大合格者数で府内1位と2位になり、府立高校のワン・ツーは43年ぶりで公立名門高校の復活と話題となった。

23年東大合格者（カッコ内は京大）は、大阪星光学院16名（56名）、北野高10名（81名）、天王寺高7名（47名）、清風南海高6名（29名）など。

■県が全国シェア上位の生産物

自転車（1位）94％、毛布（1位）82％、チョコレート類（1位）19％、タオル（2位）27％

■家庭での年間購入金額上位のもの（都道府県庁所在地別、全国家計調査より）

マーガリン（1位）847円、バター（18位）1289円、和服（1位）9775円、タコ（2位）1513円

兵庫県

【旧国名】丹波《たんば》・淡路《あわじ》・播磨《はりま》・但馬《たじま》・摂津《せっつ》

［県木］クスノキ　［県花］ノジギク　［県鳥］コウノトリ
［総面積］8401㎢（12位）　［可住地面積］2769㎢（16位）
［県庁所在地］神戸市

■地理・歴史

瀬戸内海沿いは工業地帯、内陸部には雲海に浮かぶ「天空の城」も

瀬戸内海沿い東部の尼崎・神戸市は大阪府と共に阪神工業地帯の一部、西の加古川・姫路・赤穂市の沿岸部には播磨臨海工業地帯が広がっている。淡路島との間にある明石海峡は潮の流れが早く、身が締まって美味しい魚が育つ。明石ダイ、明石ダコなどが名高い。一方、日本海側では、松葉ガニ（ズワイガニの雄）は身の締まった上品な味わいで、冬の味覚の王様といわれるほど。各地の特産を挙げていくと、兵庫県北部の但馬牛、灘の清酒、赤穂の塩、竜野の手延べ素麺、うすくち醤油、丹波の黒大豆、小野市周辺の播州そろばんなど。

朝来《あさご》市の竹田城は、雲海に浮かぶ姿で「天空の城」、「日本のマチュピチュ」と呼ばれるが、00年代前半くらいまであまり知られず、訪れる人も少なかった。日本の100名城に選ばれ幻想的な姿が各メディアで紹介されたりSNSで拡散されたりして大人気に。

95年の阪神・淡路大震災では、神戸市、淡路島の被害が多大で、兵庫県での死者・行方不明者は6400人以上となった。

■約30年での人口と自治体変化

県人口：93年　549・0万人↓22年　540・2万人

増減率：マイナス1・6％（減少率の高さ37位）

市町村数：93年　21市70町↓22年　29市12町

主要都市の人口

93年神戸市146・8万人↓22年神戸市151・8万人

93年［姫路市＋家島町＋夢前町＋香寺町＋安富町］51・5万人↓22年姫路市（合併）53・1万人

93年西宮市41・2万人↓22年西宮市48・3万人

93年尼崎市48・9万人↓22年尼崎市46・0万人

人口増の西宮市と人口減の尼崎市の実態をみる

この約30年間で見ると、**西宮市**の人口が**尼崎市**の人口を追い抜いた。とはいえ、西宮市は00年代半ばまで大阪のベッドタウンとして人口増加率が高かったが、17年から人口減少となっている。社会増（転入が転出より多い）だったが、自然減（死亡者が出生数より多い）のほうが多いため総数として減少した。

尼崎市は**兵庫県第一の人口密度**の都市で、関西を代表する工業地帯と大阪のベッドタウンとの二つの性格を持つ。80年代には50万人以上の人口だったが、その後は15年（44・7万人）まで一貫して減り続けた。近年では尼崎駅前の再開発などでファミリー層の定着が見られ、人口は微増へと転じている。

■こんなに変わった教科書記述…地理編

「山、海へいく」30年前の合言葉

30～40年前、神戸市の政策に関して、経営が巧みな民間会社のようだと称賛して、**株式会社神戸市**とメディアなどでよくいわれた。教科書にもそれが登場した。神戸の市街は六甲山と大阪湾に挟まれた狭い平地に集中しているため、住宅地用にも産業地用にも土地が不足していた。そこで「山を切り崩した土砂で海を埋め立てる」ことになった。工事は、『山、海へいく』を合いことばに市によってすすめられ、1981年には人工の島ポートアイランドが完成した。（中略）いっぽう、土砂をとりだした跡地には、須磨《すま》ニュータウンなどがつくられている」（『新版中学社会　地理』教育出版、92年検定）。まさに一石二鳥といった政策で、神戸市の収入にも貢献し、全国の市にとって**自治体経営の手本**といわれた。ポートアイランドの沖をさらに埋め立て、06年に開港の**神戸空港**もつくられた。

現代の教科書では、これらの神戸市の事業にはまったくふれていない（簡単にふれている教科書もある）。逆に関西のニュータウンのなかには、住民の高齢化や建物の老朽化のため、人口が減少するところもある問題をとりあげている（『中学社会　地理』教育出版、20年検定）。

近年は中国をはじめとするアジア勢力の急激な台頭で、港湾都市としての国際的な影響力は低下傾向にある。神戸市の人口は11年の154・5万人をピークに減少に転じた。00年代は国内6位の人口だったのが、福岡市と川崎市に抜かれ8位へと後退している。現在、都心地区である三宮の再開発が始まっていて、今後の発展に期待したい。

■約30年でこんなに変わった…歴史編

国民的ドラマだった『忠臣蔵』（赤穂事件）を若者が知らなくなる？

現在の50歳くらいの人を境に知っている、知らないが分かれるものに**『忠臣蔵』**がある。江戸時代の1701（元禄14）年、**赤穂《あこう》藩**（現兵庫県赤穂市）の藩主浅野《あさの》内匠頭《たくみのかみ》長矩《ながのり》が、江戸城松の廊下で吉良《きら》上野介《こうずけのすけ》を突然切りつけた。吉良が侮辱したためだという。城内で禁止されている刃《にん》傷《じょう》におよんだとして、浅野内匠頭は即日切腹。赤穂藩は改易（廃藩）となり、一方の吉良上野介には処罰なしだった。旧赤穂藩の浪士たちは主君の仇を討つとして、吉良邸に討ち入り、吉良上野介を討ち取る。一連の出来事を**赤穂事件**、これを題材にしたドラマを俗に『忠臣蔵』（歌舞伎の演目の名称が由来）といった。

70年代くらいまで、テレビや映画で、『忠臣蔵』関連のドラマ、またはバラエティ番組でそのパロディなども含めて、主人公の配役を様々に変えながら、盛んに制作された。

昭和30年代生まれの筆者など、この世代全員が知っていると思うが、70年代、90年代、現代の歴史教科書を見直して驚いたことは、ほとんどの教科書ではこの赤穂事件が記されていないことだった。すべてテレビなどで見た知識だったわけである。

現代の高校生用『詳説日本史』（山川出版社、20年検定）では、朝廷関係の儀礼が重要視された事例として、それを管掌する吉良上野介を欄外で短く記してはいるが、赤穂事件のあらましにはふれていない。歴史を題材としたテレビやゲームなどでこのまま扱われないと、『忠臣蔵』はほとんど知られなくなっていくかもしれない。

■約30年でこんなに変わった…交通編

神戸市営地下鉄海岸線：01年三宮・花時計前―新長田開業。

ポートライナー：06年市民広場―神戸空港延伸。

神戸電鉄公園都市線：96年フラワータウン―ウッディタウン中央（三田市）延伸。

明石海峡大橋・神戸淡路鳴門自動車道：98年明石海峡大橋を含む三木JCT―津名一宮IC開通で、神戸淡路鳴門自動車道全通。

山陽自動車道：97年三木小野IC―山陽姫路IC延伸で山陽自動車道全線開通。

神戸空港：06年開港。羽田、札幌（新千歳）、沖縄などへの便が多く、国内線のみだったが、22年に国際線化が決まり、海外空港とのチャーター便が就航予定。

但馬空港：94年コミューター専用空港として開港。愛称コウノトリ但馬空港。大阪国際空港への便が就航。

■地方百貨店の興亡（県庁所在地を中心として）

大手グループの百貨店のみがある神戸

神戸市には大手百貨店グループの**大丸神戸店**、**神戸阪急百貨店**（19年までは**そごう神戸店**）、**阪神御影店**があるが、いわゆる地方百貨店はない。姫路には山陽姫路駅に直結する**山陽百貨店**がある。また姫路には**ヤマトヤシキ姫路店**（18年閉店）があった。

■民放テレビ局　キー局の番組どれだけ見られた?

90年代以前から準キー局といわれる在阪4局体制

いずれも古く（50年代後半）からあるよみうりテレビ（日本テレビ系列）、朝日放送（テレビ朝日系列）、毎日放送（TBSテレビ系列）、関西テレビ放送（フジテレビ系列）の在阪4局による体制が確立されてきた。兵庫県内を放送対象地域とする民放（第3セクター）に69年放送開始のサンテレビがある。82年にテレビ大阪（テレビ東京系列）が開局する前は、サンテレビでテレビ東京の番組を一部放送していたが、テレビ大阪の開局で、サンテレビはテレビ東京番組放送の契約を解消。兵庫県内ではテレビ大阪を視聴できないエリアも多い。

■地元の大企業（売上高ランキング）

94年　1位神戸製鋼所　2位川崎重工業　3位伊藤ハム　4位生活協同組合コープ神戸　5位加藤産業（食品卸）

21年　1位神戸製鋼所　2位川崎重工業　3位加藤産業　4位住友ゴム工業　5位伊藤ハム

瀬戸内海に面して大工場を持つ重厚長大企業が上位に

神戸製鋼所は加古川に製鉄所、川崎重工業は神戸、播磨、明石などに工場、住友ゴムは加古川に工場を持つ。加藤産業はカンピーのブランドでジャムなどの発売も。

■進学校の実績（東大合格者数）はこんなに変わった!?　変わらない!?

連続トップの灘高校、復活途上の名門県立高校

戦後、兵庫県が県立高校に小学区制（自宅の学区以外の高校を志望できない）を敷いたため、成績上位者は、旧制第一神戸中学以来の伝統を持つ神戸高校志望から私立灘高校（神戸市）志望へと移った。東大合格者数で灘高校は50年代以降県下トップ（全国でもトップ級）を続けている。私立甲陽学院（西宮市）、私立白陵高校（高砂市）がそれに続く。

県立高校では90年代以降、姫路西高校（明治時代に県内で最初の中学校として開校）がトップの年が多かった。07年神戸高校が全県学区から志望できる総合理学科を設置すると進学実績が伸びてきた。23年の東大合格者（カッコ内は京大）は、灘高86名（44名）、甲陽学院36名（47名）、白陵高16名（16名）、姫路西高5名（25名）、長田高（神戸市）4名（27名）、加古川東高4名（19名）、神戸高2名（29名）など。

■県が全国シェア上位の生産物

清酒（1位）29％、こんぶつくだ煮（1位）37％、ズワイガニ（2位）23％、のり（海産）類（2位）22％、マダイ（1位）14％

■家庭での年間購入金額上位のもの（都道府県庁所在地別、全国家計調査より）

食パン（1位）1万3720円、中華食（1位）1万1133円、チョコレート（1位）8133円、タイ（3位）2251円

奈良県

【旧国名】大和《やまと》

〔県木〕スギ　〔県花〕ナラノヤエザクラ　〔県鳥〕コマドリ
〔総面積〕３６９１㎢（40位）　〔可住地面積〕８５４㎢（47位）
〔県庁所在地〕奈良市

■地理・歴史

古都、ベットタウン、山岳地帯と様々な顔を持つ県

県北西部に奈良盆地があり、奈良盆地の西部にあたる奈良市西部や生駒市周辺からは、大阪府との境にある生駒山地を抜けてのアクセスもよく、大阪のベッドタウンとなっている。一方、南部は県面積の約60%を占める山岳地帯となっていて、県全体としては人口の偏りが顕著である。

奈良市周辺は、平城京が置かれていた約１３００年前、日本の政治、文化の中心地だったため、現存する世界最古の木造建築の法隆寺、東大寺の大仏、桜の名所として知られる吉野など、世界遺産が多数ある。

長岡京、平安京へと都が移されて以後も、寺社勢力が強く、南北朝期には後醍醐天皇が吉野に南朝を置いた。江戸時代は郡山藩、柳生藩（現・奈良市柳生町周辺）などのほかは幕府領だったエリアが多い。

■約30年での人口と自治体変化

県人口：93年　141・3万人→22年　130・6万人

増減率：マイナス7・6％（減少率の高さ23位）

市町村数：93年　10市20町17村→22年　12市15町12村

主要都市の人口

93年［奈良市＋月ヶ瀬村＋都祁《つげ》村］36・1万人→22年奈良市（合併）35・3万人

93年橿原市11・8万人　→22年橿原市12・0万人

93年生駒市10・3万人→22年生駒市11・8万人

93年大和郡山市9・5万人→22年大和郡山市8・5万人

通勤通学先が大阪府や京都府の「奈良府民」の存在も

奈良県全体及び奈良市でもこの30年間で人口が減少しているなか、生駒市の増加ぶりが目立つ。生駒市は通勤・通学先として県内ではなく大阪府内に通う人が半数近くを占め、生駒市民は「奈良府民」との言葉も生まれた。06年に近鉄けいはんな線が生駒市内を延伸し、大阪メトロ中央線へ相互直通運転を行っている影響も大きい。ただし14年の12・1万人をピークに近年は人口微減となっている。

■約30年でこんなに変わった？　変わらない？…観光編

奈良県の宿泊者数が全国ワースト2の理由

古《いにしえ》に奈良の都が築かれ、国宝の建造物の件数も全国一（64件71棟）の奈良県。観光客も多く訪れるのだが、意外なことに宿泊者数は全国（都道府県）で少ないほうから数えて徳島県に次いで2番目の2772・6万人（コロナ禍前にあたる19年の延べ宿泊者数）。ホテル・旅館の数も全国で4番目に少ない。**宿泊者が少ない**ということは、奈良県で旅行者が消費するお金も少ないということである。

なぜこうなっているのか。一つは、奈良市の見どころがコンパクトにまとまっているため、半日程度で回る人が多く、関西圏からなら日帰り、それ以外からなら京都に泊まるという人が多い点。たしかに京都駅から同じ京都市内の金閣寺に行くのと、京都駅から奈良の東大寺に行くのと、所要時間はたいして変わらない。もう一つは、奈良市内は建造物の高さ制限があったり、遺跡出土で建物建設ができなくなったりすることがあり、ホテル建設が進まないこと、さらに、**大仏商法**と揶揄される点を指摘する人もいる。黙っていても大仏様目当てに人が来るので、集客の努力をしない消極的な商法をいう。

日本の伝統文化が好きなフランス人が奈良へ

本書の趣旨に合わせて、数十年間での変化では、宿泊者が全国との比較で少ない点は変わらない。変化といえば、奈良への**外国人旅行者の数とその国籍**である。08年の数字だが、国籍は1位台湾、2位韓国でいずれも年間1・0万人。3位アメリカ0・6万人、4位中国0・5万人と続いていた。

19年は、1位が中国で08年の45倍にあたる23・7万人。2位から6位までは中国と比べると大差となる1~2万人台で、2位アメリカ2・0万人、3位台湾1・8万人、4位フランス1・7万人、5位香港1・5万人、6位韓国1・2万人となった。韓国が08年に比べほとんど増えていないのに比べ、フランスが韓国より多いのが興味深い。訪日旅行者数が各国で大きく異なるので、訪日旅行者1000人あたりに直すと、フランス50人、中国25人、アメリカ12人、韓国2人となる。フランス人が日本の伝統文化好きというのがよくわかる。

■こんなに変わった教科書記述…歴史編

邪馬台国は、奈良にあった説が有力に

卑弥呼《ひみこ》という女性が呪術的権威で争乱をおさめ、女王となっていた邪馬台国《やまたいこく》。3世紀に書かれた中国の歴史書『三国志』の「魏志《ぎし》」倭人伝《わじんでん》によると、当時邪馬台国を中心とする29カ国ほどの小国連合が生まれていたという。神の意志を聞けた卑弥呼の存在などミステリアスな点も多く、邪馬台国がどこにあったかが大きな関心事となってきた。

近畿地方の大和にあった説と九州北部にあった説とがあり、現在でも中学の歴史教科書には、両方の説があることが記されている。どちらの説をとるかにより、後のヤマト政権のルーツが変

わってくるので、重要な点である。

近年の発掘成果により、大和説が有力になってきた。三輪山の麓に位置する纏向《まきむく》遺跡（桜井市）は、列島各地の土器が大量に出土した3世紀最大級の集落遺跡だが、09年に整然と配置された大型の建物群跡が発見され、卑弥呼の「宮室」ではないかと注目を集めた。また同遺跡から出土した木製の仮面は、巫女的存在だった卑弥呼と結びつける解釈もなされた。同じく出土した3世紀前半のベニバナの花粉が、日本では自生していないもので、中国経由で伝わったとも推測された。

また纏向遺跡には、日本最古の大型前方後円墳である**箸墓《はしはか》古墳**があるが、これが卑弥呼の墓ではないかと考えられた。近年のこうした発掘・研究成果から、邪馬台国大和説が有力になり、高校生用の教科書には、大和説が有力になったことを示唆するものもある（『もういちど読みとおす山川新日本史』）。

■約30年でこんなに変わった…交通編

近鉄けいはんな線：06年生駒―学研奈良登美ヶ丘延伸

第二阪奈道路：奈良市と大阪市（東大阪市経由）方面を、途中にそびえる生駒山を阪奈トンネル（約5・6㎞）で抜けて最短で結ぶ道路。宝来ＩＣ（奈良市）―西石切ＩＣ（東大阪市）が97年全通。

■地方百貨店の興亡（県庁所在地を中心として）

奈良といえば近鉄の牙城。現在は近鉄百貨店のみ

奈良市内には大手百貨店グループの百貨店のみが存在し、地方百貨店ができたことはない。72年に**奈良近鉄百貨店**が県内最初の百貨店として開業。89年には**奈良そごう**が開店したが、00年閉店となる。

■民放テレビ局　キー局の番組どれだけ見られた？

準キー局といわれる在阪4局体制

60年代以前から、よみうりテレビ（日本テレビ系列）、朝日放送（テレビ朝日系列）、毎日放送（TBSテレビ系列）、関西テレビ放送（フジテレビ系列）の在阪4局による体制が確立されてきた。奈良県内を放送対象地域とする民放（第3セクター）に73年放送開始の奈良テレビ放送があるが、90年代くらいまで、教育番組の放送のほか、日中などには放送休止時間帯もあった。テレビ東京の番組の一部も放送している。

■地元の大企業（売上高ランキング）

94年　1位奈良県経済農業協同組合連合会　2位森精機製作所（工作機械製造）　3位関西セキスイ工業　4位奈良そごう（百貨店）　5位市民生活協同組合ならコープ

21年　1位奈良県立医科大学　2位大浦貴金属工業（貴金属化成品）　3位市民生活協同組合ならコープ　4位ヒラノテクシード（コーティングマシン等製造）　5位ボトルワールドＯＫ（生鮮&業務用スーパー）

製造業、卸・小売りなど多彩な企業・組織がランクイン

94年2位の森精機製作所（現・ＤＭＧ森精機）は21年のランキングに登場しないが、04年自動車産業の中心地であり首都圏へのアクセスもいい名古屋へ本社が移転したため。22年に開発拠点が強化された奈良市へ再び本社を移転した。大浦貴金属工業は、硝酸銀をはじめとした銀化成品などを製造。

■進学校の実績（東大合格者数）はこんなに変わった!?　変わらない!?

進学実績抜群の私立2高校。大阪から通学生も多い

80年代以降、県内高校から東大合格者の大半が私立高校出身となった。90年代以降は私立東大寺学園（奈良市）が、関西圏の私立高校で別格の灘高の次のクラスに入る人数の東大合格者を出してきた。00年代以降、私立西大和《にしやまと》学園（河合町。王寺駅が近い）が躍進、10年代後半以降は東大合格者数で県内トップに。西大和学園は大阪府との県境近く、東大寺学園は京都府との県境近くに位置し、それぞれ大阪府からの通学生も多いようだ。

23年の東大合格者（カッコ内は京大）は、西大和学園73名（39名）、東大寺学園18名（64名）、

奈良高2名（21名）、私立帝塚山《てづかやま》高（奈良市）1名（16名）、私立智辯学園（五條市）1名（1名）。

■県が全国シェア上位の生産物

柿（2位）15％、ソックス（1位）55％

■家庭での年間購入金額上位のもの（都道府県庁所在地別、全国家計調査より）

タコ（1位）1583円、牛肉（1位）3万7912円、卵（2位）1万1878円、発泡酒・ビール風アルコール飲料（2位）1万4380円

和歌山県　【旧国名】紀《き》伊《い》

［県木］ウバメガシ　［県花］ウメ　［県鳥］メジロ
［総面積］4725㎢（30位）［可住地面積］1123㎢（41位）
［県庁所在地］和歌山市

■地理・歴史
今も昔も果樹王国。クジラの町も有名

山がちな地形で、県の面積の76％が森林。海岸線付近も平地が少なく鉄道線路は多くのトンネルとカーブを余儀なくされ、三重県境に接する新宮《しんぐう》市から県都和歌山市までは特急列車で3時間以上かかる。

山の斜面を使った果樹栽培が盛んで「果樹王国」ともいわれる。ミカンや梅の生産量が全国1位。梅は加工しての紀州梅干しが名産。梅の品種のなかでも最高級クラスとされる南高梅は、上南部村（現・みなべ町）で発見され栽培が拡大されたもの。南高梅の栽培面積は、みなべ町と近隣の田辺市、印南《いなみ》町などで大きい。

海岸沿いの田辺市街から山深いなかを進んで熊野三山への熊野古道中辺路《なかへち》などが、04年「紀伊山地の霊場と参詣道」として世界遺産に登録されている。

和歌山県沖には黒潮が流れていて魚が多く、その魚を目当てに多くのクジラがやってくるため、県南東部の太地町《たいじ》は江戸時代以来捕鯨の町として知られてきた。

江戸時代は、徳川家康の十男頼宣《よりのぶ》が紀州藩に入り徳川御三家となる紀州徳川家が置かれ、御三家で唯一8代将軍徳川吉宗などの将軍を輩出している。

■約30年での人口と自治体変化

県人口：93年　107・9万人→22年　90・3万人

増減率：マイナス16・3％（減少率の高さ7位）

市町村数：93年　7市36町7村→22年　9市20町1村

主要都市の人口

93年和歌山市40・0万人→22年和歌山市36・3万人

93年［田辺市＋龍神村＋中辺路町＋大塔村＋本宮町］8・8万人→22年田辺市（合併）7・1万人

93年［橋本市＋高野口町］6・7万人→22年橋本市（合併）6・1万人

93年［打田町＋粉河町＋那賀町＋桃山町＋貴志川町］6・8万人→22年紀の川市（合併）6・1万人

93年岩出町3・7万人→22年岩出市（市制施行）5・4万人
93年［海南市＋下津町］6・5万人→22年海南市（合併）4・9万人

県都も人口減少、県人口の減少率では西日本一

和歌山県の人口減少率は、関東より西ではトップ。この30年間一貫して減り続け、とくに近年そのペースはやや加速している。和歌山市も82年の40・3万人がピークで、その後減り続けている。この約30年間で大きく人口を増加させた岩出市は、和歌山市の東側に隣接し、大阪府のベッドタウンとしての特徴を持つ。

■約30年でこんなに変わった…産業編

ミカンの生産量、愛媛県に代わってトップを続ける

約30年前の中学地理の教科書では、**ミカンの生産量**1位は愛媛県。ミカン畑の写真は愛媛県のページにだけ載っていたので、今でもそう覚えている年配者が多いかもしれない。だがミカンの生産量は、04年に**和歌山県がトップ**になってから22年まで、19年連続で和歌山県が1位を保っている。22年では和歌山県15・3万t、愛媛県10・9万t。

この場合のミカンとは温州ミカン。柑橘類は種類がいろいろあり、たとえばハッサクは和歌山県が1位だが、キヨミは愛媛県が1位である。

70年代から80年代にかけて、日本人はものすごい数のミカンを食べていた。70年代前半の例では、愛媛県では約60万トン、静岡県では約45万トン、和歌山県では約38万トン、佐賀県では約30万トンで、いずれも現在1位の和歌山県の生産量より多い。冬にこたつに入ってテレビを見ながらミカン、長距離の旅の列車の中でもミカン、様々なシチュエーションでミカンというのが定番だった。その後オレンジの輸入自由化などで生産量が落ち込む。だが約30年前の90年代前半段階では、ミカンの全国生産量は、まだ現在の約3倍もあった。

現在和歌山県は「果樹王国」といわれる。和歌山県の農業生産額のなかで、果実が占める割合は69％（759億円）にのぼっている（20年）。全国の農業生産額では、果実の割合は10％に過ぎないので、和歌山県ではいかに突出して果実がつくられているかがわかる。ウメ、柿、イチジクが各1位、スモモ、キウイフルーツが各3位となっている（21年）。

■こんなに変わった教科書記述…歴史編

昔は習わなかったエルトゥールル号遭難事件

現在の中学の歴史教科書に、最も大きく記載する例（日本文教出版）で1ページを費やして、そのほかでは十数行程度の文章と小さな写真（帝国書院、東京書籍）、またはまったくふれていない例（教育出版）など、まちまちな形で、**エルトゥールル号遭難事件**が扱われている。約30年前の教科書ではまったく記述されていない事件である。

明治時代半ば、オスマン帝国（現在のトルコ）はロシアとの戦争に敗れ、列強による植民地化の動きが進んでいた。日本が1887（明治20）年に皇族をオスマン帝国に派遣すると、その返礼としてエルトゥールル号という軍艦に乗って使節が来日した。

1890年にエルトゥールル号が帰国途中、暴風雨により和歌山県**大島村（現・串本町）**で遭難・沈没してしまった。大島村の人たちは献身的な救助活動と看護を行い、乗組員約600名のうち、69名が一命を取り留めた。生存者は神戸で治療を受け、日本海軍の船でトルコに送り届けられた。

そのおよそ100年後の85（昭和60）年、イラクと戦争中のイランに日本人が取り残された時、トルコが日本人200名以上を救援するために飛行機を飛ばしてくれた。トルコが100年前のことを忘れていず、危険な救援をしてくれたことで話題となった。

筆者のおぼろげな記憶では、85年の救援はテレビなどでも報道されたが、その際、エルトゥールル号の話は、少なくとも目立つ形で報道されなかったと思う。映画化も行われたが、教科書が広く知らしめている話といえるだろう。

■約30年でこんなに変わった…交通編

阪和自動車道：94～96年に有田IC—御坊ICの湯浅御坊道路開通、延伸を重ね07年南紀田辺ICまで全通。

紀勢自動車道：15年に南紀田辺IC—すさみ南IC開通。

■地方百貨店の興亡（県庁所在地を中心として）

四つの百貨店による過当競争の果てに…

90年代には、和歌山市駅前に**髙島屋和歌山店**、和歌山駅前に**近鉄百貨店和歌山店**、市の中心的商店街である「ぶらくり丁」周辺に**丸正百貨店**と**大丸和歌山店**があった。とくに地元資本の丸正は、「丸正あってのぶらくり丁、ぶらくり丁あっての丸正」と慕われた。地下売り場での「ひやしあめ」が人気で懐かしく思い出す人も多いだろう。人口40万の都市に百貨店四つは以前から過当競争といわれていた。

98年、規模が小さかった大丸和歌山店が閉店。丸正百貨店も、駐車場不足などモータリゼーションへの対応が遅れ、郊外への大型店進出などの影響を受け01年自己破産で閉店。14年には髙島屋和歌山店も閉店となる。近鉄百貨店和歌山店が県内唯一の百貨店として、立地のよさと規模の大きさを生かして営業を続ける。

■民放テレビ局　キー局の番組どれだけ見られた？

和歌山県も在阪4局による体制

70年代からよみうりテレビ（日本テレビ系列）、朝日放送（テレビ朝日系列）、毎日放送（TBSテレビ系列）、関西テレビ放送（フジテレビ系列）と共に在阪4局による体制が確立されてきた。和歌山県内を放送対象地域とする民放（第3セクター）に73年放送開始のテレビ和歌山があり、テレビ東京の番組の一部も放送している。

■地元の大企業（売上高ランキング）

94年　1位和歌山県農業協同組合連合会　2位チェーンストアオークワ　3位和歌山ノーキョー食品工業（飲料製造）　4位淺川組（建設業）　5位島精機製作所（ニット機械製造）

21年　1位オークワ（スーパーマーケット、チェーンストア）　2位和歌山県農業（協連）　3位エバグリーン廣甚（生鮮食品スーパー、ドラッグストア）　4位松源（スーパーマーケット）　5位和伸

スーパー、ドラッグストアの企業が上位に

オークワ（本社和歌山市）は、和歌山県を中心に近畿、東海地方に総合スーパーなどを100店以上展開。エバグリーン廣甚（本社湯浅町）は大型ドラッグストア、生鮮食品スーパー、焼肉チェーンなどを和歌山県を中心に大阪府、奈良県に店を広げる。松源（本社和歌山市）は、和歌山県と大阪府泉州地域に主にスーパーのマツゲンを展開。

■進学校の実績（東大合格者数）はこんなに変わった!?　変わらない!?

智辯和歌山高校が進学実績で独走。県立の桐蔭がそれに続く

90年代以降、東大合格者数では、私立智辯《ちべん》学園和歌山（和歌山市）の独走1位が続く。旧制和

歌山中学の伝統を受け継ぐ桐蔭《とういん》高校（和歌山市にある県立高校で、神奈川県の私立桐蔭学園や私立大阪桐蔭とは無関係）は、80年代まで県内の進学実績トップ高校だったが、智辯学園和歌山にその座を譲った。私立近畿大学附属和歌山高校（和歌山市）などがそれに続く。23年の東大合格者（カッコ内は京大）は、智辯学園和歌山6名（15名）、桐蔭高校3名（9名）、近畿大附属和歌山2名（7名）など。

■県が全国シェア上位の生産物

ミカン（1位）20％、うめ（1位）65％、柿（1位）21％、スターチス（切り花）（1位）55％、グリーンピース（1位）43位

■家庭での年間購入金額上位のもの（都道府県庁所在地別、全国家計調査より）

梅干し（1位）2678円、ミカン（28位）4050円

鳥取県

【旧国名】因幡《いなば》・伯耆《ほうき》

［県木］ダイセンキャラボク　［県花］二十世紀梨　［県鳥］オシドリ
［総面積］３５０７㎢（41位）　［可住地面積］９０４㎢（46位）
［県庁所在地］鳥取市

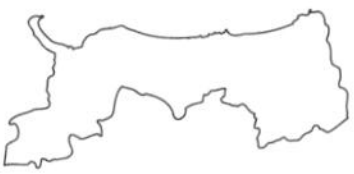

■地理・歴史

「スタバ」と「すなば珈琲」のある、砂丘の多い県

沿岸部には日本最大級の面積の鳥取砂丘などの砂丘が点在し、その周辺では、防砂林やスプリンクラーを利用して、砂地の多い土地でも栽培に向くラッキョウをはじめ、ナガイモやシロネギなどの栽培が行われている。西部には中国地方で最も高い大山《だいせん》（伯耆富士、標高１７２９ｍ）がそびえ、県西部のシンボル的存在。県の面積は東京都の約１・６倍あるものの、人口は東京23区で7番目の人口となる板橋区よりやや少ない。

かつて水揚げ高日本一にもなった境港のある境港市では、同地出身のまんが家・水木しげるにちなんで、水木しげるロードを整備した。あちこちに妖怪のブロンズ象があり、夜間にライトアップされるようになり魅力が増した。妖怪で町起こしに取り組んだ珍しい例。

スターバックスのない唯一の県だった時期に、知事が「スタバはないけどすなば（砂場＝砂丘）はある」と発言したことがきっかけの「すなば珈琲」チェーンも有名。スターバックスも15年に進出した。

戦国時代の1581年には羽柴（豊臣）秀吉と軍師黒田官兵衛による鳥取城の兵糧攻めが行われた。「鳥取の渇え殺し」として凄惨な様子が語り継がれている。江戸時代に鳥取城は鳥取藩池田氏の治下となり、二の丸などが拡張された。現在鳥取城では、戦国時代から江戸時代までの城郭形態の変化を見ることができる。

■約30年での人口と自治体変化

県人口：93年　61・5万人→22年　54・4万人

増減率：マイナス11・5％（減少率の高さ15位）

市町村数：93年　4市31町4村→22年　4市14町1村

主要都市の人口

93年［鳥取市＋国府町＋福部村＋河原町＋用瀬町＋佐治村＋気高町＋鹿野町＋青谷町］19・6万人→22年鳥取市（合併）18・5万人

93年［米子市＋淀江町］14・2万人→22年米子市（合併）14・7万人

93年［倉吉市＋関金町］5・6万人→22年倉吉市（合併）4・6万人

93年境港市3・8万人→22年境港市3・3万人

県の人口が減るなか、微減に留まる米子市

鳥取県の人口は、90年代にはさほど変化はなかったが、01年の61・3万人以降、減少が続いている。そのなかで約30年前との比較で、米子市の人口が増加しているのが目立つ。米子市は中海《なかのうみ》をはさんで島根県松江市にも隣接し、松江市、出雲市などと共に、山陰地方で最も人口の多い中海・宍道湖・大山圏域の一部をなしている。米子自動車道やJR伯備線で山陽方面とのアクセスも便利な地。ただし米子市でも人口は、06年の15・0万人以降微減の傾向にある。

■約30年でこんなに変わった…産業編
冬の味覚の王者、松葉ガニ、昔は注目されなかった？

上品で深い味わい、頬張れば心地よい弾力があってとにかく絶品の**松葉ガニ**は、山陰地方の冬の味覚の王者。観光地などでは、解禁日を境に町がいっきに活気溢れる。松葉ガニとは、山陰地方で水揚げされたズワイガニの雄の呼び名。越前地方（福井県）で水揚げされたものは越前ガニと呼ばれる。

本書の趣旨である約30年よりもっと前、60年代頃まで、ズワイガニはまったく注目を浴びていなかった。たくさん獲れた時は肥料にしたという話もある。もともと美味しいものなので、大阪など大都市でカニ料理が人気となり、山陰地方の旅館などでも集客に格好の名物として宣伝する

ようになり有名になった。

90年代以降を見ると、ズワイガニの漁獲量を**鳥取県と兵庫県がトップ争い**をしているが、ほとんどの年で兵庫県がトップ。そのようななか、21年は不漁の年だったが、鳥取県が626ｔ、兵庫県が588ｔで鳥取県が1位となった。

このほか鳥取県が誇っているのは、岩美町の漁港が、ズワイガニの漁獲量で全国1位の点（18年）。岩美町は鳥取市の東隣、兵庫県との境にある町で、網代漁港などがある。2位は県境を挟んで岩美町の隣町にあたる兵庫県の新温泉町。

「梨といえば鳥取」といったのは昔の話に

80年代くらいまで、梨といえば**二十世紀梨**。二十世紀梨の産地といえば鳥取県だった。93年の鳥取県での梨の収穫量は5・7万ｔ。2位の千葉県の4・1万ｔをまだ大きく引き離していた（千葉県の項参照）。

だが鳥取県では80年代後半以降、栽培農家戸数の減少、老木化や黒斑病の発生などにより減少傾向が続き、30年前の93年頃でもすでに最盛期の半分程度の収穫量になっていた。さらに減少を続け21年は1・1万ｔで6位にまで落ちてしまった。

日本全国での果実の収穫量は、30年前に比べて、ほとんどの種類で減少している。93年比で21年の収穫量は、リンゴ0・65倍、ミカン0・50倍、ブドウ0・64倍、モモ0・62倍、梨0・48倍だが、梨の減少率が最も高い。梨好きの筆者としては残念でならない。

鳥取県では、新品種の開発も行われてきた。**新甘泉**《しんかんせん》は、赤梨特有の甘みとシャキシャキとしたみずみずしさを兼ね備えているという。黒斑病にも抵抗性が高い。そうした新品種のさらなる発展を願う。

■約30年でこんなに変わった…交通編

ＪＲ利用：92年新大阪―鳥取（山陽新幹線岡山乗り換え、津山・因美線急行利用）約3時間30分、（在来線のみの福知山線・山陰本線経由特急）４時間28分→23年大阪―鳥取（在来線のみの山陽本線・智頭急行経由）２時間27分

94年の智頭急行開業で同線経由により大幅に時間短縮。

夜行寝台特急：92年段階では東京発の特急（ブルートレイン）出雲が浜田行き、出雲市行きで2往復運行。出雲3号の例では東京21時20分発、鳥取着7時49分、出雲市10時42分着。98年出雲が1往復に減便。06年廃止。98年東京発伯備線経由の寝台特急サンライズ出雲運行開始。鳥取県内は米子のみ停車。

鳥取自動車道：鳥取県内では08年から延伸を重ね13年中国自動車道佐用ＪＣＴ―鳥取ＩＣ間全通（途中志戸坂峠道路区間含む）。

山陰自動車道：鳥取県内の海岸近くを東西に結ぶ鳥取ＩＣ―米子西ＩＣ間は、98年から延伸を重ね、一部現道活用区間（はわいＩＣ―大栄東伯ＩＣ）を除き、19年に開通。

■地方百貨店の興亡（県庁所在地を中心として）

店の名前は原点に。鳥取駅前、丸由百貨店

鳥取駅前に老舗の**丸由《まるゆう》百貨店**がある。22年8月までは**鳥取大丸**だった百貨店である。同店のルーツは、江戸時代に創業の由谷呉服店で、山陰一といわれた大店だった。１９３７（昭和12）年に丸由百貨店が設立され、太平洋戦争をはさんで１９４９（昭和24）年に大丸と資本提携して鳥取大丸となった。00年代以降からは、モータリゼーションの進行で中心市街地の賑わいが奪われ、売上低迷に陥る。22年大丸との契約が満了し、元の名称に戻した。その時の宣伝には、「もう一度取り戻す。賑わいの中心であった鳥取の百貨店へ」「店の名前は原点に」など印象的なフレーズが並ぶ。

■民放テレビ局　キー局の番組どれだけ見られた？

昔も今も、テレビ朝日とテレビ東京の番組が見られない

鳥取県と島根県は、72年にテレビ局の相互乗り入れがなされた。それ以降は、日本海テレビ（日本テレビ系列、本社鳥取市）、山陰放送（ＴＢＳ系列、本社米子市）、山陰中央テレビ（フジテレビ系列、本社島根県松江市）の民放３局体制。テレビ朝日とテレビ東京の系列局がなく、たとえばドラえもんを山陰放送で日曜の早朝に放送するなど、一部の人気番組をキー局とは異なる時間帯で放送している。

■地元の大企業（売上高ランキング）

94年　1位鳥取三洋電機　2位鳥取県農業協同組合連合会　3位東伯町農業協同組合　4位ステップ電気（電気器具製造）　5位サンインニチイ（総合スーパー）

21年　1位デルパラ（遊技場）　2位鳥取大学　3位三洋商事　4位日新（合板製造）　5位丸合（スーパーマーケット）

かつての1位は、県民から「鳥三」として親しまれた企業

デルパラ（本社米子市）は鳥取県西部を中心にパチンコ・スロット店を展開する企業。鳥取三洋電機は、66年に設立。かつて鳥取県の製造業をリードする存在だったが、三洋電機がパナソニックに買収された際に事業譲渡され、13年に三洋テクノソリューションズ鳥取（21年同7位）となった後、23年社名をリムノ（本社鳥取市）に変更。

■進学校の実績（東大合格者数）はこんなに変わった!?　変わらない!?

県東部、中部、西部の、各名門県立高校から東大へ

戦後まもなくの50年代から現代まで約70年間、東大合格者は鳥取西高校（旧制一中）、倉吉東高校（旧制倉吉中）、米子東高校（旧制二中）の三強体制が続いてきた。これだけ変化のない県も珍しい。県をちょうど均等に3等分したそれぞれの地にこの3校がある。23年の東大合格者は、鳥取西高3名、倉吉東高2名、米子東高1名など。

■県が全国シェア上位の生産物

ズワイガニ（1位）25%、ベニズワイガニ（1位）19%、ハタハタ（2位）35%、ラッキョウ（1位）39%

■家庭での年間購入金額上位のもの（都道府県庁所在地別、全国家計調査より）

カニ（2位）3183円、カレイ（1位）2796円、ちくわ（1位）3101円、梨（1位）5982円、卵（1位）1万2100円、スイカ（1位）3183円

島根県　【旧国名】石見《いわみ》・出雲《いずも》・隠岐《おき》

［県木］クロマツ　［県花］ボタン　［県鳥］ハクチョウ
［総面積］6708㎢（19位）　［可住地面積］1271㎢（37位）
［県庁所在地］松江市

■地理・歴史

出雲国と石見国、それぞれに特徴が

東西に細長い県で、東が出雲国、西が石見銀山のあった石見国。県の東端近くに県庁所在都市・松江がある。松江市街は宍道湖《しんじこ》に面し、そこではシジミ漁が盛ん。江戸時代、7代目松江藩主の松平治郷《はるさと》（不昧公《ふまいこう》と呼ばれた）が茶道の達人だったので、茶の湯で出す和菓子づくりが発達。松江は京都、金沢に並ぶ三大菓子処といわれてきた。

宍道湖の西側には出雲平野が広がり、年に一度、10月に全国の神様が集まるという出雲大社がある。そのため出雲地方では、昔から10月のことを全国での言い方の神無月《かんなづき》ではなく、神在月《かみありづき》と呼ぶ。

もともと東部の出雲の人たちは「真面目でがまん強い」、石見の人たちは、「人当たりがよく一途」というように、東西で県民性が異なるといわれてきた。

■約30年での人口と自治体変化

県人口：93年　77・2万人↓22年　65・8万人

増減率：マイナス14・8％（減少率の高さ11位）

市町村数：93年　8市41町10村↓22年　8市10町1村

主要都市の人口

93年［松江市＋鹿島町＋島根町＋美保関町＋八雲村＋玉湯町＋宍道町＋八束町＋東出雲町］20・2万人↓22年松江市（合併）19・9万人

93年［出雲市＋平田市＋佐田町＋多伎町＋湖陵町＋大社町＋斐川町］17・3万人↓22年出雲市（合併）17・5万人

93年［浜田市＋金城町＋旭町＋弥栄村＋三隅町］6・8万人↓22年浜田市（合併）5・2万人

93年［益田市＋美都《みと》町＋匹見町］5・7万人↓22年益田市（合併）4・5万人

93年［大東町＋加茂町＋木次《きすき》町＋三刀屋《みとや》町＋吉田村＋掛合町］5・0万人↓22年雲南市（合併）3・6万人

県の人口が大きく減るなか、ほぼ横ばいにとどまる出雲市

島根県の人口は、比較的早い時期（85年）から減少を続けている。そのなかで出雲市の人口が約30年前と比べると微増となっている。出雲市には出雲村田製作所ほか工業団地もある。ただし05年頃からは増加・減少を繰り返し全体としては減少してきている。

■こんなに変わった教科書記述…歴史編

石見銀山の世界史的価値にスポットライト

県の中部にあたる**大田市**には、07年に**世界遺産に登録**された**石見《いわみ》銀山遺跡とその文化的景観**がある。昔の教科書では、石見銀山の記述は、豊臣秀吉が「石見銀山（島根県）などの鉱山を直轄し、これを財源に、政治をすすめた」（『中学社会　歴史』教育出版、92年検定）のほか、江戸時代の箇所で貨幣の原料の産出場所として1行程度ずつ出てくるだけだった。授業で習ったとしても、すぐに忘れてしまいそうな記述である。

今の教科書では、石見銀山には世界史的価値があるとして、1ページ（本文と写真と世界地図、『中学社会　歴史』教育出版、20年検定）を費やすなどで述べられている。

16世紀前後には、アジアの貿易で使用される中心的貨幣が銅銭から銀になり、**当時の世界の銀の産出量のうち日本の銀が約3分の1を占め**、日本での銀の最大の産地が石見銀山だったと教科書では述べる。また、種子島に鉄砲を伝えたのも、中国で買いつけた生糸や絹を、日本で銀に交換する貿易に携わっていたポルトガル商人だったという。

石見銀山をめぐって戦国大名の大内氏、尼子氏、毛利氏が戦い、秀吉は直轄地にした。石見銀山という約30年前には忘れ去られていたような場所が、世界史的舞台、また鉄砲伝来という大名の覇権争いに決定的な影響を与えるものの一因になったことは、まさに目からウロコの落ちる思いをさせられる。

世界遺産に登録されるにあたっては、森林を伐採したりせず、狭い坑道を掘り進んで採掘するという、環境に配慮した生産方式も評価された。

■こんなに変わった教科書記述…地理編

東西の移動から南北の移動へと変化した山陰地方

約30年前の教科書では、「(中国・四国地方は) 瀬戸内海をはさんで、山地・平野共に東西につらなっています」(『中学社会　地理的分野』大阪書籍、92年検定) と述べ、山陰、瀬戸内、南四国で気候も異なり、人口密度や産業が異なるなど、3地域の相違を語り、「人の交流や物の流れは、おもに東西に動いてきました」と続ける。すなわち山陰地方の人や物は、**山陰地方内での移動が中心**だったわけである。

現代の教科書では、高速道路が延びることで、山陰、瀬戸内、南四国どうし、**南北間の移動が活発**になったと述べ、具体例として以下のことを述べる。

「1991 (平成3) 年には、島根県浜田市と広島県北広島町との間に、浜田自動車道が開通しました。これによって山陰と瀬戸内が約2時間で結ばれると、山陰の人々が中国山地をこえて、広島県に通勤したり、買い物に行ったりするようになりました」(『新しい社会 地理』東京書籍、20年検定)。以下の表も掲載している。

・浜田駅発―広島駅着、高速バスが1日あたり16本、所要2時間4分〜2時間25分

・浜田駅発―松江駅着、特急列車同7本、所要1時間31分〜1時間46分

浜田からの所要時間は県庁所在地の松江へのほうが短いが、本数では圧倒的に広島へのほうが便利なことを示している。さらにいえば教科書ではふれていないが、この両者での比較では、費用は高速バスで広島へ行くほうが安い。また、マイカーなら浜田―広島の所要時間はもっと短い。

広島へと吸われる地方

宮城県の項でも述べたが、東京や大阪などの六大都市に次ぐ規模として「札仙広福」(札幌・仙台・広島・福岡)が近隣の都市に与える影響は、この約30年で大きくなった。実際に松江の商圏では、広島の商圏へ顧客の流失が起きている。現代の教科書では「都市の間が交通網で結ばれた結果、大都市に人が吸い寄せられて移動する現象を、ストロー現象といいます」と教えている。島根県の場合、吸いとられる立場となる例が多い。

■約30年でこんなに変わった…交通編

JR利用:92年岡山―松江(伯備線・山陰本線特急利用)2時間19分→23年岡山―松江(同)

2時間35分。 23年は19年に比べ特急列車の停車駅が増え、所要時間が増えている。

92年段階では東京発の夜行寝台特急（ブルートレイン）出雲が浜田行き、出雲市行きで2往復運行されていた。出雲1号の例では東京18時47分発、松江着7時37分着。98年、出雲が1往復に減便。98年東京発伯備線経由の寝台特急サンライズ出雲が運行開始。ブルートレインの出雲は06年廃止。

松江自動車道：03年宍道ＪＣＴ（山陰自動車道）―三刀屋木次《みとやきすき》ＩＣ開通、その後延伸を重ね13年三次東《みよしひがし》ＩＣまで全通し、尾道自動車道・中国自動車道と接続。

山陰自動車道：01年米子西ＩＣ―宍道ＩＣ開通、さらに延伸を重ね出雲ＩＣを経て19年大田中央・三瓶山《さんべさん》ＩＣまで開通（一部未開通区間あり）。23年度延伸予定あり。

石見空港：93年開港。愛称は萩・石見空港。島根県には、東部に出雲空港、隠岐空港があるが、島根県北西部、山口県北東部は既存の空港から遠いためつくられた。

■地方百貨店の興亡（県庁所在地を中心として）

県内唯一となった百貨店が歴史を閉じる

松江駅前の**一畑《いちばた》百貨店**が、24年1月に閉店することが発表された。一畑百貨店は一畑電気鉄道が経営多角化として58（昭和33）年に松江市の中心部、殿町（一畑電鉄のターミナル近く）に開業。98年に松江駅前へ移転した。売上げ１００億円を超えた02年頃が絶頂期だった。**一畑百貨店**

出雲店も64年に開業していたが、19年閉店。島根県は山形県、徳島県に次いで3番目の百貨店の存在しない県となった。

■民放テレビ局　キー局の番組どれだけ見られた？

鳥取県と同じ悩み、テレビ朝日とテレビ東京の番組が見られない

鳥取県と島根県は、72年にテレビ局の相互乗り入れがなされた。それ以降は、日本海テレビ（日本テレビ系列、本社鳥取市）、山陰放送（ＴＢＳ系列、本社鳥取県米子市）、山陰中央テレビ（フジテレビ系列、本社松江市）の民放3局体制。鳥取県のページ参照。

■地元の大企業（売上高ランキング）

94年　1位島根県共済農業協同組合連合会　2位三菱農機　3位島根県経済農業協同組合連合会　4位ジュンテンドー（ドラッグストア、ホームセンター）　5位雲南農業協同組合

21年　1位出雲村田製作所　2位島根富士通　3位島根県農業協同組合　4位ジュンテンドー　5位島根大学

出雲市の大企業グループ会社が1・2位

出雲村田製作所（本社出雲市）は、村田製作所グループでセラミックコンデンサ等を生産。島根富士通（本社出雲市）は富士通グループでＰＣタブレット製造など。94年2位の三菱農機は、

前身が佐藤造機でサトー式稲扱機として大正時代創業。80年三菱機器販売と合併し、社名を三菱農機に。15年三菱マヒンドラ農機（本社松江市）に社名変更。21年売上高県内6位。

■進学校の実績（東大合格者数）はこんなに変わった!?　変わらない!?

松江と出雲の伝統校から合格者

90年代から00年代までは、県内全高校から合計10~20人の東大合格者を出していたが、10年代以降、顕著に減少する。90年代前後までは松江北高校と松江南高校が東大合格者数トップを争ってきた。両校ともルーツは旧制島根県立一中の伝統を持つ松江高校で、61年に生徒増により北と南とに分割。10年代以降は、松江北高と出雲高校が東大合格者数トップを競っている。23年の東大合格者は、松江北高2名、出雲高1名。

■県が全国シェア上位の生産物

シジミ（1位）46%、アナゴ類（2位）18%、アジ類（2位）10%、ブリ類（4位）9%

■家庭での年間購入金額上位のもの（都道府県庁所在地別、全国家計調査より）

シジミ（1位）1661円、梨（2位）4526円

岡山県

【旧国名】備前《びぜん》・美作《みまさか》・備中《びっちゅう》

［県木］アカマツ　［県花］モモ　［県鳥］キジ
［総面積］7114㎢（17位）　［可住地面積］2228㎢（22位）
［県庁所在地］岡山市

■地理・歴史

「晴れの国」、モモが名産で「桃太郎」伝説の県

南部は瀬戸内海に面し、北部はさほど急峻ではない中国山地と盆地が広がる。雨が降らない（降水量1㎜未満）日が日本一多く、県では「晴れの国おかやま」とのキャッチフレーズを使用している。温暖で雨の少ない気候に適した果樹栽培が盛んで、モモの王様ともいわれる白桃の作付面積は日本一。総社市の鬼《き》ノ城《じょう》は昔話・桃太郎のもとになった伝説の舞台と考えられている。倉敷市の水島地区には石油化学コンビナートが形成され、瀬戸内工業地域の一部をなしている。

戦国時代では、1582年の羽柴（豊臣）秀吉による備中高松城への水攻めが名高い。本能寺の変で主君織田信長が討たれたことを知った秀吉は、名君と謳われた城主清水宗治の自刃後、奇跡的と称される短期間で「中国大返し」を行い山崎の戦いで明智光秀を討った。

■約30年での人口と自治体変化

県人口：93年　193・6万人→22年　186・2万人

増減率：マイナス3・8％（減少率の高さ31位）

市町村数：93年　10市56町12村→22年　15市10町2村

主要都市の人口

93年［岡山市＋御津《みつ》町＋灘崎《なださき》町＋建部《たけべ》町＋瀬戸町］64・3万人→22年岡山市（合併）70・4万人

93年［倉敷市＋船穂《ふなお》町＋真備《まび》町］45・1万人　→22年倉敷市（合併）48・0万人

93年［津山市＋加茂町＋阿波村＋勝北町＋久米町］11・2万人→22年津山市（合併）9・9万人

93年［総社市＋山手村＋清音村］6・4万人→22年総社市（合併）7・0万人

93年玉野市7・3万人→22年玉野市5・7万人

93年笠岡市6・0万人→22年笠岡市4・6万人

93年［山陽町＋赤坂町＋熊山町＋吉井町］4・2万人→22年赤磐市（合併）4・4万人

人口の増減で岐路に立つ岡山市

約30年前との比較で県全体の人口が減少しているなか、岡山市の人口が増加しているのが目立つ。ただし18年（70・9万人）まで増加を続けた後は微減で推移している。とくに岡山市が21年から人口の社会減（転出者が転入者より多い）に転換したのが気になる。自然減（死亡数が出生数よりも多い）は15年から続いている。

■約30年でこんなに変わった…産業編

学生服の生産日本一

中学や高校の学生服。昔は詰襟がほとんどだったが、現在はブレザーの学校も多くなってきた。岡山県は学生服の生産量日本一。**学生服の四大メーカーのうち3社が岡山県に立地**。カンコーの学生服で知られる菅公と、富士ヨット学生服で知られる明石被服興業のメイン工場が倉敷市児島《こじま》に、トンボの学生服で知られるトンボ（旧テイコク）がこの2社の近くの玉野市にメインの工場をかまえる。ちなみにもう一社は、スクールタイガーブランドで知られる瀧本（本社大阪市）。

児島周辺に学生服の会社（工場）が集中したのは、80年代くらいまでの地理の教科書には書かれていた**児島湾の干拓**と関係する（90年代の教科書ではふれられていない）。

児島湾は遠浅だったので、江戸時代から干拓が進んだのだが、その土地には海水の塩分がどうしても含まれていて、稲作が難しかった。そこで塩分に強い綿花が植えられ、それを原料にした**綿織物工業が発展**した。明治時代には足袋の生産が日本一になった。

世の中が和服から洋服へと移行し足袋が売れなくなると、足袋づくりで培った厚い織物を縫い合わせる技術を生かして学生服や作業服、軍服の生産に移行していった。戦後は国産ジーンズの開発も同地で行われている。

学生服やセーラー服を着て記念撮影。ツッパリの象徴、長ラン展示も

倉敷市児島に、1922（大正11）年から学生服を製造してきた日本被服による**児島学生服資料館**（09年オープン）がある。同社のものだけでなく、児島で生産されていた学生服や、昔はよく見かけた学生服のホーロー看板の展示のほか、80年代前後にツッパリの象徴などとして流行した長ランや短ラン、ボンタンにドカン（変形学生服）の展示が興味深い。岡山県だけでなく全国的な話となってしまうのだが、40代以上の方なら、『嗚呼!!花の応援団』（どおくまん）または『ビー・バップ・ハイスクール』（きうちかずひろ）などが思い出され懐かしさを感じる人も多いだろう。同資料館の教室風の部屋で、現在生産されている学生服やセーラー服、ブレザータイプの制服などを試着でき、記念撮影が行える。

■こんなに変わった教科書記述…歴史編

聞いたこともなかった「渋染一揆」って何？

江戸時代の大塩平八郎の乱（1837年）は昔から教科書では太字で記載されている。乱自体は失敗に終わるが、現代の教科書では、成功した一揆が新たに記されるようになった。1855年に起きた**渋染一揆**《しぶぞめいっき》で、大塩平八郎の乱より詳しく記述する教科書もある。

岡山藩は藩制改革のために**倹約令**を出したが、そのうちの5カ条は、被差別民を対象に、衣類を新調する際には、柄のない渋染か藍染に限るなどと記されていた。被差別民の人々は、自分た

ちも働き年貢を納めている百姓であり、別扱いしないでほしいと藩に嘆願書を出した。それが拒否されると一揆を起こし、実質上**5カ条を撤回させ勝利**を得た。

不当に身分差別されていた人々を、昔より詳しく知る内容となっている。

■約30年でこんなに変わった…産業編

ＪＲ利用：92年東京―岡山（東海道・山陽新幹線）３時間42分→23年同３時間９分

山陽自動車道：93年備前ＩＣ―岡山ＩＣが開通。これにより山陽姫路東ＩＣ（兵庫県）以西が全線開通。

岡山自動車道：97年岡山総社ＩＣ―北房ＪＣＴ（中国自動車道）の開通により全線開通。なお瀬戸中央自動車道（瀬戸大橋含む）は88年開通。

■地方百貨店の興亡（県庁所在地を中心として）

岡山の百貨店といえば天満屋。そこへイオンモールが進出

岡山市の中心部、県庁通りに**天満屋《てんまや》岡山本店**がある。天満屋は１８２９（文政12）年に天満屋小間物店を創業したのがルーツ。天満屋グループは、倉敷、津山、福山（広島県）にも百貨店、さらに天満屋ストア、ホテルなど幅広く事業を展開するが、天満屋岡山本店は、その旗艦店的存在。隣接して天満屋バスセンターがあり、多くの近郊路線が集まっていて、岡山駅と並ぶ岡山中

心部の交通拠点にもなっている。

岡山タカシマヤは、岡山駅前に73年開店。中四国最大規模の地下街である岡山一番街に直結している。また、14年に岡山駅近くに、**イオンモール岡山**がオープンした。郊外に立地することの多いイオンモールが、初めて政令都市の駅前に進出する例だった。売場面積で岡山タカシマヤの約5倍の規模で、周辺の商業施設に大きな影響を与えている。

■民放テレビ局　キー局の番組どれだけ見られた？

香川県と共通。地方局としては珍しくテレ東系列局も

85年にテレビせとうち（テレビ東京系列、本社岡山市）が開局し、それ以前からの西日本放送（日本テレビ系列、本社香川県高松市）、山陽放送（TBS系列、本社岡山市）、瀬戸内海放送（テレビ朝日系列、本社香川県高松市）、岡山放送（フジテレビ系列、本社岡山市）と共にキー5局の系列が出そろった。

79年に岡山県と香川県は民放テレビ局の放送対象地域を統合、上記のテレビ局は、この両県を放送対象地域にしている。

■地元の大企業（売上高ランキング）

94年　1位ベネッセコーポレーション（通信教育・出版）　2位岡山県経済農業協同組合連合

会　3位天満屋（百貨店）　4位大本組（建設）　5位天満屋ストア（スーパーマーケット）
21年　1位大黒天物産（ディスカウントストアのラ・ムー、ディオなど）　2位ベネッセコーポレーション　3位ハローズ（スーパーマーケット）　4位岡山村田製作所　5位スチールハブ（鋼材加工）

急成長のディスカウントチェーンが1位に

大黒天物産（本社倉敷市）は、ディスカウント食品スーパーなど。93年設立。問屋と小売りの関係を見直し急成長。グループ全体で西日本を中心に200店舗以上を展開。スチールハブ（本社倉敷市）は、今治造船のグループ会社。大手製鉄所（JFEスチール）が立地する臨海エリアに02年創業。

■進学校の実績（東大合格者数）はこんなに変わった!?　変わらない!?

00年代以降、伝統の県立高校の復活

99年に県立高校が総合選抜制度（志望校を原則選べない）から中学区制に移行された。00年代以降、旧制第一岡山中学が前身の岡山朝日高校（岡山市）が伝統の強みからか東大合格者数を増やし、私立岡山白陵高校（赤磐市）などと、東大合格者数でトップを争ってきた。02年に中高一貫コースを設置した岡山操山《そうざん》高校（岡山市）、10年に中等教育学校に転換した岡山大安寺中等教育学校（岡山市）がそれに続いている。

23年の東大合格者（カッコ内は京大）は、岡山朝日高17名（17名）、岡山白陵高12名（3名）、岡山大安寺中教9名（2名）、岡山操山高4名（8名）、岡山城東高3名（2名）、倉敷青陵高1名（8名）など。

■県が全国シェア上位の生産物

モモ（6位）5％、マッシュルーム（2位）33％、ブドウ（3位）9％、畳表（1位）53％

■家庭での年間購入金額上位のもの（都道府県庁所在地別、全国家計調査より）

モモ（2位）3750円

広島県

【旧国名】備後《びんご》・安芸《あき》

〔県木〕モミジ　〔県花〕モミジ　〔県鳥〕アビ
〔総面積〕8479㎢（11位）〔可住地面積〕2298㎢（20位）
〔県庁所在地〕広島市

■地理・歴史

瀬戸内海沿岸には、工業地域とカキの養殖場

比較的大きな島が多い広島県の瀬戸内海沿岸は、波が穏やかで海水に栄養分が多く、カキの養殖に適して、収穫量は全国一。また沿岸では、古くから製塩業や造船業、綿織物工業などが盛んだったが、戦後、塩田や工場の跡地を利用できたため、京浜工業地帯や阪神工業地帯などからの工場移転が進み、瀬戸内工業地域の一部ともなった。

96年には原爆ドームと共に、満潮時には海に浮かぶ建物と周辺の原始林が一体になっていることも評価され厳島神社が世界遺産に登録された。

広島といえばお好み焼き。広島県はお好み焼き・焼きそば・タコ焼き店の数が人口あたりで日本一の軒数。

戦国時代は毛利元就《もとなり》が勢力をのばし中国地方を支配、サッカーJリーグのサンフレッチェは元就の「3本の矢（フレッチェ）」（1本の矢はすぐ折れるが、3本合わせると折れない。兄弟で力を合わせることが大切という話）からのチーム名。

■約30年での人口と自治体変化

県人口：93年　287・2万人→22年　276・0万人

増減率：マイナス3・9％（減少率の高さ30位）

市町村数：93年　13市67町6村→22年　14市9町

主要都市の人口

93年［広島市＋湯木町］108・0万人→22年広島市（合併）118・9万人

93年［福山市＋内海町＋新市町＋沼隈町＋神辺町］45・2万人→22年福山市（合併）46・3万人

93年［呉市＋下蒲刈町＋川尻町＋音戸町＋倉橋町＋蒲刈町＋安浦町＋豊浜町＋豊町］27・8万人→22年呉市（合併）21・3万人

93年［東広島市＋黒瀬町＋福富町＋豊栄町＋河内町＋安芸津町］15・0万人→22年東広島市（合併）18・9万人

93年［尾道市＋御調《みつぎ》町＋向島《むかいしま》町＋因島《いんのしま》市＋瀬戸田町］16・8万人→22年尾道市（合併）13・2万人

広島市の人口増加もピークアウトか

広島県は平成の大合併で、それまで86あった市町村数が23にまで減り、減少率73・3％で、長崎県の同減少率73・4％に次いで2番目に合併が進んだ。

この30年間で県全体の人口がやや減るなか、広島市の人口増加ぶりが目立つ。だが広島市は20年の120・1万人をピークとしてその後は減少に向かっている。21年からは自然減に加えて転出者が転入者を上回る社会減にもなっている。瀬戸内海の島を市域に含む呉市、尾道市は人口減少が顕著。

■こんなに変わった教科書記述…地理・歴史編

広島原爆が「地理」から「歴史」への転換

太平洋戦争時の広島への**原爆投下**に関して、約30年前の中学地理の教科書では、ほぼ2ページを費やして詳述している本が多い。爆心地から2㎞以内の建物はすべて焼失したこと、約20万人が亡くなったこと、当時も被爆体験を持つ市民が10万をこえ、そのなかには後遺症に苦しむ人も多いこと。また、爆心地からの距離に応じて被害の差を表す地図、焼け野原になった市街の写真などが掲載されている。「原爆被災者の中には、韓国・朝鮮の人々もふくまれている」『地理　中学生の社会科』（中教出版、92年検定）と書き加えている教科書もある。後遺症の話など、「広島の今」の話も述べているのに注目したい。

現代の**中学地理**の教科書を見ると、広島での原爆は4～5行程度、犠牲者数やその後「平和大通り」が整備されたことを簡単にふれているだけである。記述が簡単すぎるのではないかと思ったが、**中学歴史**の教科書を見て納得した。こちらでは1～2ページかけて詳述している。日本がポツダム宣言を黙殺し「アメリカ合衆国は、戦争の早期終結と共にソ連に対して優位に立つため、原子爆弾（原爆）の投下を決定しました」（『中学生の歴史』帝国書院、20年検定）など当時の世界情勢やポツダム宣言の一部要約、また被爆して亡くなった少女の手記など、様々な角度から原爆投下を語っている。

まだ被爆経験者が多かった約30年前と、被爆から約80年たった現在との相違は、この悲劇が、現在の各地を知る「地理」から「歴史」へと転換されつつあることを実感する。

広島平和記念資料館へ、欧米人来館者が激増

広島市の原爆ドームのすぐ近くに**広島平和記念資料館**がある。館内には投下を再現する映像、被爆して血痕のある衣服や大きく歪んだ三輪車の実物、亡くなった子どもたちの写真など、被害の実態が示され、すべてに強く胸をうたれる。原爆ドームという建造物を見ただけでは、その破壊力は理解できても、人々の悲惨な実態はわかりにくい。よく政治家が「被爆地広島を訪れた」という報道がなされるが、原爆ドームを見ただけ、またはこの資料館を10分程度見ただけなら、わかったように語る資格はないと思う。

広島平和記念資料館には、93年138・9万人の入館者があった。そのうちの5・5％にあたる

7・7万人が外国人だった。コロナ禍になる前の19年、同来館者数175・9万人、外国人は激増して29・7％にあたる52・2万人が来館した。

同館では国籍別のデータをとっていないので、広島市を訪れた**外国人の統計**（20年）を見てみよう。1位アメリカ人27・3万人、2位オーストラリア人18・3万人、3位イギリス人14・7万人、4位中国人11・8万人、5位台湾人10・6万人、6位フランス人8・7万人、7位ドイツ人7・9万人と続く。もちろん広島市を訪れた人が全員広島平和記念資料館に行ったわけではないが、外国人のなかでも圧倒的に**欧米人が多く訪れている**傾向があることがわかる。

■約30年でこんなに変わった…歴史編

「日本のポンペイ」と呼ばれる埋没集落、草戸千軒町遺跡

鎌倉時代から室町時代（13世紀半ばから16世紀初頭）、現在の福山市内の芦田川河口近くに、草《くさ》戸《ど》千軒《せんげん》と呼ばれ地域経済の拠点となる町が存在した。江戸時代の文献にも「洪水で滅びた伝説の町」として登場していたが、61年から94年にかけて断続的に行われた発掘調査で往時の様子が次第に明らかになってきた。

出土した建物跡や井戸跡、職人たちの道具、多量の古銭や中国産の陶磁器、4000点にのぼる木簡《もっかん》（文字の書かれた木札）などにより、商取引や金融業を営む人物の様子がこれまでにないレベルで判明。商工業従事者の活動が中世社会で大きな役割を果たしてきたことがわかり、歴史

学の進展に大きな影響を与えた。
遺跡の出土資料をもとに、89年には**広島県立歴史博物館**が福山城公園に開館。草戸千軒の町並みの一角が実物大で復元されている。

■約30年でこんなに変わった…交通編

ＪＲ利用：92年東京―広島（東海道・山陽新幹線）4時間28分→23年同3時間49分

山陽自動車道：93年福山西ＩＣ―河内ＩＣ（東広島市）開通。同年に兵庫県姫路西ＩＣ以西の山陽自動車道が全通。

西瀬戸自動車道（しまなみ海道）：83年の因島大橋、99年の生口島《いくちじま》と大三島《おおみしま》を結ぶ多々羅《たたら》大橋、同年の来島《くるしま》海峡大橋（愛媛県）の完成で島づたいに瀬戸内海を跨ぐ道路が開通。

■地方百貨店の興亡（県庁所在地を中心として）

地場の百貨店福屋と大手百貨店グループの戦い

広島を代表してきた百貨店といえば**福屋八丁堀本店**である。１９２９（昭和４）年に開業し、38年に広島市街の中心といわれる八丁堀交差点の地に移ってきた。45年には原爆に遭い、現在の本館は現存する被爆建物の一つである。

戦後まもない49年、福屋八丁堀本店の向かいに**広島中央百貨店**が開店。56年に天満屋に吸収合併されて**天満屋広島店**（後に天満屋八丁堀店に改称）となった。さらに73年**三越広島店**が天満屋広島店の隣に開店。翌年には**広島そごう**（現そごう広島店）が八丁堀の西側、紙屋町交差点に開店する。ここにおいて、福屋、天満屋の山陽地場百貨店と、三越、そごうの大手百貨店グループが集客合戦を繰り広げることとなった。94年には八丁堀の南側近くに**パルコ**も進出。99年には広島駅南口の再開発地区に**福屋駅前店**（エールエールA館内）もオープンした。

12年天満屋八丁堀店が閉店して同ビルには核テナントとしてヤマダデンキが入った。23年8月にはそごう広島店の新館が営業終了。広島の百貨店は新たな段階を迎えている。

■民放テレビ局　キー局の番組どれだけ見られた？
テレビ東京系列はないが、キー4局の系列が70年代に出揃う

75年にテレビ新広島（フジテレビ系列）が開局し、広島テレビ（日本テレビ系列）、広島ホームテレビ（テレビ朝日系列）、中国放送（TBSテレビ系列）のキー4局の系列局がすべて開局。テレビ東京の番組は、たとえばポケモンを広島ホームテレビで土曜午前に放送（テレビ東京では金曜夜）など、上記4局で人気番組などを放送している。

■地元の大企業（売上高ランキング）

94年　1位マツダ（自動車製造）　2位中国電力　3位広協商事（菓子・日用品卸）　4位福山通運　5位　広島県同栄社共済農業協同組合連合会

21年　1位マツダ　2位中国電力　3位イズミ（総合スーパーゆめタウンなど）　4位マックスバリュ西日本　5位大創産業（100円ショップダイソーなど）

上位にマツダ、ダイソーなどおなじみの企業も並ぶ

マツダ（本社安芸郡府中町）は群を抜いて不動の1位。イズミ（本社広島市）は総合スーパーゆめタウンなど約200店舗を中国・四国・九州地方に主に展開。5位には誰もが知る100円ショップの大創産業（本社東広島市）が。

■進学校の実績（東大合格者数）はこんなに変わった!?　変わらない!?

私立と国立の進学校が、県立を圧倒する実績

56～97年、県立高校に総合選抜制度（生徒は学区内の高校を自由に選べない）が実施されている間、県立高校の進学実績が低迷し、その傾向が続いている。国立と私立の高校が進学実績を上げているのは、東京や関西の一部府県と同じだ。

90年代以降の東大合格者数では私立広島学院（広島市）がトップの年が多い。国立の広島大学附属高校（広島市）、私立修道高校（広島市）、国立広島大学附属福山高校がそれに続く。23年の

東大合格者は、広島学院12名、広島大附属高9名、広島大附属福山高7名、修道高6名、県立の広島高校（東広島市）5名など。

■県が全国シェア上位の生産物

養殖カキ類（1位）58％、レモン（1位）56％、ウスター・中濃・濃厚ソース（1位）28％

■家庭での年間購入金額上位のもの（都道府県庁所在地別、全国家計調査より）

カキ（2位）1723円、ソース（1位）1173円、ハンバーガー（2位）8557円

山口県　【旧国名】周防《すおう》・長門《ながと》

［県木］アカマツ　［県花］夏ミカン　［県鳥］ナベヅル
［総面積］６１１３㎢（23位）　［可住地面積］１７１５㎢（28位）
［県庁所在地］山口市

■地理・歴史

本州最西端で「九州・山口エリア」と一括されることも多い県

本州の最西端の県で、瀬戸内海と日本海という性格の異なる二つの海に面していて、水産業に特徴がある。とくにフグ（山口県ではフクと呼ぶ）に関しては、下関市が天然、養殖とも、国内で水揚げされたフグの大部分が集まる一大集積地。売買され、毒を持つ内臓部分などを除去する加工がなされたあと、東京や大阪の消費地へと運ばれる。美祢《みね》市にある秋芳洞《あきよしどう》は日本最大級の鍾乳洞。

福岡県とは関門間で三つのトンネル、一つの橋で結ばれていて、とくに県西部の旧長門国エリアは他の本州エリアより九州とのつながりが深い。

幕末に萩で吉田松陰《しょういん》が開いた松下村塾《しょうかそんじゅく》からは、明治維新の志士を多数輩出している。萩城下町・松下村塾・萩反射炉など五つが、15年に世界遺産「明治日本の産業革命遺産」の構成資産に登録された。

■約30年での人口と自治体変化

県人口：93年　156・2万人→22年　131・3万人

増減率：マイナス15・9％（減少率の高さ8位）

市町村数：93年　14市37町5村→22年　13市6町

主要都市の人口

93年［下関市＋菊川町＋豊田町＋豊浦町＋豊北町］30・8万人→22年下関市（合併）25・4万人

93年［山口市＋徳地町＋秋穂《あいお》町＋小郡《おごおり》町＋阿知須《あじす》町＋阿東町］18・6万人→22年山口市（合併）19・0万人

93年［宇部市＋楠町］18・0万人　→22年宇部市（合併）16・2万人

93年［徳山市＋新南陽市＋熊毛町＋鹿野町］16・3万人→22年周南市（合併）13・9万人

93年［岩国市＋由宇町＋玖珂《くが》町＋本郷村＋周東町＋錦町＋美川町＋美和町］15・9万人　→22年岩国市（合併）13・0万人

人口減少率が高く、福岡県への転出が多い県

山口県の人口減少率は、中国地方で最も高い。福岡県と広島県とにはさまれ、九州一の福岡

市、中国四国地方一の広島市のあるこの両県への転出超過が大きいのが特徴。平成の大合併で徳山市の名称が消え周南市になったが、人口10万人を超えていた市の名称が消えたのは、このほか県庁所在都市の静岡市となった清水市だけ。

■こんなに変わった教科書記述…地理編
造船所跡地が鉄道工場に

30年前の教科書には、「瀬戸内工業地域の工業のなかで、造船業や鉄鋼業は、韓国との競争や円高により、1985年ごろから急速にふるわなくなり、多くの技術者が失業・転職しました」(『中学社会　地理的分野』大阪書籍、92年検定)と書かれている。

現代の教科書では、「造船業が盛んだった山口県下松《くだまつ》市には、造船工場の跡地を利用した鉄道車両の工場があります。工場では、国内各地を走る特急列車や新幹線、海外向けの高速鉄道などの車両が造られ、完成した車両は大型貨物船やトラックで各地に輸送されます。」『中学生の地理』帝国書院、20年検定)と述べる。

下松市の造船工場の跡とは日本汽船笠戸造船所のことで、1920(大正9)年、第一次世界大戦終結による造船不況により、日立製作所にこの工場は譲渡される。日立製作所は、鉄道車両をつくる**日立製作所笠戸工場**へと変えて、その後、国産初の大量生産となった8620形から日本最大のC62形などの蒸気機関車、0系をはじめとした新幹線車両や通勤電車など現在に至るまで、日本の鉄道を代表するような車両を製造してきた。

外国向け高速鉄車両が、下松市の道路を走る

近年は海外向け車両も受注して製造。新幹線車両や海外向け車両は、日立製作所笠戸工場から国道・県道を経由して徳山下松港で船積みされる。通常その陸送は深夜に行われるのだが、下松市が**ものづくりのまち**のPRを目的に、17年と19年、英国高速鉄道800形の先頭車両を昼間に国道県道を一時封鎖して陸送を行った。専用の大型トレーラーにより高速鉄道車両が公道を港へと50分かけて進んでいく光景はインパクト抜群で、3万人以上が詰めかけ、全国ニュースでも流れ話題となった。

角島大橋での映画やコマーシャルの撮影に協力して町おこし

山口県の本州北西端の沖に浮かぶのが角島《つのしま》。本州からこの島へ全長1780mの角島大橋が00年に竣工。コバルトブルーの美しい海の上を遥か遠くまでのびるこの橋は、自動車をはじめとした多くのテレビCM、映画の舞台としても登場することになった。

角島は人口1000人弱で、橋ができる前は本州とは1日数便の連絡船で結ばれていただけだったが、橋の完成後は、多くの観光客が訪れるようになった。現代の教科書でも、メディアの撮影に協力することで、地域活性化に結びついた例として取り上げられている(『新しい社会地理』東京書籍、20年検定)。

忘れられていた童謡詩人、金子みすゞ

また、長門市に**金子みすゞ記念館**（初代は92年開館）がある。童謡詩人金子みすゞ（1903―1930）は、没後長らく忘れ去られた状態だったが、80年代半ばに熱心な読者の尽力などで再脚光。「みんなちがって、みんないい」のフレーズが有名な代表作『わたしと小鳥と鈴と』は教科書にも掲載された。

■約30年でこんなに変わった…交通編

ＪＲ利用：92年東京―小郡（東海道・山陽新幹線）５時間８分→23年東京―新山口（同）４時間18分

03年に小郡駅は新山口駅に改称。

山陽自動車道：92年岩国ＩＣ―熊毛ＩＣ（周南市）開通で広島市方面から中国自動車道山口ＪＣＴまで全通。01年宇部ＪＣＴ（山口宇部道路）―下関ＪＣＴ（中国自動車道）開通。

岩国空港：12年に民間機の定期便が48年ぶりに再開。愛称は岩国錦帯橋空港。戦前の日本海軍飛行場として整備され、戦後は海上自衛隊とアメリカ海兵隊が共同使用する飛行場・基地となっていた。定期便としては羽田、沖縄（那覇）への便が就航。

山口県にはこのほか山口宇部空港がある。

■地方百貨店の興亡（県庁所在地を中心として）

年配者が「ちまきや」「八木」と呼ぶ百貨店

山口市の中心部にある**山口井筒屋**は、08年まで、**ちまきや八木百貨店**だった。ちまきやは、江戸時代末に八木呉服店として創業、後に毛利公により「ちまきや」の称号が与えられたという老舗である。1930（昭和5）年に山口県で初めての百貨店として、ちまきや八木百貨店を開業。80年代以降、郊外型のショッピングセンターの攻勢などで売り上げが落ちるなか、独立系百貨店では商品を充実させることは困難として、福岡県の地場百貨店である井筒屋の子会社に経営が移り、山口井筒屋となった。宇部市にも宇部ちまきやが前身の**宇部井筒屋**（08年から山口井筒屋宇部店）があったが、18年に閉店となった。

■民放テレビ局　キー局の番組どれだけ見られた？

フジテレビの系列局が今もない

93年に山口朝日放送（テレビ朝日系列）が開局し、それ以前からの山口放送（日本テレビ系列）、テレビ山口（TBS系列）と共に民放3局体制が続いている。フジテレビ系列の局がない。フジテレビ系列のサザエさんは月曜早朝に山口放送で放送されたり、フジテレビの月曜9時ドラマが水曜深夜に放送されるため「月9」という言葉が存在せず、「スイドラ」といわれたりしてきた。フジテレビ系列局では日曜の朝放送（水曜または日曜夜7時台の時期もあり）のONE

PIECEも月曜深夜放送で、「他県の人に話すと驚かれる」との話を聞く。

■地元の大企業（売上高ランキング）

94年　1位宇部興産（総合化学）　2位山口県経済農業協同組合連合会　3位林兼産業（海産物・食肉加工品製造）　4位豊栄開発　5位丸久（スーパーマーケット）

21年　1位西部石油（石油精製）　2位丸久　3位山口産業（石油類の仕入販売）　4位カシワバラ・コーポレーション（建設）　5位UBEマシナリー（産業機械製造）

UBE（旧宇部興産）と取引関連が上位に

宇部興産は、22年UBEに社名変更。UBEマシナリーは、宇部興産の機械・エンジニアリング事業の分社化により99年に設立。西部石油は小野田市に製油所を保有。石油化学製品を精製して関連会社の出光興産のほかUBEなどへ出荷。

■進学校の実績（東大合格者数）はこんなに変わった!?　変わらない!?

県立高校が大半を占め、伝統の山口高校が実績を上げる

隣の広島県とは一変して、進学実績は県立高校が私立高校より優勢。90年代以降、山口高校、下関西高校、徳山高校、宇部高校などが東大合格者を出してきた。突出した高校はないが、近年は幕末の山口明倫館《めいりんかん》からの伝統を持つ山口高校の東大合格者が多い。私立慶進高校（宇部市）は

02年に宇部女子高校が男女共学化して改称したもので、近年進学実績を上げている。

23年の東大合格者は、山口高10名、宇部高3名、慶進高2名、下関西高、徳山高、岩国高校が各1名となっている。

■県が全国シェア上位の生産物

アマダイ類（1位）24％、サザエ（2位）10％

■家庭での年間購入金額上位のもの（都道府県庁所在地別、全国家計調査より）

タイ（1位）2423円、アジ（1位）3010円、ガソリン（1位）10万3120円

徳島県　【旧国名】阿波《あわ》

［県木］ヤマモモ　［県花］スダチ　［県鳥］シラサギ
［総面積］４１４７㎢（36位）　［可住地面積］１０１６㎢（43位）
［県庁所在地］徳島市

■地理・歴史

鳴門の渦潮がある海と、平家の隠れ里とされる奥深い山のある県

東は紀伊水道、太平洋に面し、西は山深く平家の隠れ里伝承のある祖谷渓《いやだに》などがある。幕末から明治時代初期にかけて日本を訪れた欧米人は、藍で染めた衣服を着ている人が多いのを見て、「この国は神秘的なブルーに満ちている」と驚いたという。その藍染料の一大産地だったのが、徳島県の吉野川流域の町村である。その後人工染料の登場で藍づくりは急速に衰えたが、現在同地では、野菜や果実づくりが盛ん。

渦潮で有名な鳴門では、身の引き締まったタイなどの魚やワカメが名産。また鳴門金時《なるときんとき》というブランドのサツマイモ、阿波尾鶏《あわおどり》という地鶏などといった特産物も人気。４００年以上続いている徳島市の阿波踊りは、４日間の人出が50万人を超え全国的に知られる。

■約30年での人口と自治体変化

県人口：93年　83・0万人→22年70・4万人

増減率：マイナス15・7％（減少率の高さ10位）

市町村数：93年　4市38町8村→22年　8市15町1村

主要都市の人口

93年徳島市26・1万人→22年徳島市25・1万人

93年［阿南市＋那賀川町＋羽ノ浦町］8・1万人→22年阿南市（合併）7・1万人

93年鳴門市6・5万人→22年鳴門市5・5万人

93年［鴨島町＋川島町＋山川町＋美郷村］4・9万人→22年吉野川市（合併）4・0万人

93年小松島市4・4万人→22年小松島市3・6万人

93年［吉野町＋土成町＋市場町＋阿波町］4・5万人→22年阿波市（合併）3・6万人

93年［脇町＋美馬《みま》町＋穴吹町＋木屋平《こやだいら》村］3・9万人→22年美馬市（合併）2・8万人

県都徳島市も人口の微減が続く

県全体の人口が約30年前と比較して大きく減少しているなか、徳島市の人口はやや減にとどまる。99年までは増加していたが、以後毎年微減が続いている。徳島市からの人口流出先は、18〜22年の5年間では東京都へが最も多く、2番目が大阪府。

■約30年でこんなに変わった…交通編

神戸淡路鳴門自動車道：98年の明石海峡大橋完成で、鳴門ＩＣから山陽自動車道までがつながり、02年には高松自動車道ともつながった。

徳島自動車道：95年徳島ＩＣ—藍住ＩＣ開通、以後延伸を重ね00年川之江東ＪＣＴまで開通して高知自動車道と接続。

ＪＲ利用：92年新大阪—徳島（新幹線・瀬戸大橋線・高徳線など。岡山で新幹線から在来線特急乗り換え）３時間20分↓23年新大阪—徳島（同）３時間２分。

明石海峡大橋経由の高速バス：橋ができていない92年は、航路で大阪（天保山）—徳島（南沖洲）（徳島高速船）１時間45分（１日６便）、大阪南港—徳島（関西汽船など）３時間30分（１日３便）。23年大阪駅—徳島駅（高速バス）２時間20分。高速バス利用が鉄道利用より格安で早い。

■こんなに変わった教科書記述…地理編

超過疎化、高齢者の町のネットを駆使したビジネス

徳島市から車で１時間ほどの山間地に位置する**上勝町**《かみかつ》。過疎化が進み人口はわずか１４５７人（22年）。その53％が65歳以上の町なのだが、有力政治家や外国からの視察団が訪れ、中学の地理教科書にも大きく取り上げられるほど、注目を集めている。

上勝町の第三セクター「株式会社いろどり」が行っているのは、日本料理などに添える**「つま**

もの」ビジネス。山野で採れる緑の葉、赤や黄色に紅葉した葉、木の実などを全国の料亭や旅館、市場などに販売する。

インターネットを現場で駆使しているのもポイント。教科書でも、高齢者が注文や売上などをタブレット端末で確認しながら山で葉を摘み取る写真が掲載されている（『中学社会　地理』教育出版、20年検定）。「上勝町の主な産業は、林業とみかん栽培でしたが、寒波によってみかんの木が冷害を受けました。1986年JAの元職員が『つまもの』商品に着目」と教科書ではこのビジネスを始めた背景にもふれている。

「現在では300種類をこえる『つまもの』を生産販売しています。この生産には多くの高齢者が携わり、高い収入をあげる人もいます」と述べ「生産者の顔が見えるような地元の産物や、地域にある資源を見つめ直すことが地域おこしの出発点」と結んでいる。

■地方百貨店の興亡（県庁所在地を中心として）
東新町商店街に大きな影響を与えた徳島そごうも閉店に

徳島市には1934（昭和9）年、市の中心部東新町商店街に開業した**丸新百貨店**、64年に徳島駅近くに開業した**つぼみや百貨店**があった。83年に、これら二つの百貨店より大規模な**徳島そごう**が徳島駅前にオープンすると、地場資本の二つの百貨店は影響を受け、86年につぼみや、95年に丸新が閉店に追い込まれた。つぼみやの跡地は徳島ビブレ、後に複合商業ビルのラスタ徳島になったが、こちらも閉店しコインパーキングになった。
98年に明石海峡大橋が開通すると、神戸の百貨店などに消費者が向かい、徳島そごうの売り上げが減少、20年に閉店し、徳島市から百貨店がなくなった。

■民放テレビ局　キー局の番組どれだけ見られた？
県内の民放は1局だけ。ケーブルテレビ普及率は全国1位

徳島県にある民放テレビ局は59年開局の四国放送（日本テレビ系列）だけ。11年の地デジ化（アナログ放送終了）前までは、このほか関西のテレビ局からの毎日放送（TBS系列）、関西テレビ放送（フジテレビ系列）、朝日放送（テレビ朝日系列）、テレビ大阪（テレビ東京系列）が受信できたほか、和歌山県の民放もおおむね受信できていた。

ところが従来のアナログより波長が短い地デジ波では、関西の局などが受信できない。そのため徳島県ではケーブルテレビのインフラを整備して対処。徳島県のケーブルテレビ普及率は92％（21年末）で全国一。ちなみにそうした状況にない香川県での普及率が28％なのと比べると、徳島県の置かれた状況がわかりやすい。

■地元の大企業（売上高ランキング）

94年　1位徳島県経済農業協同組合連合会　2位シンクス（遊技場）　3位大塚製薬工場　4

位キョーエイ（スーパーマーケット）　5位徳島そごう（百貨店）
21年　1位日亜化学工業（電子デバイス製造）　2位大塚製薬工場　3位ノヴィル（遊技場）
4位四国化工機（液体飲料用充填機製造）　5位キョーエイ

1位は「光のまち阿南」の原動力企業

日亜化学工業（本社阿南市）は世界で初めて青色ＬＥＤ（発光ダイオード）を実用化したＬＥＤのトップメーカー。市のキャッチフレーズは「光のまち阿南」。商店街では，夏祭りやクリスマスシーズンは数十万個のＬＥＤに彩られる。

大塚製薬工場（本社鳴門市）は、大塚製薬グループで、国内最大手の輸液（点滴剤）メーカー。一般向けでは経口補水液ＯＳ－１が有名。

■進学校の実績（東大合格者数）はこんなに変わった!?　変わらない!?

公立、私立共に進学実績高校は、徳島市に集中

80年代から00年代まで、徳島市立高校が、東大合格者数トップの年が多い。72年から03年まで県立高校には総合選抜制（志望の高校を選べない）が導入されたが、徳島市立の理数科は県内全域から志望できたことが大きかった。

04年総合選抜制廃止。城東高校（徳島市）、城ノ内高校（徳島市）、城南高校（徳島市）、私立徳島文理高校（徳島市）などから東大合格者を出している。23年の東大合格者（カッコ内は京

大）は、城東高1名（2名）、徳島北高（徳島市）1名、徳島文理高1名、城ノ内高（4名）、徳島市立高（2名）。

■県が全国シェア上位の生産物

スダチ（1位）98％、シロウリ（1位）58％、シイタケ（2位）8％、ニンジン（3位）8％、ワカメ類（3位）9％

■年間購入金額上位のもの（都道府県庁所在地別、全国家計調査より）

サツマイモ（1位）1998円（徳島県でつくられるサツマイモのブランド名「鳴門金時」が名産）

香川県 【旧国名】讃岐《さぬき》

［県木］オリーブ　［県花］オリーブ　［県鳥］ホトトギス
［総面積］１８７７㎢（47位最小）　［可住地面積］１００５㎢（44位）
［県庁所在地］高松市

■地理・歴史

瀬戸大橋完成後、工業団地が発達

瀬戸内海に面した讃岐平野は、北の中国山地（本州）と南の四国山地に雨雲が遮られ、１年を通じて降水量が少ない。そのため香川県には、ため池が１万４０００以上あり、最も大きいのが周囲約20km、日本一大きい満濃池《まんのういけ》だ。また、徳島県を流れる吉野川の水を讃岐山脈にトンネル水路を通して香川県へと導き、農業用水、水道用水、工業用水として利用する香川用水があり、その延長は約１０６kmに及ぶ。渇水時にその貯水状態が報道される早明浦《さめうら》ダム（高知県）と共に計画され74年に完成した。

四国では、「四国八十八カ所霊場」を巡拝するお遍路さんの姿をよく見かける。平安時代初期の僧で讃岐国多度《たど》郡屏風浦（現・善通寺市）生まれ、真言宗の開祖である空海（弘法大師）ゆかりの仏教寺院を巡るものである。一番札所は徳島県の霊山寺《りょうぜんじ》だが、江戸時代などでは、お大師さまの生まれ故郷である善通寺からとされたこともある。

また、「讃岐の金毘羅《こんぴら》さん」で知られる金刀比羅宮《ことひらぐう》（琴平町）は、江戸時代には伊勢神宮（三重県）と並んで「一生に一度はお参りしたい」と庶民の信仰を集めた神社で、今も参拝客が多い。明治時代以降は、とくに「海の守り神」として崇拝されてきた。

岡山県倉敷市と香川県坂出《さかいで》市を結ぶ瀬戸大橋は88年開通で、三つある本州四国連絡橋のなかで最初にできたもの。瀬戸大橋のたもと近くに、番《ばん》の州《す》臨海工業団地が発展した。香川県の重工業の核となるエリアとなっている。

■約30年での人口と自治体変化

県人口：93年　102・5万人→22年　93・4万人
増減率：マイナス8・9％（減少率の高さ20位）
市町村数：93年　5市38町→22年　8市9町
主要都市の人口
93年［高松市＋塩江町＋牟礼町＋庵治《あじ》町＋香川町＋香南町＋国分寺町］40・9万人→22年高松市（合併）42・4万人
93年［丸亀市＋綾歌町＋飯山町］10・4万人→22年丸亀市（合併）11・2万人

93年［高瀬町＋山本町＋三野町＋豊中町＋詫間町＋仁尾町＋財田町］7・7万人↓22年三豊市（合併）6・3万人
93年［観音寺市＋大野原町＋豊浜町］7・7万人↓22年観音寺市（合併）5・8万人
93年坂出市6・4万人↓22年坂出市5・1万人

近年では高松市も人口が微減

県全体では約30年前と比較して人口が大きく減少しているが、県都高松市は増加している。詳しくみると、高松市でも14年の42・1万人をピークに減少が続いている。近年の高松市はわずかに社会増（転入が転出よりも多い）の傾向にあるが、自然減（死亡数が出生数より多い）のため減少となっている。

■約30年でこんなに変わった…地理編 うどんに関しては、盤石の1位の「うどん県」

香川県といえば**讃岐うどん**を思い出す方も多いだろう。県でも11年から「うどん県。それだけじゃない香川県」とのキャッチフレーズを使用して売り込んでいる。瀬戸大橋ができる前まで国鉄が宇野駅（岡山県）と高松駅との間に運航していた宇高連絡船では、デッキに「連絡船うどん」の立ち食い店があった。香川県へ足を踏み入れることの洗礼のような存在で、年配者には懐かしむ人が多い。

それではどれだけ「うどん県」に値するのか見てみよう。香川県のうどん・そば店の数（事業所数）は479軒。人口1万人あたり5・1軒（21年）となり、2位の山梨県の4・3軒を大きく引き離している。統計上うどんとそばが一緒にされているのが残念だが、香川県の場合、ほとんどがうどんといっていいだろう。

香川県民が食べる量ではどうだろうか。生うどん・そばの1人あたり支出額は、高松市が年間5764円で全国県庁所在都市の中で1位。2位がそばの名産地の長野市である。生うどん・そばの1人あたり外食費も高松市が1万3963円で1位。2位が静岡市の1万2229円。約30年前にあたる92年のデータでもこれら2例とも高松市が1位である。こうしたデータからも、香川県が押しも押されもせぬ「うどん県」であることがわかる。

うどんに適した香川県産の小麦粉「さぬきの夢」の開発成功

うどんの原料は小麦粉と塩と水。80年代段階では、小麦粉のほとんどがオーストラリア産ASW（オーストラリア・スタンダード・ホワイト）などだった。ASWは日本人のうどんの好みに合うようにとオーストラリアで品種改良された小麦で、74年から輸入が開始された。一方、香川県農業試験場では、さぬきうどん用の小麦の開発を続け、香川県産小麦としては03年頃から**さぬきの夢2000**、13年頃からは**さぬきの夢2009**が主流を占めるようになる。これらは、きれいな白で、グルテンの量が多く、「しなやかで弾力のあるコシを持ち風味がある」とされる。香川県産小麦の県内での作付面積も01年の631haから21年の2200haまで増大している。

■こんなに変わった教科書記述…地理編

観光客が10倍以上となった直島の「芸術で町おこし」

瀬戸内海の小豆島の西側に浮かぶ**直島**《なおしま》は、様々なオブジェや改造した古民家、建築などがいくつかのエリアに集まり、**現代アートの聖地**ともいわれるようになった。訪れる観光客は00年代前半まで年間5万人程度だったのが、10年代には国内外から40～50万人、また3年ごとに行われる瀬戸内国際芸術祭の年には60～70万人にまでのぼった。中学教科書にも登場し、「島を訪れる外国人観光客は、インターネットを通じて、直島の魅力を文章や写真で世界中に発信しています」と述べ、芸術を通じた町おこしで注目される例としてとりあげている。

■約30年でこんなに変わった…交通編

ＪＲ利用：新大阪―高松（新幹線・瀬戸大橋線・予讃線。岡山で新幹線から在来線快速に乗り換え）2時間9分→23年新大阪―高松（同）1時間45分

明石海峡大橋経由の高速バス：23年大阪駅―高松駅3時間10分。ＪＲ（新幹線）利用より時間はかかるが格安。

高松自動車道：92年の高松西ＩＣ―善通寺ＩＣ開通で、瀬戸大橋を通る瀬戸自動車道と接続。02年の高松中央ＩＣ―鳴門ＩＣ全通で明石海峡大橋を通る神戸淡路鳴門自動車道と接続（岡山県とを結ぶ瀬戸大橋は88年供用開始。淡路島を通り兵庫県と結ぶ明石海峡大橋は98年供用開始）。

■地方百貨店の興亡（県庁所在地を中心として）

コトデンそごう、高松天満屋から瓦町FLAGへ

ＪＲ高松駅近くに１９３１（昭和６）年、三越としては中国四国地方初の店舗となる**高松三越**が開業。高松市のもう1カ所の交通の中心地、高松琴平電鉄のターミナルである瓦町駅の駅ビルとして97年に**コトデンそごう**がオープンした。タイミングの悪いことに00年そごうが経営破綻。そごうブランドのイメージ低下などで存続が苦しく、01年閉店。同年に**高松天満屋**として再オープンする。郊外型大型店舗の台頭などで苦戦し14年に閉店。15年複合ビルの瓦町ＦＬＡＧとしてリニューアルオープンした。高松三越が香川県唯一の百貨店として営業を続けている。

■民放テレビ局　キー局の番組どれだけ見られた？

岡山県県と共通。地方局としては珍しくテレ東系列局も

85年にテレビせとうち（テレビ東京系列、本社岡山市）が開局し、それ以前からの西日本放送（日本テレビ系列、本社高松市）、山陽放送（ＴＢＳ系列、本社岡山市）、瀬戸内海放送（テレビ朝日系列、本社高松市）、岡山放送（フジテレビ系列、本社岡山市）と共にキー5局の系列が出揃った。79年に香川県と岡山県は民放テレビ局の放送対象地域を統合、これらのテレビ局は、この両県を放送対象地域にしている。

■地元の大企業（売上高ランキング）

94年　1位四国電力　2位松下寿電子工業　3位セシール（衣料品・通信販売）　4位加ト吉（水産品製造）　5位マルナカ（スーパーマーケット）

21年　1位四国電力　2位四国電力送配電　3位ユニ・チャームプロダクツ（衛生用品製造）　4位吉田石油店（トラック用軽油販売）　5位タダノ（クレーン製造）

上位5社は、四国電力以外30年間で大きく変貌

松下寿電子工業は、一部事業譲渡を行いながらパナソニック・ヘルスケアなどへの社名変更を経てＰＨＣ（本社東京）に。セシールは他社の完全子会社に。加ト吉は10年にテーブルマークに社名変更。本社を観音寺市から東京へ移転。マルナカは、イオングループのマックスバリュ西日本が展開するスーパーマーケットの店舗ブランドに。

■進学校の実績（東大合格者数）はこんなに変わった!?　変わらない!?

トップを守り続ける県立高松高校

香川県は、公立高校の総合選抜制（志望校を選べない）を実施しなかったので、90年代前後などの進学実績の落ち込みはない。東大合格者数は、戦後ほぼ一貫して旧制高松中学の伝統をもつ高松高校がトップ。丸亀高校がそれに続く。私立大手前丸亀高校（17年に香川県大手前高校から校名変更）も高松高校に次ぐグループ。

23年の東大合格者（カッコ内は京大）は、高松高12名（12名）、丸亀高4名（10名）、大手前丸亀高1名、私立大手前高松高1名。

■県が全国シェア上位の生産物

オリーブ（1位）92％、衣服用ニット手袋（1位）85％、スポーツ用革手袋（1位）89％、うちわ、扇子（1位）60％

■家庭での年間購入金額上位のもの（都道府県庁所在地別、全国家計調査より）

生うどん・そば（購入）（1位）5764円、乾うどん・そば（7位）2874円、うどん・そば（外食）（1位）1万3963円

愛媛県　【旧国名】伊《い》予《よ》

［県木］マツ　［県花］ミカン　［県鳥］コマドリ
［総面積］５６７６㎢（26位）　［可住地面積］１６６６㎢（30位）
［県庁所在地］松山市

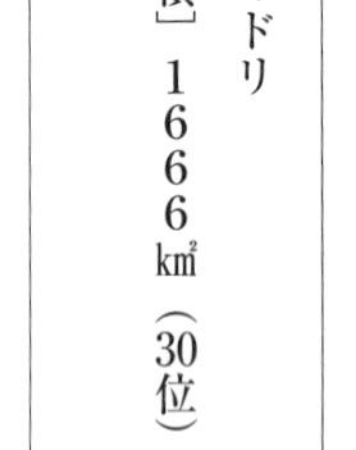

■地理・歴史

ミカン1位の座は譲ったが、様々な柑橘類を生産

瀬戸内海をはさんだ広島県や、東の香川県へは高速道路が伸び交流が盛んだが、南側は四国山地でその先の高知県へは交通が不便。県境近くに西日本で最も標高が高い石鎚山《いしづちさん》（１９８２ｍ）がある。

温暖で雨の少ない瀬戸内式気候の沿岸部では、ミカンやイヨカン、キヨミなど柑橘類の栽培が盛ん。70年代から90年代は愛媛県がミカンの生産量全国1位だったが、現在は和歌山県に次ぐ2位（22年）。キヨミなど愛媛県が1位の柑橘類もある。雨が少なく、遠浅ではない入り組んだ海岸線は、屋外作業の多い造船業にも向いていた。

夏目漱石、正岡子規が暮らした松山市は、文学の町として特徴を出し、街中には投函できる俳

句ポストが数多く設置されている。漱石の『坊っちゃん』が松山を舞台にしていることから、「坊っちゃん列車」（伊予鉄道の路面電車路線で運行）、「坊っちゃんスタジアム」（野球場）、「坊っちゃん団子」（道後温泉の名物）、「坊っちゃんフードホール」（松山三越1階にある）など「坊っちゃん」を冠した物件をよく見かける。

室町時代から戦国時代にかけて、芸予諸島を拠点に村上水軍（海賊）が勢力をふるったことでも知られる。

■約30年での人口と自治体変化

県人口：93年　150・9万人↓22年　130・6万人

増減率：マイナス13・5％（減少率の高さ12位）

市町村数：93年　12市44町14村↓22年　11市9町

主要都市の人口

93年［松山市＋北条市＋中島町］49・0万人↓22年松山市（合併）50・7万人

93年［今治《いまばり》市＋朝倉村＋玉川町＋波方町＋大西町＋菊間町＋吉海町＋宮窪町＋伯方《はかた》町＋上浦町＋大三島町＋関前村］19・0万人↓22年今治市（合併）15・4万人

93年［新居浜《にいはま》市＋別子山村］13・2万人↓22年新居浜市（合併）11・7万人

93年［西条市＋東予市＋小松町＋丹原町］11・7万人↓22年西条市（合併）10・7万人

各市が人口減のなか、松山市は30年前より人口増加

約30年前と比較すると県全体の人口が大きく減少するなか、県都松山市の人口は増加している。詳しくみると、14年の51・7万人をピークに毎年微減が続いている。自然減（死亡者が出生者より多い）が原因で、社会動態（転入者と転出者の差）では、この10年間、増加の年と減少の年があり、トータルではさほど変わらない。

■約30年でこんなに変わった…産業編
「今治タオル」20年前まで多くの人は知らなかった

今治という町が何県にあるかわからない人でも、今治といえば、吸水力がよく肌ざわりが絶妙の**今治タオル**と答える人は多いだろう。そうなったのはこの十数年の間である。今治タオルに何が起きたのだろうか。

今治は昔から綿織物が盛んな地域で、明治時代半ばからタオルづくりが始まった。優れた織機の発明や先晒しタオル（原糸をまず晒すか染めるかした後に製織）技法の確立などで55（昭和30）年には生産額で泉州（大阪府南部）を抜いて1位となった。70年代からは海外有名ブランドタオルのOEM生産も加わって、91年のピークには今治で5・0万トンのタオルを生産した。だがバブル崩壊などで06年には1・2万トンにまで減少してしまった。

存亡の危機ともいえるなか、06年に経済産業省の「JAPANブランド育成支援事業」に採択

され、**今治タオルプロジェクトが開始**。総合プロデューサーに佐藤可士和を迎えた。品質のよさをわかりやすくするために「白」へのこだわり（今治タオルには繊細な柄を織れる高度な技術があるので、当初組合員は拒否反応を示したというが、佐藤が粘り強く説得）、タオル片を水に浮かべ5秒以内に沈み始めたら合格（吸水性試験の「5秒ルール」）など、独自に設定した品質基準をクリアしたものだけが今治タオルのロゴを使用できるようにした。

様々な研究、工夫、施策により今治タオル生産量は10年から増加に転じ、輸出も伸び続けている。この十数年ほどで全国的知られるようになった。

「中手」から「大手」へ躍進の今治造船

日本の造船会社でトップ企業（竣工量）、世界でも5位（21年）なのが**今治造船**（本社今治市）である。かつては「造船中手」と呼ばれた地方企業だった。

70年代前後、日本の造船業界は世界シェアの50％近くを握り、ものづくりを得意とする高度成長日本の象徴的業界だった。三菱重工業、三井造船、石川島播磨重工業、日立造船といった財閥系などが「造船大手」を担っていた。

80年代に造船業界に不況が訪れると、大手はドックの削減、合併などを行い規模を縮小していく。今治造船は、経営不振の中小の造船会社を傘下におさめ、規模を拡大していった。

00年段階では1位三菱重工業、2位石川島播磨重工業（現ＩＨＩ）、3位今治造船、4位日立造船、5位日本鋼管。この後三菱重工業は船舶海洋事業を三菱造船に分割。日立造船、日本鋼管、ＩＨＩの造船部門などが統合を段階的に行いジャパンマリンユナイテッド（ＪＭＵ）となる。21年の建造量は1位今治造船２４１万総トン、２位ＪＭＵ１９２万総トン、３位大島造船所１３７万総トン（グループ会社の合算は行わず法人単体の順位）。今治の名は、造船とタオルで世界に発信されている。

■約30年でこんなに変わった…交通編

松山自動車道：主に90年代に部分的に延伸を重ね、97年に川之江ＪＣＴ（高松自動車道）―松山ＩＣが開通。延伸を重ね15年までに津島岩松ＩＣ（宇和島市）まで開通。

西瀬戸自動車道（しまなみ海道）：99年の今治ＩＣ―大島南ＩＣ間の来島《くるしま》海峡大橋供用開始で、島づたいに瀬戸内海を跨ぎ広島県尾道市までの道路が完成。

高速バス（しまなみ海道経由）：愛媛県と広島県を結ぶ高速バス路線では、松山―福山・新尾道駅、今治―広島、今治―福山（しまなみライナー）など。しまなみライナーの本数が多く、23年今治駅―福山駅1時間24分。

■地方百貨店の興亡（県庁所在地を中心として）

屋上の大観覧車が名物のいよてつ高島屋VSリニューアルの三越

90年代の松山市には、伊予鉄道の中心的ターミナルの松山市駅に**いよてつそごう**、市の代表的繁華街の大街道に**三越松山店**があった。いよてつそごうは、駅と一体となった百貨店として伊予鉄道グループの主要子会社の経営で71年の開店。三越松山店は、敗戦後まもない1946年の開店で、四国初のエレベーターの設置やファッション関連に力を入れるなど、東京の文化や流行を松山にもたらす役割を果たしてきた。

いよてつそごうは、県の中核企業である伊予鉄道への愛着もあり売上を伸ばしてきたが、00年そごうグループの破綻によりブランドイメージが低下、そごうと業務提携を解消して02年髙島屋と提携し**いよてつ髙島屋**となった。01年屋上に大観覧車「くるりん」が設置され、瀬戸内海や松山城が見わたせて名物となっている。松山三越は21年にリニューアルオープン。1階にフードホール、上層階にホテルが入るなどの施策で注目される。

■民放テレビ局　キー局の番組どれだけ見られた？
民放キー4局系列が揃ったのが遅かった県

92年に、あいテレビ（TBS系列）、95年に愛媛朝日テレビ（テレビ朝日系列）が開局するまで、民放テレビ局は58年開局の南海放送（日本テレビ系列）、69年開局のテレビ愛媛（フジテレビ系列）しかなかった。TBS、フジ、テレビ東京の人気番組は、南海放送とテレビ愛媛で放送していた。現在もテレビ東京の一部の番組はこの2局などで放送。

■地元の大企業（売上高ランキング）

94年　1位大王製紙　2位愛媛県経済農業協同組合連合会　3位フジ（スーパーマーケット）　4位カミ商事（紙の総合卸）　5位かなえ商事（一般鋼材・造船資材販売）

21年　1位今治造船　2位フジ　3位三浦工業（ボイラ製造）　4位カミ商事　5位福助工業（軽包装資材製造）

躍進の今治造船に次いで、チェーン展開のフジが続く

フジはショッピングセンターのフジグランなど、四国全域のほか広島県などにスーパーマーケットなども含めて約100店舗を展開。三浦工業は、貫流式ボイラなどで国内トップシェア。カミ商事（本社四国中央市）は、大王製紙（本社四国中央市）の販売会社として48年に設立。現在は大王製紙グループではない。

■進学校の実績（東大合格者数）はこんなに変わった!?　変わらない!?

西の御三家、愛光学園が進学実績トップを続ける

95年には私立愛光学園（松山市）が東大合格者48人を出し、灘高校（兵庫県）、ラ・サール高校（鹿児島県）と共に西の御三家といわれる。60年代からずっと、東大合格者数県内トップを維持している。90年代以降、県立高校では松山東高校と今治西高校が2番手を争った年が多い。

23年の東大合格者は、愛光学園14名、松山東高9名、今治西高2名、宇和島南中等教育学校1

名、三島高（四国中央市）1名。

■県が全国シェア上位の生産物

ミカン（2位）17％、キウイフルーツ（2位）17％、レモン（2位）20％、養殖マダイ（1位）54％、養殖ブリ類（2位）17％、タオル（1位）57％

■家庭での年間購入金額上位のもの（都道府県庁所在地別、全国家計調査より）

柑橘類（1位）（ミカン、オレンジを除く）6311円、ミカン（7位）4816円

高知県 【旧国名】土佐《とさ》

［県木］ヤナセスギ　［県花］ヤマモモ　［県鳥］ヤイロチョウ
［総面積］7104㎢（18位）　［可住地面積］1161㎢（39位）
［県庁所在地］高知市

■地理・歴史

米の二期作だった県から、端境期に大都市圏へ野菜を出荷できる県へ

南側は、沖合に黒潮が流れる太平洋に面し、北側は山深い四国山地。徳島市まで流れる吉野川の源流部にあたり、四国最大で四国の水がめと呼ばれる早明浦《さめうら》ダムがある。県西部の四万十川《しまんとがわ》は本流にダムがなく「最後の清流」として呼び声が高い。

温暖な気候のため、かつては一年に二度、米を栽培する二期作が行われていたが、米余りのため、ビニールハウスや温室を利用して、野菜の収穫時期を調整できる促成栽培が盛んになった。ナスの生産量は日本一で、東京や大阪へ、冬や春など通常では流通しない端境期に出荷して有利な取引を目指している。県東部の山間部に位置する馬路《うまじ》村は、人口約800人しかいないが、ユズはちみつジュースの「ごっくん馬路村」を開発。「ポン酢しょうゆゆずの村」と共に、首都圏などでも広く売られている。

幕末期は「薩長土肥」の一つとして活躍した人物が多く、明治以降には多数の政治家、官僚を輩出している。

■約30年での人口と自治体変化

県人口：93年　81・5万人→22年　67・6万人
増減率：マイナス17・1％（減少率の高さ4位）
市町村数：93年　9市25町19村→22年　11市17町6村

主要都市の人口
93年［高知市＋鏡村＋土佐山村＋春野町］33・4万人→22年高知市（合併）32・2万人
93年南国市4・8万人→22年南国市4・7万人
93年［赤岡町＋香我美町＋野市町＋夜須町＋吉川村］3・2万人→22年香南《こうなん》市（合併）3・3万人
93年［中村市＋西土佐村］4・0万人→22年四万十市（合併）3・3万人
93年土佐市3・2万人→22年土佐市（合併）2・6万人

人口減少が顕著ななか、さほど減っていない市も
約30年前と比較すると、人口減少率が西日本では長崎県に次いで2番目に多い。そのなかで香南市が30年前より人口が増加しているのが目立つ。高知市の東側、土佐湾に面し、高知市のベッドタウンとしての特徴のほか、工業団地もある。

■こんなに変わった教科書記述…歴史編
「坂本龍馬」が歴史の教科書から消える?

坂本龍馬、吉田松陰、武田信玄、上杉謙信といった名前が教科書から消える? と一時期テレビや新聞で話題になった。高校と大学の教員らでつくる「高大連携歴史教育研究会」が、17年に教科書に載せる用語の数を、現状の3500語より減らす精選案を発表。そのなかに上記の人物が入っていなかったためである。日本史の授業が、入試対策のためそれらの用語を丸暗記させるものになってしまっていて、歴史嫌いを生み出す結果となっている。それを改善しようというものだった。

現代の中学の教科書では「1866年、土佐藩出身の坂本龍馬などの仲介で、薩摩藩と長州藩は**薩長同盟**を結び、幕府と対決する姿勢を強めました」(『新しい社会　歴史』東京書籍、20年検定)。また高校の教科書ではそれに加え、「後藤象二郎と坂本龍馬が前藩主の山内豊信《やまうちとよしげ》を通じて、将軍徳川慶喜《よしのぶ》に討幕派の機先を制して**大政奉還**を勧めた」(要旨)と記されている。薩長同盟と大政奉還という幕末の重要な出来事に坂本龍馬が強く関与していたという従来の定説どおりが書かれていて、この説が今後も踏襲されるなら、坂本龍馬の教科書掲載は続けられるのではないだろうか。

坂本龍馬に関しては、60年代半ばに司馬遼太郎による『竜馬がゆく』がベストセラーになり、龍馬を主人公に様々な映画やドラマがつくられた。同作は歴史の大筋は変えずに龍馬のキャラクターやいくつかのエピソードは創作している。この小説上の龍馬イコール実在した龍馬と誤解している人が多いと指摘する識者も多い。また歴史学者のなかにも、薩長同盟時の龍馬は、あくまで使者に過ぎなかったとの説を唱える者もいる。もしこの説が定説とされたら、坂本龍馬の教科書掲載は、影響を受けるかもしれない。

高知市の桂浜近くの**高知県立坂本龍馬記念館**を訪ねると、龍馬が姉の乙女に宛てた手紙の一節、「今一度日本を洗濯致し候」などが展示され、奔放で魅力的な性格が伝わってくる。教科書掲載の有無とは関係なく、龍馬への人々の関心は続くのではないだろうか。

■こんなに変わった教科書記述…地理編
意外と少ないカツオ漁獲量のカラクリ

高知といえば、**土佐のカツオの一本釣り**と、食べるほうでは**カツオのたたき**。だが中学地理の教科書には、**促成栽培された高知県のナス**が東京や大阪に冬や春（いわゆる端境期）に向けて出荷される話は出てきても、カツオの話はまったく登場しない。これは約30年前の教科書も同じである。なぜだろうか。

カツオの漁獲量（21年）は、1位静岡県（8・6万t）、2位宮城県（3・1万t）、3位高知県（1・9万t）。高知県のカツオ漁獲量は、イメージするほど多くない。教科書で扱われないのは、そのせいかもしれない。

高知県のカツオ漁は、ほとんどが一本釣りである。カツオの群れを見つけて釣り竿で釣りまくる。一方、宮城県や静岡県の漁船は、大量のカツオをまとめてすくいあげる巻き網漁法。一本釣りのほうがカツオを傷つけずに価値が上がる。

カツオ漁船は、遠洋（中西部太平洋）、太平洋近海、沿岸とに分かれるが、高知県のカツオ漁獲量は、沿岸・近海漁業の漁船が約7割。カツオを追って静岡県沖や三陸沖へ移動した漁船は、その近くの港へ水揚げする。そのため高知県での港の水揚げはそれほど多くない。

ただしカツオを食べる分では、高知県は断然トップの日本一。高知市民の1人あたりカツオの消費金額は7030円。2位の水戸市が3086円、大阪市が1470円、東京都区部が1625円と比べると、高知市民がいかにカツオをたくさん食べているかがわかる。

■約30年でこんなに変わった…交通編

土佐くろしお鉄道：97年宿毛線中村―宿毛開業。

ごめん・なはり線：02年御免―奈半利開業。

高知自動車道：98年に高松自動車道川之江JCTから伊野IC（高知市街西方）まで全通。以後延伸を重ね12年に四万十町中央ＩＣまで開通。

高速バス：23年高松駅―高知駅２時間３分、松山駅―高知駅２時間52分、徳島駅―高知駅など高知自動車道経由で運行し、ＪＲの特急利用よりもほぼ安く早い。

■地方百貨店の興亡（県庁所在地を中心として）

はりまや交差点にあった百貨店

高知市の中心部、はりまや交差点角に**高知西武百貨店**があった。前身は58年に開館した土電会館で、ショップやレストラン、映画館、結婚式場、文化ホールなどが入った複合ビルだった。マイカー時代の到来で経営が厳しくなり、73年西武百貨店と資本提携し、**とでん西武百貨店**となり大規模な増改築を敢行、92年に**高知西武**と名称変更した。00年に高知駅北側、しきぼう工場跡地にイオンがオープンなどの影響を受け02年閉店。

はりまや交差点近くの**高知大丸**は、１９４７（昭和22）年開店。55年に現在地に移転してきた。現在では高知県唯一の百貨店となっている。

■民放テレビ局　キー局の番組どれだけ見られた？

テレ朝好きは困る県

高知さんさんテレビ（フジテレビ系列）が97年に開局するまで、民放テレビ局は高知放送（日本テレビ系列）とテレビ高知（ＴＢＳ系列）の2局だけだった。現在もテレビ朝日系列の局がない。テレビ朝日の人気番組などは、高知放送とテレビ高知で一部放送されることが多い。高知さんさんテレビ開局以前は、たとえばフジテレビのサザエさんは、高知放送で月曜19時に放送。多くの都道府県では同番組は日曜夕方放送なので、テーマ曲が聞こえてくると、「明日からまた仕事や学校だ」と憂鬱になるサザエさんシンドロームが語られることもあるが、高知県では無縁だった。

■地元の大企業（売上高ランキング）

94年　1位旭食品（加工食品卸）　2位高知県園芸農業協同組合連合会　3位高知県経済農業協同組合連合会　4位サニーマート（スーパーマーケット）　5位大旺建設

21年　1位旭食品　2位キタムラ（カメラ量販店）　3位中澤氏家薬業（医薬品卸）　4位サニーマート　5位高知県農業協同組合

様々な業種が上位に並ぶ

旭食品（本社南国市）は、一般加工食品・冷凍食品・チルド食品・酒類・菓子・家庭用品を扱う西日本でも有数の卸売企業。キタムラ（本社高知市）は、カメラ・写真用品店のカメラのキタムラ、子ども写真館などを全国展開。

■進学校の実績（東大合格者数）はこんなに変わった!?

土佐高校を筆頭に、大都市圏以外では珍しく私立高校優勢の県

進学実績では私立高校が圧倒的に優勢で、地方としてはとても珍しい県。60年代以降から私立土佐高校（高知市）と私立高知学芸高校（高知市）で、東大合格者数の県内1位と2位をほぼ独占してきた。90年代からは土佐塾高校（高知市）がそれに加わる。県立高校は、戦後無試験入学、志望校を選べないなどの時代が96年の大学区制導入まで続き不人気となった。23年の東大合格者は土佐高5名、県立高知追手前高（高知市）2名、高知学芸高1名。

■県が全国シェア上位の生産物

ナス（1位）13%、ニラ（1位）25%、シシトウ（1位）36%、ショウガ（1位）41%、ユズ（1位）53%、ソウダガツオ類（1位）29%。

■年間購入金額上位のもの（都道府県庁所在地別、全国家計調査より）

カツオ（1位）7030円、発泡酒・ビール風アルコール（1位）1万6017円、焼肉（外食）（1位）1万5068円、餅（全国最少）987円

福岡県

【旧国名】筑後《ちくご》・筑前《ちくぜん》・豊前《ぶぜん》

［県木］ツツジ　［県花］ウメ　［県鳥］ウグイス
［総面積］4987㎢（29位）　［可住地面積］2764㎢（17位）
［県庁所在地］福岡市

■地理・歴史

県都はかつての「もつ鍋ブーム」の震源地

福岡市周辺は、古くから大陸との貿易を行う港町として発展してきた。ご当地グルメとして博多ラーメンや水炊きが有名のほか、博多が発祥の地とされる「もつ鍋」は、30年ほど前に突然全国的に流行し、92年の新語・流行語大賞（銅賞）を受けている。

関門海峡で山口県と向かい合う北九州市は、戦後の70年代くらいまで、鉄鋼業を中心とした北九州工業地帯として栄えた。筑豊地方では60年代半ばまで、多くの炭田で石炭が採掘され、炭鉱の町として賑わっていた。北九州市の門司港周辺では、外国貿易で栄えた大正時代などの建造物を中心に、90年代半ばから大正レトロ調に町を整備する「門司港レトロ」事業を推し進め観光客を集めている。

かつての重工業に代わり、内陸部ではトヨタ自動車九州、ダイハツ九州などの工場が進出し、それらに関連する部品工場なども増えている。

■約30年での人口と自治体変化

県人口：93年　487・5万人→22年　511・6万人

増減率：プラス4・9％（増加率の高さ8位）

市町村数：93年　23市66町8村→22年　29市29町2村

主要都市の人口

93年福岡市121・4万人→22年福岡市156・8万人

93年北九州市101・5万人→22年北九州市93・7万人

93年［久留米市＋田主丸町＋北野町＋城島町＋三潴《みづま》町］29・7万人→22年久留米市（合併）30・3万人

福岡市と北九州市とでは、対照的な人口推移

約30年前と比べると県全体の人口は増加しているが、これは福岡市が大きく増加している影響が大きい。福岡市は22年時点でも増加を続けている。

北九州市は79（昭和54）年の106・8万人をピークに以後人口減少が続く。石炭産業の衰退などによるもので、社会減に関しては65年から半世紀以上にわたり続いている。

■約30年でこんなに変わった…繁華街編
福岡の天神から九州の天神へ

九州一の繁華街の**天神**。約30年前はちょうど、天神を中心としたエリアに集まる若者たちが、福岡県内だけにとどまらず、九州・山口地域一円からへと変わってきた時期。博多駅と九州各地を結ぶJR特急や高速バスの名前から「かもめ族」「つばめ族」「フェニックス族」などの言葉も生まれた。

まず89年、西日本鉄道の街づくりプロジェクト**天神ソラリア計画**により、西鉄福岡駅前にソラリアプラザが完成。同年駅をはさんだ向かい付近に金色の有田焼きのタイルを貼った派手なファッションビル、イムズも完成する。

天神には、1936(昭和11)年から百貨店の**岩田屋本店**が構え、「天神の盟主」といわれてきた。75年には**博多大丸**が呉服町から移転してきた。96年岩田屋が流行に敏感な働く女性をターゲットにZ—SIDEという名の新館をオープン。97年には西鉄福岡駅の新ターミナルビルに**福岡三越**、さらに**大丸東館エルガーラ**がオープンし、同駅付近は熾烈な百貨店戦争の舞台となった。95〜97年の西鉄福岡駅の工事で、改札口が南に約50m移動するなどもあり、岩田屋は客足が減少して一時期経営危機に陥るが、店舗の売却、伊勢丹の傘下に入るなどにより乗り越え、04年現在地(旧Z—SIDE)に移転、危機を脱している。

ＪＲ博多シティ開業で、天神はどうなったか

93年に**福岡ドーム**がオープン。球場としてだけでなく屋内コンサート会場としても九州最大級で、マイケル・ジャクソンやマドンナなど国内外のアーティストのコンサートも行われ、試合やコンサートの前後には、天神にも観客が流れた。

天神の危機といわれたのが、11年の九州新幹線博多―新八代開業にともなって博多駅に完成した国内最大級の駅ビル、**ＪＲ博多シティ**の開業である。シネコンや個性的な店が入る一大複合施設のアミュプラザ博多や博多阪急百貨店などで構成されている。盛況で、天神の客が奪われているとの報道もなされた。

天神でも15年から市の主導で**「天神ビッグバン」事業**が始動。これまで福岡空港が近いため建物の高さ規制が厳しかったが、天神エリアに限って高層ビルを可能にするなど規制緩和を行う。福岡の2大エリアとして、魅力を高めあう形での発展が計られている。

■こんなに変わった教科書記述…地理編

四大工業地帯の名称が教科書から消えた

80年代くらいまで、日本には**京浜**、**中京**、**阪神**、**北九州**の**四大工業地帯**がある、と教えられてきた。約30年前の中学地理の教科書でも、一部の教科書では四大工業地帯という言葉が登場するので、そう覚えている方もいるだろう。

第二次世界大戦前、北九州工業地帯は、日本の鉄鋼の半分以上を生産する、重要な工業地帯だった。核となったのは、1901年に操業を開始した**官営八幡製鉄所**（90年代では新日本製鐵八幡製鐵所、現・日本製鉄九州製鉄所八幡地区）である。

戦後は外国製品の台頭や、他の工業地帯のように石油化学や機械などといった鉄鋼業以外の工業の発達があまりしていなかったこと、エネルギー政策の転換により筑豊の炭鉱が次々に閉山したことなどにより生産は伸び悩む。

現在の教科書によれば、**京葉工業地域**、**北関東工業地域**、**瀬戸内工業地域**との用語が登場し、これら各工業地域の出荷額は約30～40兆円（18年）。いずれも北九州工業地帯の約10兆円より数倍も多い。

八幡製鐵所の一部跡地を利用して、テーマパークのスペースワールドが90年に開業。17年に閉園となり、23年からはイオンモールが手がけるアウトレットモールのＴＨＥ　ＯＵＴＬＥＴＳ　ＫＩＴＡＫＹＵＳＨＵとなった。なお最寄りのＪＲ駅のスペースワールド駅の駅名はそのままとなっている。

イチゴの品種「あまおう」の登場で、イチゴの輸出の記述も

現代の地理の教科書には、筑紫平野のイチゴの輸出が登場する。「特に『あまおう』や『さがほのか』など、大粒で甘いいちごは海外でも人気が高く、ホンコン（香港）や台湾などのアジアを中心に輸出されています」（『中学生の地理』帝国書院、20年検定）。一方、約30年前の教科書

には、九州地方のページでのイチゴの記述はなかった。

福岡県におけるイチゴ生産は83年に品種**とよのか**を導入したのをきっかけに大きく飛躍した。イチゴの生産量は長い間栃木県が1位だったが、89年に生産額で福岡県がトップになる。栃木県では**とちおとめ**を開発し95年に生産額でトップを奪還。福岡県でも県農業総合試験場で**あまおう**の開発に成功。「あかい」「まるい」「おおきい」「うまい」の頭文字とイチゴの王様をかけての命名である。味と色のほか、果実が大きいと収穫・パック詰めが省力できる点も優れている。「赤い」は、葉っぱが邪魔して実《み》に太陽光があたらない箇所があっても白くなりにくく、ヘタ先まで赤いことを示している。

福岡県のイチゴ生産額は2位のままだが、輸出が伸びている。福岡空港からイチゴの輸出額は11年は1億円台だったが、20年は6億4100万円。

■約30年でこんなに変わった…交通編

JR利用：92年東京―博多（東海道・山陽新幹線）5時間52分→23年同4時間52分

11年九州新幹線博多―新八代延伸開業で博多―鹿児島中央が全通。
東京発の夜行寝台特急（ブルートレイン）：92年時点では「あさかぜ」博多行きが運行。「あさかぜ」以外でも、東京発、新大阪発の西鹿児島行き、長崎行きなどの夜行寝台特急が博多に朝に停車するので利用できた。「あさかぜ」は05年廃止。「鉄道と道路、これだけ今と違った30年前の状況」の項参照。

福岡市地下鉄：93年空港線博多―福岡空港延伸開業。05年七隈線橋本―天神南開業、23年天神南―博多延伸開業。

東九州自動車道：06年九州自動車道北九州JCT―苅田《かんだ》北九州空港IC開通、以後延伸を重ね16年福岡県内が全通し、大分市、宮崎市と東九州自動車道で結ばれた。

福岡高速環状線：80年代から部分開通を重ね99年博多方面から九州自動車道太宰府ICへのルート開通。01年博多市街から西九州自動車へのルート開通、11年全線開通。

（新）北九州空港：旧陸軍の飛行場を前身とする北九州空港が、06年沖合の人工島につくられた新空港へ移転。

■地方百貨店の興亡（県庁所在地を中心として）

福岡では忘れてはならない百貨店の玉屋

天神の項で記述した百貨店のほか、1925（大正14）年福岡市で初の百貨店として中州に開店した**玉屋**は、戦後、ゾウのいる動物園を屋上に開設など、地元に親しまれてきた。天神商圏の勢力が増すに連れ立地が不利となり、99年に閉店。

■民放テレビ局　キー局の番組どれだけ見られた？

早々と主要キー局系列が放送開始

69年に福岡放送（日本テレビ系列）が開局したことにより、それ以前からのRKB毎日放送（TBS系列）、テレビ西日本（フジテレビ系列）、九州朝日放送（テレビ朝日系列）と主要キー4局の系列が出揃った。91年にはTVQ九州放送（テレビ東京系列）が開局。キー局としてはフルラインナップとなる。

■地元の大企業（売上高ランキング）

94年　1位九州電力　2位東陶機器（トイレ、住宅設備機器）　3位福岡県共済農業協同組合連合会　4位九州松下電器　5位福友商事

21年　1位九州電力　2位トヨタ自動車九州　3位コスモス薬品（ドラッグストア）　4位九州電力送配電　5位トライアルカンパニー（スーパーセンター）

電力、製造、小売り大手が並ぶ

トヨタ自動車九州は、91年設立。宮田工場（宮若市）、苅田工場、小倉工場で車体、部品などを製造。コスモス薬品は九州、中国、四国地方を中心に約1000店の展開。東陶機器は現・TOTOに、21年8位。九州松下電器は統合、社名変更などを経て現・パナソニック コネクト（本社東京都）に。

■進学校の実績（東大合格者数）はこんなに変わった!?　変わらない!?

久留米大附設が進学実績で独走、修猷館がそれに続く

80年代から私立久留米大学附設高校（久留米市）が東大に毎年30〜50名の合格者を出し、県内トップを独走している。県立高校では、福岡藩の藩校に起源を持つ修猷館《しゅうゆうかん》高校（福岡市）を筆頭に、筑紫丘高校（福岡市）、小倉高校（北九州市）、福岡高校（福岡市）、私立では福岡大学附属大濠高校（福岡市）からの東大合格者が多い。23年の東大（カッコ内は京大）合格者は、久留米大附設37名（11名）、修猷館高校13名（21名）、筑紫丘高4名（11名）、福岡高4名（9名）、福岡大附属大濠4名（5名）、明善高校（久留米市）4名など。

■県が全国シェア上位の生産物

キウイフルーツ（1位）20％、イチゴ（2位）10％、小麦（2位）7％、たんす（1位）31％

■家庭での年間購入金額上位のもの（都道府県庁所在地別、全国家計調査より）

タラコ（1位）3953円、焼酎（3位）1万658円（焼酎代がビール代より多いのは、全国で福岡、宮崎、鹿児島の3県のみ）

佐賀県　【旧国名】肥前《ひぜん》

［県木］クス　［県花］クス　［県鳥］カササギ
［総面積］2441㎢（42位）　［可住地面積］1335㎢（34位）
［県庁所在地］佐賀市

■地理・歴史

薩長土肥の一つ、小さいながら様々な歴史を持つ県

南部の有明海沿岸は江戸時代から干拓が進み、干潟ではムツゴロウ（穴を掘って棲むハゼ科の魚）など珍しい生物が多くみられる。ノリの養殖も盛んで佐賀県の生産量は日本一。干拓地では、塩分がある土地でもよく育つタマネギの生産が盛ん。

佐賀県を代表する工芸品の有田焼、伊万里焼は、16世紀後半、豊臣秀吉が朝鮮出兵を命じた際、出兵した鍋島藩の武将が連れ帰った陶工たちの一人、李参平が有田で磁器の原料の白磁鉱を発見、窯をつくり磁器を焼いたのが始まり。幕末期から明治時代にかけては「薩長土肥」の一つとして、大隈重信をはじめ活躍した人物が多い。

秋に佐賀市の嘉瀬川河川敷を主会場として行われる「佐賀インターナショナルバルーンフェス

タ」は、佐賀では80年から行われ、例年100機以上の熱気球が参加し、観客も100万人前後が訪れる佐賀県最大のイベント。

■約30年での人口と自治体変化

県人口：93年　87・9万人↓22年　80・1万人

増減率：マイナス8・9％（減少率の高さ21位）

市町村数：93年　7市37町5村↓22年　10市10町

主要都市の人口

93年［佐賀市＋諸富町＋大和町＋富士町＋三瀬村＋川副町＋東与賀町＋久保田町］24・2万人↓22年佐賀市（合併）23・0万人

93年［唐津市＋浜玉町＋厳木《きゅうらぎ》町＋相知《おうち》町＋北波多村＋肥前町＋鎮西町＋呼子町＋七山村］14・1万人↓22年唐津市（合併）11・8万人

93年鳥栖《とす》市5・6万人↓22年鳥栖市7・4万人

93年伊万里市6・1万人↓22年伊万里市5・3万人

人口増加が続くミラクル地方都市、鳥栖

約30年前と比較して県全体の人口が減るなか、鳥栖市の人口が大きく増加しているのが目立つ。詳しくみると19年からは自然減（死亡者が出生者より多い）となったが、社会増（転入者が転出者より多い）のほうが大きいため、全体として増加が続いている。鳥栖市では「九州縦貫・横断自動車道が交差し門司港、博多港、福岡空港、佐賀空港にも近いという立地条件のよさをアピールし、産業団地を整備して企業誘致を推進してきた成果」と述べている。

■約30年でこんなに変わった…交通編

ＪＲ利用：22年西九州新幹線武雄温泉―長崎開業。

長崎自動車道：90年までに佐賀県内から九州自動車道鳥栖ＪＣＴまでの区間は開通していたが、04年に長崎ＩＣまで延伸し、長崎自動車が全線開通。

佐賀空港：有明海に面した干拓地に98年開港。愛称は九州佐賀国際空港。

■こんなに変わった教科書記述…歴史編

センセーショナルに登場した吉野ヶ里遺跡

佐賀市の東側、神埼市と吉野ヶ里《よしのがり》町にまたがる丘陵で、89年**吉野ヶ里遺跡の発見**が報道された。**弥生時代の環濠集落跡**で、現在は**国営吉野ヶ里歴史公園**となっている場所である。これまでにない大きさの規模の遺跡だったため、**邪馬台国**《やまたいこく》の跡との説も飛び交い、全国的にテレビニュースでも流れ話題となった。

吉野ヶ里遺跡の最大の特徴とされるのは、濠がめぐらされ、見張り・威嚇のための物見櫓が複数置かれるなど、集落の防御に関連した遺構の点である。「弥生時代の墓からは、胸や腹にいくつもの石の矢のつきささった人骨が発見される。それらは、村と村との間で、はげしい戦いがくりかえされたことを示している」(『中学社会　歴史』教育出版、92年検定)。約30年前の教科書でもとりあげられ、なかには2ページの特集の形でふれた中学歴史教科書(清水書院、92年検定)もある。それ以前の縄文時代とは異なり、村どうしなどの戦いが活発になり、その過程で国がつくられていくという歴史的意味があるためである。

それまでの教科書では、弥生時代の遺跡としては、登呂《とろ》遺跡(静岡県)の記述が代表的だったので、主役が交代した形となった。

弥生時代の定義が変わった

現代の中学や高校の歴史教科書では、逆に吉野ヶ里遺跡にふれていないものも多い。あっても欄外にコラムとしての程度である。その後、各地の遺跡で発掘が進み、吉野ヶ里遺跡以外でも様々なことがわかってきたためのようだ。

そもそも弥生時代の定義も一部変わった。①稲作が始まる。②縄文土器と異なる弥生土器(装飾が簡素で物を貯蔵する壺が発達)を使用。弥生時代の特徴はこの2点だったが、縄文土器を使用しながら稲作を行っていた遺跡が発見されたりした。そのため弥生時代の定義に①を重要視し、弥生時代の始まりも、約30年前の教科書では紀元前3世紀だったのが、現在では紀元前4世紀頃となり、「始まりを紀元前10世紀ごろとする説もあります」とコラムで注を入れている教科書もある。新たな発見のニュースにふれ、当時の様子が少しずつ明らかになっていくのが、縄文・弥生時代の魅力だろう。

■地方百貨店の興亡（県庁所在地を中心として）
髙島屋と同じデザインの紙袋の老舗百貨店

佐賀城の北側の旧市街に**佐賀玉屋**がある。１９３３（昭和８）年に佐賀県で最初の百貨店として呉服町に開店し、65年に現在地に移転してきた。旧市街は戦前からの街並みで道幅が狭く、旧市街全体にかつての賑わいが失われている。髙島屋主体のハイランドグループに加盟しているため、紙袋などに髙島屋と同じバラの花を採用、ロゴ部分だけ玉屋のロゴになっていて高級な感じがする。23年８月に７階レストラン街が閉店となった。

■民放テレビ局　キー局の番組どれだけ見られた？
県域の民放はサガテレビだけ

佐賀県にある県域の民放局は69年開局のサガテレビ（フジテレビ系列）の１局だけ。県内のほとんどの地域で福岡県（一部地域では長崎県）の民放局の福岡放送（日本テレビ系列）、ＲＫＢ毎日放送（ＴＢＳ系列）、九州朝日放送（テレビ朝日系列）、及び上記のなかで最も遅く91年に開局したＴＶＱ九州放送（テレビ東京系列）が受信できる。福岡の民放局の福岡ローカルニュースでも佐賀県内の出来事を報道対象としている。

■地元の大企業（売上高ランキング）

94年　1位佐賀県経済農業協同組合連合会　2位松尾建設　3位佐賀県園芸農業協同組合連合会　4位久光製薬　5位佐賀鉄工所

21年1位ダイレックス（ディスカウントストア、ドラッグストア）2位トヨタ紡織九州（自動車シート、ドアトリム）　3位松尾建設　4位一部事務組合佐賀県競馬組合　5位巨樹の会（医療法人）

県下一の進学校を社の創立100周年で設立したゼネコンが上位に

ダイレックス（本部佐賀市）は、サンドラッググループとして九州のほか西日本、中部地方なども含め約370の店舗展開。トヨタ紡織（本社神埼市）は、93年にトヨタ自動車の九州進出にあわせて91年に本社工場を設立。

松尾建設（本店佐賀市）は創立130年以上、九州最大級のゼネコン。創業100周年の際、記念事業として私立弘学館中学・高校を設立、同校は県下トップクラスの進学校。

■進学校の実績（東大合格者数）はこんなに変わった!?　変わらない!?

伝統の県立高校と早稲田大学の系属校と

90～00年代は、87年開校の私立弘学館（佐賀市）、10年代以降は佐賀西高校が東大合格者トップの年が多い。佐賀西高校は、藩校弘道館の流れを継承する伝統校。私立早稲田佐賀高（唐津市）は卒業生の50％が早稲田大学へ推薦入学。23年の東大合格者は、佐賀西高6名、早稲田佐賀高1名。

■県が全国シェア上位の生産物

タマネギ（2位）9％、養殖ノリ類（1位）24％、陶磁器製和飲食器（3位）14％、エビ類（1位）18％

■家庭での年間購入金額上位のもの（都道府県庁所在地別、全国家計調査より）

干しノリ（1位）5489円、発泡酒・ビール風アルコール飲料（2位）1万3813円

長崎県

【旧国名】肥前《ひぜん》・壱岐《いき》・対馬《つしま》

〔県木〕ヒノキ・ツバキ　〔県花〕雲仙ツツジ　〔県鳥〕オシドリ
〔総面積〕４１３１㎢（37位）　〔可住地面積〕１６６８㎢（29位）
〔県庁所在地〕長崎市

■地理・歴史

最新技術で数え直しても、島の数は長崎県が日本一

長崎県の島の数は日本一の１４７９。23年に国土地理院が、解像度の高い航空写真などで数え直したところ、従来の海上保安庁の発表より全国、及び長崎県共に島の数は2倍以上になった。2位は北海道の１４７３。海岸線の長さでは北海道に次いで2位。

江戸時代、徳川幕府が鎖国を行っていた時代、長崎の出島においてだけ、オランダ、中国と貿易が許されていたため、長崎には、カステラ（ポルトガルから伝わり日本で独自に発展）、しっぽく料理（中国風の宴会用大皿料理）、べっこう細工（中国から伝わった亀の甲羅を加工してつくった装飾品）など、当時の外国との交流を示す名産が数多くある。カボチャ、ジャガイモ、ビワなども鎖国時代に長崎に伝わったもの。漁業も盛んで、アジ、タイ、ブリ、ヒラメなどの水揚げも多い。

■約30年での人口と自治体変化

県人口：93年　155・0万人→22年　128・3万人

増減率：マイナス17・2％（減少率の高さ3位）

市町村数：93年　8市70町1村→22年　13市8町

主要都市の人口

93年［長崎市＋香焼町＋伊王島町＋高島町＋野母崎町＋三和町＋外海《そとめ》町＋琴海《きんかい》町］48・8万人→22年長崎市（合併）40・6万人

93年［佐世保市＋吉井町＋世知原町＋宇久町＋小佐々町＋江迎町＋鹿町町］28・2万人→22年佐世保市（合併）24・3万人

93年大村市7・5万人→22年大村市9・8万人

県内で唯一、大幅な人口増加を続けてきた大村市

約30年前と比較して長崎県や長崎市の人口減少が顕著ななか、大村市が大幅な人口増となっているのが目をひく。大村市は23年（10月現在）でも人口増加が続いている。県央地区に位置し、長崎自動車道、西九州新幹線が通り、長崎空港も大村市街近くに立地。大村ハイテクパークなどの産業団地があるほか、長崎市のベッドタウンとしての性格も持つ。

■こんなに変わった教科書記述…地理編

世界一の造船業の中心にいた長崎県

約30年前の地理の教科書には、長崎県のページに、「世界一の日本の造船業」との見出しのもと「長崎の最大の産業は造船業である」と書かれている（『中学社会　地理的分野』日本書籍、92年検定）。「１９６０年ごろからは、ドックやクレーンを大型化し、巨大なタンカーを建造し、毎年のように**世界一の進水量**を誇ってきた。１９７２年には、沖合の香焼島《こうやぎじま》を陸続きにして、長さ１０００ｍもある大きなドックが建設された」。教科書は企業名を書かないが、具体的には**三菱重工業長崎造船所**のことを述べている。戦前には、ここで旧日本海軍の戦艦「武蔵」などもつくられている。

とくに70年代には、大型タンカーの需要が高まった時期で、早くから大型船建造の体制を整えていた日本には有利な情勢となっていた。

撤退する造船部門、基幹産業が造船業から電子部品へ

90年代後半から、韓国と中国が、国の支援も受けた大規模な設備投資と安値受注で攻勢をかけてきて、日本は00年代には2位、10年代は3位へと転落、造船量も減らしていく。

22年に三菱重工業は、同社の発祥の地である長崎造船所のうち、90年代の教科書にあった香焼工場の新造船エリアを、国内造船大手の大島造船所（西海市）に売却した。香焼工場は長崎湾の入口近くにあり、高度な造船技術のいる大型のＬＮＧ運搬船などを製造してきた。また、もう一

つの県を代表する造船会社の**佐世保重工業**も22年、船舶の新造事業を休止、船舶の修繕や機械製造に特化することを発表した。

なお長崎造船所の、ジャイアント・カンチレバークレーン（1909年竣工、高さ約62m、アーム部分の長さ約75m）、小菅修船場跡、第三船渠、旧木型場（現在は史料館）、占勝閣（迎賓館）の5資産が、15年に世界遺産「明治日本の産業革命遺産 製鉄・製鋼、造船、石炭産業」に登録されている。

長崎県は、地域経済を支えてきた基幹産業の競争力低下、人口減少など、全国がこれから深刻に抱えるであろう問題に早くも直面している点で、「課題先進県」ともいわれる。長崎県が今後の基幹産業と捉える電子部品・デバイスでの発展が望まれる。

■こんなに変わった教科書記述…歴史編

キリシタン弾圧に反抗した「島原の乱」の名が、「島原・天草一揆」に

江戸時代の1637年に起きた島原などでの領民蜂起は、多くの教科書で**島原の乱**と記されてきた。現在の歴史の教科書では、**島原・天草一揆**と書かれているものが多い。

江戸幕府のキリシタン弾圧により迫害を受けたキリスト教信者が、カリスマ的存在となった若者、**天草四郎**をリーダーとして担ぎ、蜂起して**原城**に立てこもったと覚えていた方が多いのではないだろうか。

そもそも天草はキリシタン大名として有名な小西行長、島原は同じく有馬晴信の領地だった。その後天草は寺沢氏、島原は松倉氏の領地となった。彼らは幕府の禁教令に従ってキリシタンを取り締まる。さらに領民に対して重税を課し、払えない者には厳罰を処した。このようなことに耐えきれず、領民たちは蜂起した。その数は2万7000にものぼり、そこへ諸藩の兵で構成された幕府軍12万7000が攻めこんだ。幕府軍としては予想外の抵抗にあい、海上からは幕府に味方するオランダ船も原城を砲撃した。

「乱」という言葉は「支配者側にとって暴力的に秩序を乱したもの」という意味合いが強く、「一揆」は「目的のもとに心を一つにした集団が蜂起する」という意味を持つ。また島原だけでなく、天草でも領民が蜂起している。そうしたことから事実に近い形の「島原・天草一揆」の名称が主流となった。

■約30年でこんなに変わった…交通編

JR利用：92年博多―長崎（特急）2時間3分→23年博多―長崎（武雄温泉で在来線特急から西九州新幹線へ乗り換え）1時間28分

22年西九州新幹線武雄温泉―長崎開業。

東京発の夜行寝台特急（ブルートレイン）：92年時点では「さくら」長崎・佐世保行き、「みずほ」長崎・熊本行きが運行。京都発の「あかつき」長崎・佐世保行きも運行。「さくら」は東京

16時37分発長崎着翌10時53分、佐世保10時34分着。「さくら」は05年廃止（佐世保行きは99年廃止）。「みずほ」94年廃止。

長崎自動車道：90年までに九州自動車道鳥栖ＪＣＴ―長崎多良見ＩＣは開通していて、04年長崎多良見―長崎ＩＣ間11㎞の開通により長崎自動車道が全通。

■地方百貨店の興亡（県庁所在地を中心として）
地場資本の浜屋、岡政と玉屋で繰り広げた商戦

90年代には、長崎市街中心部の浜町に**浜屋百貨店**と**長崎大丸**、市街北側の諏訪神社近くに**長崎玉屋百貨店**があった。浜屋百貨店は１９３９（昭和14）年創業。長崎大丸のルーツは34年開店の**岡政百貨店**。いずれも長崎の地場資本の百貨店である。戦後の69年、佐世保を拠点とする佐世保玉屋が長崎に進出し長崎玉屋を開店。三つ巴の商戦となった。

88年岡政は長崎大丸へ店名変更し、ファッション中心へとリニューアルする。その後モータリゼーションにより郊外型大型店へと客足が移り、既存の百貨店は苦戦。03年長崎大丸は博多大丸に吸収され博多大丸長崎店に。九州では博多大丸の実力は大きく、博多に入っている人気商品が長崎にも入ってくるようになったが、建物の老朽化で11年に閉店。長崎玉屋も14年に閉店となり、浜屋百貨店（長崎浜屋）のみが営業を続けている。

■民放テレビ局　キー局の番組どれだけ見られた？

90年代初頭に、主要キー4局が揃う

90年に長崎文化放送（テレビ朝日系列）、91年に長崎国際テレビ（日本テレビ系列）が開局し、それ以前からあった長崎放送（TBS系列）、テレビ長崎（フジテレビ系列）と共に、主要キー4局の系列がすべて開局した。テレビ東京の番組は、上記民放4局で一部を放送。

■地元の大企業（売上高ランキング）

94年　1位長崎物産商事　2位平和物産　3位長崎県経済農業協同組合連合会　4位長崎魚市　5位長崎県漁業協同組合連合会

21年　1位ジャパネットたかた（通信販売）　2位アイティーアイ（医療機器・産業機械販売）　3位長崎物産商事　4位三宝商事（遊技場）　5位山下医科器械

農業、漁業関連組織に代わり、通販、流通関連の企業が上位に

ジャパネットタカタ（本社佐世保市）は、CMでおなじみの通信販売会社。アイティーアイ（本社長崎市）は、三菱向け商材を扱う会社として66年創業。医療関連商品の販売。

■進学校の実績（東大合格者数）はこんなに変わった⁉ 変わらない⁉

ラ・サール高、久留米大附設高と共に九州御三家の青雲高がトップを続ける

80年代以降、私立青雲高校（時津町）が、東大合格者数でほぼ毎年トップとなっている。次いで長崎西高校を筆頭に、佐世保北高校、長崎東高校、諫早高校の県立勢が続く。23年の東大合格者数は、青雲高校6名、長崎西高3名、諫早高3名、佐世保北高2名など。

■県が全国シェア上位の生産物

アジ類（1位）46％、タイ類（1位）17％、ビワ（1位）30％、サザエ（1位）19％、サバ類（2位）16％、ブリ類（3位）11％

■年間購入金額上位のもの（都道府県庁所在地別）

カステラ（1位）5364円、タイ（2位）2297円、アジ（2位）2463円、カマボコ（2位）5609円

熊本県　【旧国名】肥後《ひご》

［県木］クスノキ　［県花］リンドウ　［県鳥］ヒバリ
［総面積］7409㎢（15位）　［可住地面積］2747㎢（18位）
［県庁所在地］熊本市

■地理・歴史

トマト、スイカ、イグサなど生産量日本一も多い野菜王国

北東部にある阿蘇山は、世界最大級のカルデラを持つ火山。西の熊本平野は寒暖差が大きい気候で、スイカやトマトなどの促成栽培が盛ん。加工して畳表にするイグサの栽培も熊本県はほぼシェア独占の日本一で、お米とイグサの二毛作でつくられる。

阿蘇山の溶岩が固まった軽くて加工しやすい溶結凝灰岩《ようけつぎょうかいがん》を使って、土木構造物を巧みにつくってきたのが肥後の石工職人。外国の技術を用いて石造りのアーチ橋などもつくっている。江戸時代末に石造りのアーチ型で架けられた水道橋の通潤橋《つうじゅんきょう》（山都町）は、23年に橋などとしては全国初の国宝に指定された。

熊本市は阿蘇山からの伏流水に恵まれ、全国の大都市では唯一の例となる水道水の水源がすべて地下水。清浄で豊富な水をもとめて三菱電機、九州日本電気などが70年前後に半導体工場を熊本市周辺につくり、80〜90年代には九州がシリコンアイランドと呼ばれることの先駆けとなった。21年に半導体の受託生産で世界最大手企業である台湾のTSMCが、熊本市の東に隣接する菊陽町に半導体工場を建設すると発表。投資額は約1兆円で、日本政府が約4800億円の工場整備費用を補助し、熊本県内への経済波及効果も大きく注目を集めている。工場は24年末からの量産を予定している。

■約30年での人口と自治体変化

県人口：93年　184・7万人→22年　171・8万人

増減率：マイナス7・0％（減少率の高さ25位）

市町村数：93年　11市62町21村→22年　14市23町8村

主要都市の人口

93年［熊本市＋富合町＋城南町＋植木町］68・1万人→22年熊本市（合併）73・1万人

93年［八代市＋坂本村＋千丁町＋鏡町＋東陽村＋泉村］14・7万人→22年八代市（合併）12・4万人

93年［本渡《ほんど》市＋牛深市＋有明町＋御所浦町＋倉岳町＋栖本《すもと》町＋新和町＋五和町＋天草町＋河浦町］11・2万人→22年天草市（合併）7・7万人

県の人口が減るなか、熊本市周辺では人口増加の町も

約30年前と比べて県全体の人口が大きく減少しているなか、熊本市の人口が増加しているのが目立つ。詳しくみると熊本市の人口は、16年の74・1万人をピークに微減となっている。熊本市の東側、本田技研の工場がある大津町では、23年現在でも人口増加が続いている。

■約30年でこんなに変わった…産業編
「塩トマト」誕生。トマトの収穫量は30年前の2倍に

この約30年の間に収穫量が倍以上になったのが、熊本県でのトマトである。94年には6万4700tだったのが21年には13万2500tにまで増加した。もちろん収穫量全国1位である。熊本県でトマトの生産が多い理由は、温暖な海沿いでは**冬春トマト**（11〜6月栽培）、涼しい高原では**夏秋トマト**（7〜11月栽培）の栽培が可能な点。さらに近年名産となった**塩トマト**の存在が挙げられる。

塩トマトとは、八代市を中心に海に面した土地や干拓地など、土壌の塩分濃度が高い土地で栽培されるトマトのこと。根から水分を十分に吸い上げられないため、あまり大きくならないものの、甘味が凝縮される。「塩」がつく名前とは裏腹に、糖度は8〜10度（通常の大玉トマトは5〜6度）と上品な甘さが抜群である。かつては小玉で売り物にならないものとして規格外品扱いされ自家用に回していたが、95年頃から人気が出始め、高値がつくようになった。

塩トマトは熊本県だけでなく、遠く東北地方、11年の東日本大震災での津波で海水を被り、塩害となった農地での栽培としても脚光を浴びている。

意外!? 熊本県が葉タバコ収穫・販売量日本一に

なぜ熊本県でタバコの話？　と思われる方が多いかもしれないが、熊本県は葉タバコの収穫・販売量が２６８４ｔ、シェア19％で全国1位。２位沖縄県１６８７ｔ、３位岩手県１５９２ｔと続く。「花は霧島、煙草は国分《こくぶ》〜」という歌い出しの「鹿児島おはら節」が有名な鹿児島県は９２７ｔで7位である。

ご存じのように、日本人の**喫煙者率は年々減ってきた**。約30年前の92年に男性60・４％、女性13・3％だったのが、22年では男性25・４％、女性7・7％。22年の数字は実感より多い気もするが、「ときどき吸うことがある」という人も含んでいる。

たとえば東海道新幹線で**禁煙車**が登場したのは、開業から10年以上経った77年。93年におよそ半分の車両が禁煙車になり、08年に全席禁煙（喫煙ルームはあり）の列車が設定された。筆者の記憶でも、ちょうど30年くらい前まで、多くの会社では机の上に灰皿があり、勤務中も自分の机でタバコを吸っている人をよくみかけた。

喫煙者の減少に合わせて、葉タバコの収穫・販売量も減った。94年の統計では、1位岩手県７１１５ｔ、２位福島県、３位宮崎県、４位鹿児島県と続き、５位が熊本県４８６６ｔだった。さらに昔の85年と20年とを比べると、全国の葉タバコの作付面積は４・７万haから６１００ha、生産農家も7・9万戸から4300戸にまで減少している。

熊本県は、この30年で1位に躍進したというより、他県が減ったために1位へと押し上げられた形である。

■約30年でこんなに変わった…交通編

JR利用：92年博多—熊本（鹿児島本線特急）1時間17分→23年同（九州新幹線利用）32分

04年九州新幹線新八代—鹿児島中央開業、11年博多—新八代延伸。

東京発の夜行寝台特急（ブルートレイン）：92年時点では熊本へ「はやぶさ」（西鹿児島行き）「みずほ」（熊本行き）運行。「みずほ」は東京18時発熊本着翌11時07分。新大阪発西鹿児島行き寝台特急「なは」も運行。

九州自動車道：95年に人吉IC—えびのIC開通で九州自動車道全線開通。これにより首都高速道路経由で青森—鹿児島が高速道路によって結ばれた。

天草空港：00年開港。福岡空港、熊本空港への便が就航。

■地方百貨店の興亡（県庁所在地を中心として）

県民に親しまれた県民百貨店と、老舗の鶴屋

90年代には、熊本城近くの熊本市街中心部に、**岩田屋伊勢丹**（93年からは**熊本岩田屋**）と**鶴屋百貨店**があった。岩田屋伊勢丹は、市内周辺各地からのバス路線が集まる大規模バスターミナルへの連絡通路もあり、アクセスに便利な立地を得ていた。03年には阪神百貨店の出資を受けて**くまもと阪神百貨店**に店名変更、11年には阪神百貨店との契約満了に伴い、**県民百貨店**に店名変更した。その後同百貨店のある桜町地区の再開発により15年閉店。跡地周辺は熊本城ホールなどになっている。

鶴屋百貨店は、大手や電鉄系ではない地方百貨店としては最大級の規模を誇り、22年に70周年を迎えた。65年より始められた全国有名駅弁大会は、東京の京王百貨店、大阪の阪神百貨店での大会と共に日本三大駅弁大会として名高い。

■民放テレビ局　キー局の番組どれだけ見られた？

大都市圏に含まれない県としては、比較的早く主要キー4局系列が揃う

89年に熊本朝日放送（テレビ朝日系列）が開局し、それ以前からの熊本放送（ＴＢＳ系列）、テレビ熊本（フジテレビ系列）、熊本県民テレビ（日本テレビ系列）と共に、主要4局体制が整った。熊本朝日放送は、人口２００万人以下の県としては初の4局目のテレビ局の誕生だっ

た。テレビ東京の人気番組の一部は、熊本放送、熊本県民テレビなどで放送している。

■地元の大企業（売上高ランキング）

94年　1位寿屋（総合スーパーマーケットなど）　2位熊本県経済農業協同組合連合会　3位九州日本電気　4位ニコニコ堂（スーパーマーケット）　5位富田薬品（医薬品卸）

21年　1位ソニーセミコンダクタマニュファクチャリング（半導体製造）　2位東京エレクトロン九州（半導体製造装置）　3位岩下兄弟（遊技場）　4位熊本県酪農業協同組合連合会　5位熊本大学

有名ハイテク企業が上位に並ぶ

ソニーセミコンダクタマニュファクチャリング（本社菊陽町）は、13年に本社を福岡県から当地に移転。半導体の設計・開発・生産。94年1位の寿屋は、九州一円に総合スーパーなどを展開していたが、02年寿屋などの全店営業停止となった。

■進学校の実績（東大合格者数）はこんなに変わった!?　変わらない!?

県立高校が断然トップを維持する珍しい県

熊本高校が、戦後一貫して東大合格者数において県内トップを保っている。2番手に明治時代前期に創立の済々黌《せいせいこう》高校（熊本市）。黌は学校の意味。そのほか玉名高校、私立真和高校（熊本市）、私立文徳高校（熊本市）など。23年の東大合格者数では、熊本高が25名で九州の県立高校ではトップ。濟々黌高1名、八代高1名、文徳高1名、私立九州学院（熊本市）1名。

■県が全国シェア上位の生産物

イグサ（1位）99％、トマト（1位）18％、スイカ（1位）15％、葉タバコ（販売量）（1位）19％

■年間購入金額上位のもの（都道府県庁所在地別）

ハンバーガー（1位）8581円

大分県

［旧国名］豊前《ぶぜん》・豊後《ぶんご》

［県木］ブンゴウメ　［県花］ブンゴウメ　［県鳥］メジロ
［総面積］6341㎢（22位）　［可住地面積］1795㎢（27位）
［県庁所在地］大分市

■地理・歴史

一村一品運動の成果で多数の特産品がある県

南部の海岸線はリアス式で山間部も複雑な地形をしていて、さほど広くない県内でも地域差が大きい。江戸時代には八つの藩に分かれ、県最西部の日田盆地一帯は天領（幕府領）だった。県の中央部、北東から南西にかけて火山帯が通るため、別府温泉、由布院温泉をはじめ温泉が多く、県内源泉数と湯量は日本一。由布院温泉は70年代後半から各種イベントなどでまちづくりに取り組み、現在のように全国的に知られるようになったのは80年代頃から。

また、80年代から始められて、全国の地域おこしのさきがけとなった大分県一村一品運動により、特産品が各地にある。漁業も盛んで、関アジや関サバ、城下カレイなどのブランド魚が有名。

■約30年での人口と自治体変化

県人口：93年　123・2万人↓22年　110・7万人

増減率：マイナス10・1％（減少率の高さ16位）

市町村数：93年　11市36町11村↓22年　14市3町1村

主要都市の人口

93年［大分市＋佐賀関町＋野津原町］43・3万人↓22年大分市（合併）47・8万人

93年別府市12・8万人↓22年別府市11・3万人

93年［中津市＋三光村＋本耶馬渓《ほんやばけい》町＋耶馬渓町＋山国町］8・7万人↓22年中津市（合併）8・3万人

93年［佐伯《さいき》市＋上浦町＋弥生町＋本匠《ほんじょう》村＋宇目町＋直川村＋鶴見町＋米水津《よのうづ》村＋蒲江町］9・1万人↓22年佐伯市（合併）6・8万人

93年［日田《ひた》市＋前津江村＋中津江村＋上津江村＋大山町＋天瀬町］8・1万人↓22年日田市（合併）6・3万人

県の人口が減るなか、近年の大分市の人口はほぼ横ばい

約30年前と比較して県全体の人口は減少しているなか、大分市の増加ぶりが目立つ。大分市は90年代から00年代の人口増が顕著で、10年代後半以降は変化が少ない。17年の48・0万人をピークに以後微減となっている。17年からは自然減となったが、社会増のため人口の減少は小さい。

■約30年でこんなに変わった…産業編

全国、海外にまで広がった一村一品運動

30年よりやや前の話になるが、大分県のプロジェクトで全国的に話題となったものに79年から行われた**一村一品運動**がある。きっかけとなったのは大山町（現・日田市）で60年代から行われていた梅の特産品化。梅干しの品評会で日本一に輝いたり、梅のジャムやゼリーを開発したりしていた。このように差別化して付加価値を加えてPRする取り組みを、当時の大分県知事・平松守彦が一村一品運動と名づけ、県内に広めたのが始まりだった。

「ローカルにしてグローバル」という標語のもと、地域の自主的な取り組みを尊重し、県は技術支援やマーケティングなどの側面支援に徹した。その旗手の役割を果たしたのが緑色の小さなミカンの形をした**カボス**だった。カボスは酸味がとても強いので、しぼって料理の薬味にうってつけ。70年代から大分県下で本格的に生産されるようになっていた。カボスの加工品も開発していた竹田市などが一村一品運動の特産品とした。

00年代には、「OVOP」として海外へも普及

特産品は干しシイタケ（三重町。現・豊後大野市など）、関《せき》アジ・関サバ（佐賀関町、現・大分市）、豊《とよ》の活《いき》ブリ（養殖・佐伯市など）、城下カレイ（日出《ひじ》町）、豊後別府湾ちりめん（杵築《きつき》市・日出町）、豊後牛（各地）、麦焼酎（各地）など。関アジ・関サバの旧佐賀関町は豊後水道が最も狭まる所に面し、潮の流れが早く魚の身が締まっている。網ではなく一本釣りで捕獲するの

で、魚が傷つかず新鮮なのも特徴。

一村一品運動は「特産品」「施設」「文化」に分かれる。特産品だけみると、運動開始の80年は品目で143、販売額で359億円だったが、01年には品目で336、販売額で1410億円へと増加した。

また一村一品運動は、JICA（国際協力機構）の青年海外協力隊などにより、タイ、ベトナム、台湾、中国、中南米などにも**OVOP**（One Village One Product movement）として紹介され行われている。

■約30年でこんなに変わった…交通編

JR利用：92年博多―大分（特急）2時間29分→23年同2時間1分

東京発の夜行寝台特急（ブルートレイン）：92年時点では大分へ「富士」（南宮崎行き）運行。「富士」は東京18時20発大分着翌11時00分。新大阪発都城行き寝台特急「彗星」も運行されていた。

東九州自動車道：90年代から部分開通を重ね、15年に大分県区間が全通し宮崎市まで開通した。16年に福岡県内が全通し、北九州JCTで九州自動車道と結ばれた。また00年には、宮崎自動車道えびのJCT（宮崎県。鹿児島との県境に近い）まで全通し、九州自動車道経由で鹿児島県ともつながった。

■地方百貨店の興亡（県庁所在地を中心として）

地方百貨店の雄と呼ばれてきたトキハ本店

大分市街にある**トキハ本店**は、地方都市では珍しい巨大百貨店。トキハは、別府市と大分市郊外（わさだ店）にも百貨店があるほか、大分県内各地に総合スーパーのトキハインダストリーや食品スーパーのアテオが展開されているため、大分は「トキハ王国」とも称されてきた。トキハ本店前は実質的に大分バスのターミナルとなっていて、周辺からのアクセスもいいが、モータリゼーションの普及による郊外型ショッピングセンターの台頭や、大分―福岡間の高速バスの時間短縮などにより、福岡への買い物客の流失などが指摘されている。

■民放テレビ局　キー局の番組どれだけ見られた？

3局しかなく、日テレ、フジの番組で見られないものが多い

93年に大分朝日放送（テレビ朝日系列）が開局。それ以前からの大分放送とテレビ大分との3局体制となった。テレビ大分が日本テレビとフジテレビのクロスネット、大分放送はＴＢＳ主体だがテレビ大分で放送されなかった日テレ、フジの一部番組も放送。こうした状況のため、大分県ではケーブルテレビ普及率が70％を超える。

■地元の大企業（売上高ランキング）

94年　1位大分県経済農業協同組合連合会　2位ダイコー　3位杵築東芝エレクトロニクス（システムLSI）　4位大分県共済農業協同組合連合会　5位トキハ（百貨店）

21年　1位ダイハツ九州　2位大分キヤノン（カメラ製造）　3位アムコー・テクノロジー・ジャパン（半導体パッケージ・テスト）　4位大分キヤノンマテリアル（複写機消耗品製造）　5位マレリ九州（自動車部品製造）

大企業のグループ会社などが上位に並ぶ

ダイハツ九州は04年、群馬県から本社機能と工場を、海上輸送にも便利な中津市に移転。大分キヤノンは国東市に本社と工場など。93年3位の杵築《きつき》東芝エレクトロニクスは、東芝LSIパッケージソリューション、ジェイデバイスなどを経て、21年3位のアムコー・テクノロジージャパン（本社臼杵《うすき》市）へと変わっていった会社。21年のトキハは11位に顔をみせる。

■進学校の実績（東大合格者数）はこんなに変わった!?　変わらない!?

単独選抜制になってからは、大分上野丘高校に一極集中

80〜90年代、大分市の県立高校が数校による合同選抜制（行きたい高校を選べない）の時期は、大分上野丘《うえのがおか》高校、大分舞鶴高校、大分雄城台《おぎのだい》高校、及び私立岩田高校（大分市）からの東大合格者が多かった。95年に単独選抜制に変わると、00年代から大分上野丘高からの東大合格者数

が断然多くなる。大分豊府《ほうふ》高校（大分市）、私立大分東明高校（大分市）などがそれに続く。23年の東大合格者は、大分上野丘高9名、大分豊府高4名、大分東明高4名。大分舞鶴高は京大に2名。

■県が全国シェア上位の生産物

カボス（1位）99％以上、シイタケ（1位）9％、養殖ブリ（2位）13％、地熱発電（1位）42％、温泉湧出量（1位・20年）12％

■家庭での年間購入金額上位のもの（都道府県庁所在地別、全国家計調査より）

鶏肉（1位）2万2470円

宮崎県 【旧国名】日向《ひゅうが》

［県木］フェニックス、ヤマザクラ、オビスギ　［県花］ハマユウ
［県鳥］コシジロヤマドリ　［総面積］7735㎢（14位）
［可住地面積］1876㎢（25位）　［県庁所在地］宮崎市

■地理・歴史

野菜づくりや畜産業が盛ん。観光地としても有為転変

海岸地域は黒潮の影響で1年を通して温暖な気候。快晴日数、日照時間は国内トップクラスだが、雨が降る時は大量に降る。野菜や果物の生産が多い一方で、肉用牛、豚、ブロイラー（肉用の鶏）の飼育も隣の鹿児島県と共に盛ん。

宮崎市や日南市の早春の話題といえば、プロ野球球団の春季キャンプ。道路沿いにフェニックスが茂り南国ムード漂う日南海岸などは、60年代くらいまで新婚旅行の行き先として一番人気の地だった。

観光県宮崎の復興を目ざして、93年にシーガイアが、リゾート法の適用第1号として建設された。その後、バブル崩壊などもあり、ランドマーク的存在のオーシャンドーム（人工ビーチや波

の出るプールなど）は16年に取り壊されたが、23年には跡地に、味の素がネーミングライツを獲得した屋外型トレーニングセンターがオープンした。

■約30年での人口と自治体変化

県人口：93年　117・0万人→22年　105・2万人

増減率：マイナス10・1％（減少率の高さ17位）

市町村数：93年　9市28町7村→22年　9市14町3村

主要都市の人口

93年［宮崎市＋田野町＋砂土原町＋高岡町＋清武町］37・2万人→22年宮崎市（合併）40・1万人

93年［都城市《みやこのじょう》＋山之口町＋高城町＋山田町＋高崎町］17・5万人　→22年都城市（合併）16・3万人

93年［延岡市＋北方町＋北浦町＋北川町］14・7万人→22年延岡市（合併）11・9万人

93年［日向市＋東郷町］6・5万人→22年日向市（合併）6・0万人

全体に人口減少だが、近年は宮崎市のみ横ばい状態

約30年前と比較して県全体の人口が減るなか、宮崎市の人口が増加しているのが目立つ。宮崎市の人口を詳しくみると、90〜00年代に増加した後、10年前後からはほぼ横ばい状態が続いている。15年から自然減（死亡者が出生者よりも多い）が続くが、その間、社会増減（転入者と転出者の差）は増加の年と減少の年がまちまちで推移している。

■こんなに変わった教科書記述…産業編
輸入肉への対抗手段を変えて攻勢に

宮崎県と鹿児島県では、**畜産**が盛んである。約30年前と現在とで、**肉用牛**と**豚**の頭数はさほど変わらないのだが、規模が変化している。教科書記述で見てみよう。

「南九州では、牧草などの飼料作物の生育がよい」と述べた後、シラス台地が多く米づくりに適さないので畜産業が発展してきたと記述を進める。「（日本では）経営規模が小さいために、アメリカなどの大規模な畜産業にはかないません。そこで、南九州では、商社やスーパーマーケットなどの大企業や農業協同組合が経営する大規模な施設で、肉牛やぶた・にわとりが飼育されています」（『中学社会　地理的分野』大阪書籍、92年検定）。大規模化を進め、少しでもアメリカの規模に近づこうというわけである。

その後の宮崎県の肉用牛のデータは以下のとおりとなる。

95年飼養頭数24・8万頭　飼養戸数1万8900戸　1戸あたり頭数13・1頭
22年飼養頭数25・5万頭　飼養戸数4940戸　1戸あたり頭数51・5頭

頭数は若干増えているが畜産農家が約4分1に減り、1戸あたりの頭数が増えている。ある程度の大規模化が行われたことを示している。頭数のうち約87％が**黒毛和種**である。豚の頭数も95年76・0万頭が22年76・4万頭とほぼ同じだが、こちらも飼養している1戸あたりの頭数は約3倍に増えている。

安全でおいしい「宮崎牛」で対抗

現代の教科書では、「九州南部は国内でも有数の豚や鶏《にわとり》、肉牛の産地へと急成長しました。近年では、安く大量に輸入される飼料を用い」ると、急成長を述べ、飼料も90年の教科書とは異なり輸入していることにふれる。「外国産の安い肉に対抗するために、家畜を効率よく育てるだけではなく、おいしくて安全な肉の生産にも力を入れています。そのため、鹿児島県の『かごしま黒豚』や宮崎県の『宮崎牛』や地鶏など、各地でブランド化も進められています」（『中学生の地理』帝国書院、20年検定）。

大規模化より安全、おいしい、ブランド化にウエイトが置かれていることを強調している。

宮崎県の肉用牛、豚の頭数にさらに乳用牛1万3600頭をすべて足すと約103万頭で、宮崎県の人口105万人まであと少し。数年後には人より牛と豚の多い県になりそうだ。宮崎県のブロイラー（食用の鶏）は約2760万羽で、県民1人あたり26羽飼っている計算になる。ちなみに**チキン南蛮**は延岡市で生まれた料理。

■約30年でこんなに変わった…交通編

JR利用：92年博多─宮崎（特急）5時間51分→23年（同）5時間36分。

JR宮崎空港線：96年田吉─宮崎空港開通。宮崎から直通列車運行。

東京発の夜行寝台特急（ブルートレイン）：92年時点では宮崎へ「富士」（南宮崎行き）運行。「富士」は東京18時20発宮崎着翌14時37分。新大阪発都城行き寝台特急「彗星」も運行されていた。

高千穂鉄道廃止：旧国鉄高千穂線延岡─高千穂で、89年に第3セクターの高千穂鉄道に。05年の風水害で休止の後、全線廃止になった。深角─天岩戸に当時日本一の高さ（105m）だった高千穂橋梁がある。13年より遊具施設としてトロッコ車両が走行。

東九州自動車道：00年の宮崎西IC─清武JCT開通で、すでに全線開通していた宮崎自動車道を通り、えびのJCT（宮崎県。鹿児島との県境に近い）で九州自動車道（福岡県から鹿児島県まで九州の西側を縦断）とつながる。14年の日向IC─都農IC開通で宮崎県区間全通。15年に大分県区間、16年に福岡県区間が全通し、北九州JCTでも九州自動車道と結ばれた。

■地方百貨店の興亡（県庁所在地を中心として）

宮崎山形屋とボンベルタ橘の時代が続いた

90年代には宮崎市街中心部に**宮崎山形屋百貨店**とジャスコ（現・イオン）グループによる百貨

店形態の大型店舗の**ボンベルタ橋**があった。当時の20歳前後の感覚では、ちょうどバブルのDCブランド（日本のアパレルメーカーのファッションブランドをさす当時の言葉）が流行っていた頃、なんとか手が出そうな価格のおしゃれな服を売っていたのがボンベルタ橋で、宮崎山形屋は高級路線で敷居が高いという感じだったという。

05年にイオンモール宮崎がオープンすると、とくにボンベルタ橋が影響を受ける。20年にボンベルタ橋は閉店し、MEGAドン・キホーテを核店舗とする複合商業施設、宮崎ナナイロとしてリニューアルオープン。

■民放テレビ局　キー局の番組どれだけ見られた？ TBSとフジテレビ主体の民放2局のみ

60年放送開始の宮崎放送がTBS系列主体、70年放送開始のテレビ宮崎がフジテレビ系列主体ながら日本テレビ系列、テレビ朝日系列とのクロスネット。そのため宮崎放送では、テレビ宮崎が放送しない日テレとテレ朝、及びテレビ東京の一部の番組も、平日午前のほか深夜や早朝などに放送している。

フジテレビ月曜9時枠の連続ドラマは「月9」と呼ばれてきたが、宮崎県では月曜深夜などに放送され、「月9」という言葉が存在しなかった。

■地元の大企業（売上高ランキング）

94年　1位宮崎沖電気　2位児湯食鳥（養鶏、鶏肉加工販売）　3位旭有機材工業（管工機材）　4位南日本酪農協同（牛乳・乳製品製造）　5位宮崎くみあい食肉（食肉処理加工）

21年　1位児湯食鳥　2位霧島酒造　3位ミヤチク（食肉処理加工）　4位宮崎キヤノン（カメラ製造）　5位ハンズマン（ホームセンター）

畜産が盛んな県だけあり、上位に食肉関連企業が

児湯食鳥《こゆしょくちょう》（本社川南町）は、日本最大規模の畜産インテグレーター。養鶏、食鳥処理加工、販売などを行う。霧島酒造（本社都城市）は、本格芋焼酎白霧島、黒霧島など。

■進学校の実績（東大合格者数）はこんなに変わった!?　変わらない!?

学区制の廃止で県立の2高校が進学実績を争う

80年代以降は、東大合格者数に関し宮崎西高校（宮崎市）がトップの年が多い。宮崎西高にある理数科は学区制限がなく、行きたい高校を選べない選抜制でもないので、県内全域から成績上位者が集まった。宮崎県では04年に合同選抜制廃止、08年学区制廃止。旧制宮崎中学が前身の宮崎大宮高校（宮崎市）が、宮崎西と進学実績でトップを争うようになる。都城泉ヶ丘高校、私立宮崎第一高校（宮崎市）などがそれに続く。23年の東大合格者数は、宮崎大宮高3名、宮崎西高2名、都城泉ヶ丘高1名、私立延岡学園1名。

■県が全国シェア上位の生産物

焼酎（1位）33%、キュウリ（1位）12%、ピーマン（2位）18%、マンゴー（2位）37%、肉用牛飼養頭数（3位）10%、豚飼養頭数（2位）9%、ブロイラー飼養羽数（2位）20%

■家庭での年間購入金額上位のもの（都道府県庁所在地別、全国家計調査より）

ギョウザ（1位）4053円、焼酎（1位）1万1232円（焼酎の消費額がビールの消費額より多いのは、宮崎県、鹿児島県、福岡県の3県のみ）

鹿児島県 【旧国名】大隅《おおすみ》・薩摩《さつま》

［県木］カイコウズ、クスノキ　［県花］ミヤマキリシマ　［県鳥］ルリカケス
［総面積］9186㎢（10位）　［可住地面積］3287㎢（7位）
［県庁所在地］鹿児島市

■地理・歴史

サツマイモだけでなく名産品は多数

今も時おり噴火する桜島を中心に、白っぽい火山灰が長い間積もってできたシラス台地が広がる本土と、種子島、屋久島、奄美大島などの薩南諸島からなる。このシラス台地のために昔は栽培できる作物が限られ、鹿児島といえばサツマイモと桜島大根が有名だったが、現在はお茶の葉生産やブランド牛、ブランド豚などの畜産も加わる。

18年のＮＨＫ大河ドラマ『西郷《せご》どん』は、薩摩国（現・鹿児島県）出身の西郷隆盛が主人公だったが、90年の大河ドラマ『翔《と》ぶがごとく』（司馬遼太郎原作）も西郷と大久保利通が主人公。怜悧な印象を持たれてきた大久保より西郷のほうが、昔から圧倒的に地元で人気が高かった。現在は大久保の印象が、意思が堅固、冷静で決断力に富み、子煩悩な人間的魅力の面もあると、昔

よりはややイメージが上がった印象を受ける。

１６００年の関ケ原の戦いで薩摩藩は西軍（豊臣方）につき、東軍（徳川方）に敗れたが領地は維持された。明治維新では長州藩と共に中心勢力として幕府と戦って勝利し、とくに明治時代には政治・経済の実力者を多数輩出した。

■約30年での人口と自治体変化

県人口：93年　178・6万人→22年　156・3万人
増減率：マイナス12・5％（減少率の高さ14位）
市町村数：93年　14市73町9村→22年　19市20町4村

主要都市の人口
93年［鹿児島市＋吉田町＋桜島町＋喜入《きいれ》町＋松元町＋郡山町］57・9万人→22年鹿児島市（合併）60・0万人
93年［国分《こくぶ》市＋溝辺町＋横川町＋牧園町＋霧島町＋隼人町＋福山町］12・0万人→22年霧島市（合併）12・5万人
93年［鹿屋《かのや》市＋輝北町＋串良町＋吾平《あいら》町］10・4万人→22年鹿屋市（合併）10・2万人
93年［川内《せんだい》市＋樋脇町＋入来町＋東郷町＋祁答院《けどういん》町＋里村＋上甑《かみこしき》村＋下甑村＋鹿島村］10・7万人→22年薩摩川内市（合併）9・3万人

93年［加治木町＋姶良町＋蒲生町］7・0万人→22年姶良《あいら》市（合併）7・8万人
93年［出水《いずみ》市＋野田町＋高尾野町］5・8万人→22年出水市（合併）5・3万人

■約30年でこんなに変わった…産業編

お茶とサツマイモ、30年前からは信じられない状況に

鹿児島県では、約30年前に比べ、意外なものが全国生産1位となり、まさかのものが1位転落目前である。静岡県と茨城県のページでも述べたが、**お茶**と**サツマイモ**である。

お茶といえば静岡県、と多くの方が思っているかもしれないが、19年、鹿児島県のお茶の産出額が252億円となり、50年以上トップであり続けた静岡県を、わずか1億円の差で抜いた。

鹿児島県でのお茶の栽培は、島津氏による藩政時代に奨励されたが、本格的な茶業振興政策が打たれたのは、65（昭和40）年頃からだった。現在ではとくに南九州市の旧知覧《ちらん》町や旧頴娃《えい》町地域、霧島市の旧溝辺町地域、大隅半島の志布志市などでの栽培が盛ん。

鹿児島県での特徴は、**平坦地茶園率**が99・6％（全国平均52・3％）と高く、機械化を進めやすいこと。**乗用型摘採機**の導入率も97・6％（全国平均67％）と高い。茶園作業の省力化、低コスト化が進んでいるわけである。

なお21年の産出額では静岡県が鹿児島県を抜き返した（静岡県268億円、鹿児島県239億円）。荒茶の産出量（22年）では静岡県2万8600t、鹿児島県2万6700t。

サツマイモが1位から転落しそうな、それなりの理由

サツマイモは22年鹿児島県21・0万t、茨城県19・4万tで、近年生産量では鹿児島県は茨城県に猛追されている。茨城県のサツマイモはベニアズマが多く、**生食用**が大半。鹿児島県のサツマイモはコガネセンガンが多く、焼酎の原料となる**アルコール類用**が約50%を占める（茨城県のページ参照）。

サツマイモの生産が減少した理由を、現代の中学地理の教科書は述べている。九州南部には火山の噴出物が厚く積もったシラス台地が広がっている。シラス台地は水を非常に通しやすいため稲作には向かず、サツマイモを栽培してきた。「(ダムや農業用水の整備によって）水が安定して得られるようになったことで、それまで栽培の中心であったさつまいもに加え、野菜や茶など、収益の多い作物の栽培が可能になりました。特に、茶は水はけのよい土地に適しているため、薩摩半島の南部の台地でも生産が増加」『中学生の地理』帝国書院、20年検定)。

サツマイモの生産減少で、焼酎用アルコールが不足しても困るが、一概にサツマイモ生産の減少を憂えることはないことがわかる。

■こんなに変わった教科書記述…歴史編

薩摩藩が幕末に活躍できたのは、琉球のおかげ!?

約30年前の教科書では、まったくといっていいほどふれられていなかった内容として、薩摩藩

と琉球（現・沖縄）との関係がある。現代の中学歴史の教科書では、以下のようにかなり詳しく書かれている。

1609年、薩摩藩の島津氏が江戸幕府の許可を得て琉球を武力で征服し、検地を実施して石高を決定した。薩摩藩は琉球に役人を置いて年貢として米や砂糖を納めさせた。琉球は中国（当時は明→清）と貿易を行っていたので、薩摩藩は琉球を通して中国からの輸入品を入手するなど利益を上げる。教科書ではさらに続けて「薩摩藩は（琉球から江戸への）使節の道具などを中国風にするよう強制し、また使者は中国風の服装をしていたので、これを見た人々には幕府と薩摩藩の権威が琉球・東アジアにまで及んでいることが印象づけられました」（『中学社会　歴史』教育出版、20年検定）。

薩摩藩や幕府は、琉球からの使者を自分たちの権威づけに利用した。また高校の教科書では、薩摩藩は深刻な財政難に見舞われていたが、琉球貿易や特産の砂糖などの専売制度などにより天保年間（ペリー来航の十数年前）には財政を建て直したことにもふれている。

薩摩藩が幕末に活躍できたのは、武器購入の資金があったためでもあり、それは琉球との関係で利益をあげたことが大きい。こうしたことを、現代の教科書では以前よりずっと詳しく述べている。

■約30年でこんなに変わった…交通編

ＪＲ利用：92年博多―西鹿児島（現・鹿児島中央）（鹿児島本線特急）３時間50分→23年同（九州新幹線利用）１時間16分

04年九州新幹線新八代―鹿児島中央開業、11年博多―新八代延伸。

東京発の夜行寝台特急（ブルートレイン）：92年時点では「はやぶさ」西鹿児島行き運行。「はやぶさ」は東京17時05発西鹿児島着翌13時43分。新大阪発西鹿児島行き寝台特急「なは」も運行。

九州自動車道：95年に人吉仮出入口―えびのＩＣ開通により全線開通。これにより首都高速道路を経由して青森―鹿児島（約２１７０㎞）が完全に高速道路によって結ばれた。

東九州自動車道：92年に加治木ＩＣ（姶良市）から県内を東に延伸を重ね、21年志布志ＩＣまで開通。

■地方百貨店の興亡（県庁所在地を中心として）

天文館で威容を誇り続ける山形屋

90年代には、鹿児島の繁華街（南九州最大の繁華街ともいわれる）天文館地区に、**山形屋百貨店**と**三越鹿児島店**があった。山形屋は１９１６（大正５）年の開業。昭和初期にルネサンス風の外観の新館が竣工、電車通りに面した現在の1号館は、この時の外観に復元したもので、天文館の主的な風格を保ち続けている。今では珍しくなった大食堂が7階にあり、揚げ麺に野菜たっぷりのあんかけをのせた焼きそばが名物。15年まで屋上に遊園地があったので、それを懐かしむ人も多いだろう。

三越鹿児島店は明治時代半ばに創業した呉服商の丸屋が前身。61(昭和36)年に**丸屋百貨店**を開業、84年に鹿児島三越(後に三越鹿児島店)に。04年九州新幹線開業にあわせて鹿児島中央駅にオープンした駅ビル・アミュプラザの影響を受けるなどして09年閉店。10年にテナント型商業施設のマルヤガーデンズとなる。

■民放テレビ局　キー局の番組どれだけ見られた?
90年代半ばになって、主要キー局の4局目が揃う

94年に鹿児島読売テレビ(日本テレビ系列)が開局。それ以前からの南日本放送(TBS系列)、鹿児島テレビ放送(フジテレビ系列)、鹿児島放送(テレビ朝日系列)の主要キー4局系列が揃った。94年以前、日本テレビの番組の一部は、鹿児島テレビ放送などで放送されていた。テレビ東京の番組の一部は鹿児島放送などで放送されている。

■地元の大企業(売上高ランキング)

94年　1位鹿児島県経済農業協同組合連合会　2位城山観光(ホテル)　3位タイヨー(スー

パーマーケット）　4位長島商事（不動産賃貸、遊技場）　5位南国殖産（商社）
21年　1位南国殖産　2位タイヨー　3位鹿児島県経済農業協同組合連合会　4位ニシムタ（スーパーセンター、ホームセンター）　5位南日本くみあい飼料（配合飼料生産販売）

商社、流通、農業関連など様々な業種が上位に

南国殖産（本社鹿児島市）は、建設資材・機械設備・通信機器・燃料などを中心とする商社。鹿児島中央駅前に本社がある。タイヨーは鹿児島市内に集中的に約40店舗のほか、県内全域及び宮崎市などに合計約１００店舗を展開。

■進学校の実績（東大合格者数）はこんなに変わった⁉　変わらない⁉

独走のラ・サールに伝統の鶴丸高校が続く

古くは60年代から私立ラ・サール高校（鹿児島市）が、東大合格者数で県内トップを続けている。戦後の50（昭和25）年に男子校として創立されたラ・サールは、鹿児島という土地柄から、当時県立高校が男女共学となったことに抵抗感を抱く父母が多かったために、人気を得た面があるという。2番手として、これも60年代から旧制県立一中の伝統を持つ鶴丸高校（鹿児島市）が続いている。旧制県立二中の甲南高校（鹿児島市）、加治木高校（姶良市）、市立鹿児島玉龍高校、私立志學館高等部（鹿児島市）なども近年進学実績をあげている。

23年の東大合格者数は、ラ・サール高37名、鶴丸高5名、甲南高1名、志學館高1名、私立鹿

児島純心女子高（鹿児島市）1名。

■県が全国シェア上位の生産物

サツマイモ（1位）28%、茶（荒茶）（2位）34%、オクラ（1位）43%、ラッキョウ（2位）30%、サトウキビ（2位）40%、肉用牛飼養頭数（2位）13%、豚飼養頭数（1位）13%、ブロイラー飼養羽数（1位）20%、採卵鶏飼養羽数（3位）7%、養殖ウナギ（1位）42%、焼酎（2位）26%

■家庭での年間購入金額上位のもの（都道府県庁所在地別、全国家計調査より）

焼酎（2位）1万906円（焼酎の消費額がビールの消費額より多いのは、宮崎県、鹿児島県、福岡県の3県のみ）、清酒（最下位那覇市の次に少ない）2430円、サツマイモ（17位）1340円

沖縄県

【旧国名】琉球《りゅうきゅう》

［県木］リュウキュウマツ　［県花］デイゴ　［県鳥］ノグチゲラ
［総面積］２２８２㎢（44位）　［可住地面積］１１２６㎢（40位）
［県庁所在地］那覇市

■地理・歴史

美しい海を永遠に守りたい日本最南端の県

沖縄（本）島や久米島のある沖縄諸島と、石垣島、西表島、竹富島、宮古島などがある先島諸島からなる県。先島諸島の与那国島は日本の最西端で、与那国島からは石垣島より台湾のほうが近い（約１１０㎞）。

暖かい気候や、サンゴ礁が広がる美しい海などの自然環境を生かした観光業が盛ん。宿泊施設での宿泊者数は、1位東京都と2位大阪府（ビジネス客、観光客共に多い）を別格とすれば、北海道に次いで4番目の多さ（コロナ禍前の19年のデータ）。外国人宿泊者も東京都、大阪府、京都府、北海道に次ぎ5番目に多い。また、第三次産業従事者の比率は、東京都に次いで全国２番目に多い約82％。一方で道路の建設やリゾートの開発により土砂が海に流出し、濁った海水が日光を遮ってサンゴが死滅する問題も起きている。

日照りや台風にも強いサトウキビの栽培が昔から多く行われ、島内につくられた製糖工場で砂糖への加工も行い、島の経済を支えてきた。近年ではパイナップルやマンゴーなど収益性が高い作物の生産が増えている。

太平洋戦争の際、沖縄本島では日本で唯一、住民を巻き込んだ悲惨な地上戦が行われ、戦後はアメリカ軍の軍政下におかれた後、72年に日本に復帰となった。現在も本島の約15％の土地がアメリカ軍の専用施設（18年）に使われている。

身近な話としては、93年頃から全国区人気となった安室奈美恵を筆頭にSPEEDなどJ－POPシーンを彩る様々なグループ・アーティストを送り出し続けている沖縄アクターズスクール（那覇市）が多くの方の記憶に刻まれているだろう。

■約30年での人口と自治体変化

県人口：93年　124・7万人→22年　146・8万人

増減率：プラス17・7％（増加率の高さ2位）

市町村数：93年　10市16町27村→22年　11市11町19村

主要都市の人口

93年那覇市30・4万人→22年那覇市31・8万人

93年沖縄市11・2万人→22年沖縄市14・3万人
93年［石川市＋具志川市＋与那城町＋勝連町］10・6万人→22年うるま市（合併）12・6万人
93年浦添市9・4万人→22年浦添市11・6万人
93年宜野湾《ぎのわん》市7・8万人→22年宜野湾市10・0万人
93年［平良市＋城辺《ぐすくべ》町＋下地町＋上野村＋伊良部町］5・6万人→22年宮古島市（合併）5・5万人

人口増加を続けてきたが、ついに人口減少へ突入のきざし

約30年前と比べて沖縄県は人口が約18％も増加している。首都圏、関西圏、中京圏、福岡県以外で人口が増加した唯一の県である。30年間を詳しくみると、10年代に入り増加が鈍り、19年に146万人台に達した後は、微増にとどまっている。22年に戦後初めて自然減（出生者が死亡者より少ない）となった。社会動態（転入者と転出者）に関しては、近年でも社会増は続いている（社会減となった年もある）。

那覇市は約30年前と比べると人口が増加しているが、17年の32・4万人をピークに以後微減傾向で推移。

■こんなに変わった教科書記述…歴史編

幕末にペリー艦隊が那覇に何度も来たこと知っている？

幕末の1853年にアメリカの東インド艦隊司令長官ペリーが率いる軍艦4隻が浦賀（神奈川県）に来航し、江戸幕府に開国を迫ったのは、昔も今も歴史の教科書では大きく記述されている。現在の中学歴史教科書では、浦賀に来航する前に琉球の那覇に立ち寄って、和親を申し入れたことを記述している。

その背景も解説している。当時アメリカは産業革命が進み、紡績製品の中国への販売を目指していた。また当時盛んだった捕鯨船の活動海域が日本近海に及んでいて、そのための補給基地を求めていた。たしかに貿易でアメリカから上海に向かう場合、小笠原諸島（ペリーは父島にも上陸している）、沖縄はルート上にあたる。

「アメリカは琉球を独立国と見なし、重要な拠点になるとしてペリー艦隊は5回来航し、1854年には米琉修好条約も締結しました」（『中学生の歴史』帝国書院、20年検定）、「ペリーは、蒸気船の活用など、アメリカ海軍の近代化につくした軍人でした。（中略）日本の態度いかんでは、（アメリカは）琉球を借り受けて支配下におくことも考えていたのです」（『中学社会歴史』教育出版、20年検定）。

もし江戸幕府があくまでペリー艦隊と敵対していたら、琉球はアメリカの支配下に置かれた可能性があったことになる。このような、沖縄にとって歴史上重要なことを、現代では中学生の段階で教えている（ペリーの沖縄来航にふれていない中学教科書もある）。

■約30年でこんなに変わった…交通編

ゆいレール（沖縄都市モノレール）：03年那覇空港―首里開業。19年首里―てだこ浦西延伸。戦前には現在の那覇市、糸満市、宜野湾《ぎのわん》市周辺に県営の軽便鉄道があり、さらにやや広範囲にサトウキビの運搬軌道などが存在したが、太平洋戦争の際にことごとく破壊され、そのまま消滅していった。ゆいレールは戦後沖縄県にできた初めての鉄道（モノレール）。

新石垣空港：13年開港。愛称は、南《ぱい》ぬ島 石垣空港。石垣島には石垣市街の近くに石垣空港があったが、滑走路が短く旅客機の大型化に対応できなかった。新石垣空港は旧空港より滑走路が500m長い2000m。座席数を約400にしたB777―400など比較的大型のジェット旅客機の発着が可能となり、石垣島の観光客増加に寄与した。羽田からの直行便所要時間は、約40分短縮し2時間50分となった。

沖縄自動車道：那覇ICから本島北部への入口にあたる許田《きょだ》IC（名護市）へは87年に全線開通していて、近く開業予定の延伸区間はない。

■地方百貨店の興亡（県庁所在地を中心として）

国際通りのランドマーク的存在だった沖縄三越

90年代には那覇市のメインストリート、国際通りの中ほどに、**沖縄三越**と**沖縄山形屋**、国際通り西端にあるパレットくもじのキーテナントとして、**デパートリウボウ**があった。

沖縄三越は57年に**大越百貨店**として開業、70年に沖縄三越と改称、那覇市の中心市街地のランドマーク的存在だったが、リーマンショック後の不況や、若者や地元の顧客にあわせた販売戦略などがうまくいかず14年閉店。現在は地下1階から2階が、飲食店の入る国際通りのれん街となっている。

沖縄山形屋は1930（昭和5）年に沖縄初の百貨店として開業、55年に国際通りに移転してきたが99年に閉店。

現在はデパートりうぼうが沖縄県で唯一の百貨店として営業している。

■民放テレビ局　キー局の番組どれだけ見られた？

日本テレビの系列局がなく民放3局体制が続く

95年に琉球朝日放送（テレビ朝日系列）が開局し、それ以前に開局していた琉球放送（TBS系列）、沖縄テレビ放送（フジテレビ系列）との民放3体制となった。日本テレビ系列とテレビ東京系列の局がなく、この2局の人気番組などは、琉球放送、沖縄テレビ放送で一部を放送している。

また宮古島、石垣島など先島諸島では、93年に琉球放送と沖縄テレビ放送、09年に沖縄朝日放送が見られるようになった。

■地元の大企業（売上高ランキング）

94年　1位沖縄電力　2位國場組（建設）　3位サンエー（スーパーマーケット）　4位沖縄県経済農業（協連）　5位プリマート（スーパーマーケット）
21年　1位サンエー　2位沖縄電力　3位イオン琉球　4位沖縄セルラー電話（KDDI傘下の携帯電話事業）　5位りゅうせき（石油類卸・直売）

流通業と大規模なエネルギー・通信関連が上位に

サンエー（本社宜野湾市）は広域型の総合ショッピングセンターから小型の食品スーパー、外食店までを本島のほか石垣、宮古島も含めて幅広く約80店を展開。子会社にローソン沖縄、サンエーパルコなども。

イオン琉球（本社南風原《はえばる》町）は本島にイオン8店舗のほか、スーパーのマックスバリュを石垣島、宮古島も含めて約30店を展開。

■進学校の実績（東大合格者数）はこんなに変わった!? 変わらない!?

私立昭和薬科大附属と県立の開邦高校が進学実績を上げる

本土復帰から10年以上経た86年、沖縄に進学校を設立すべきとの気運が高まり、理数科、英語科、芸術科を設置した開邦《かいほう》高校（南風原町）が首里城の近くに開校。90年代以降、東大合格者数トップの年が最も多いのは私立昭和薬科大学附属高（浦添市）。開邦高校、私立沖縄尚学《しょうがく》高校（那覇市）がそれに続く。

23年の東大合格者数は、昭和薬科大学附属高3名、開邦高2名、沖縄尚学高1名。

■県が全国シェア上位の生産物

パイナップル（1位）100％、サトウキビ（1位）60％、マンゴー（1位）49％、ゴーヤ（1位）40％

■家庭での年間購入金額上位のもの（都道府県庁所在地別、全国家計調査より）

ハンバーグ（1位）2858円、ミネラルウォーター（1位）6776円、豆腐（1位）6981円、カツオ節・削り節（1位）2009円、ニンジン（1位）3574円、弁当（2位）2万5541円

参考文献

矢野恒太記念会編『データでみる県勢1996』国勢社、95年
矢野恒太記念会編『データでみる県勢2023』矢野恒太記念会、22年
自治省行政局振興課編『全国市町村要覧 47年版』『同 平成5年版』第一法規、72年、93年
総務庁統計局編『家計調査年報 平成4年』財団法人日本統計協会、93年
総務省統計局編『家計調査年報 令和4年』財団法人日本統計協会、22年
朝日新聞社書籍第2編集室編『ジュニア朝日年鑑 1995 社会「統計」』朝日新聞社、94年
『全国企業あれこれランキング1996』帝国データバンク、95年
『全国企業あれこれランキング2023』帝国データバンク、22年
高橋秀樹・三谷芳幸・村瀬信一『ここまで変わった日本史教科書』吉川弘文館、16年
本郷和人『変わる日本史の通説と教科書』宝島社新書、21年
伊藤之雄・藤田覚・久留島典子・大津透『もういちど読みとおす山川新日本史 上』山川出版社、22年
夫馬信一『百貨店の戦後史』国書刊行会、23年
小林哲夫『改訂版 東大合格高校盛衰史』光文社新書、23年
『サンデー毎日』毎日新聞出版、高校の大学合格者数掲載の各号
おおはしよしひこ『まんが 47都道府県研究レポート1~6巻 改訂2版』偕成社、23年
〈教科書〉
『中学社会 地理的分野』日本書籍、92年文部省検定済
『新版中学社会 地理』教育出版、92年文部省検定済
『中学社会 地理的分野』大阪書籍、92年文部省検定済
『新版中学社会 歴史』教育出版、92年文部省検定済

『中学社会　歴史的分野』日本書籍、92年文部省検定済
『日本の歴史と世界』清水書院、92年文部省検定済（中学用）
『社会科　中学生の地理』帝国書院、20年文部科学省検定済
『新しい社会　地理』東京書籍、20年文部科学省検定済（中学用）
『中学社会　地理』教育出版、20年文部科学省検定済
『社会科　中学生の歴史』帝国書院、20年文部科学省検定済
『新しい社会　歴史』東京書籍、20年文部科学省検定済（中学用）
『中学社会　歴史』、教育出版、20年文部科学省検定済
『中学社会　歴史的分野』、日本文教出版、20年文部科学省検定済
『詳説日本史（新版）』山川出版社、73年文部省検定済（高校用）
『高校日本史　改訂版』山川出版社、07年文部科学省検定済
『詳説日本史　日本史探求』山川出版社、22年文部科学省検定済（高校用）

著者

内田宗治（うちだ・むねはる）

フリーライター、地形散歩ライター。1957年東京生まれ。実業之日本社で経済誌記者、旅行ガイドブックシリーズ編集長などを経てフリーに。主に地形散歩、鉄道、自然災害、インバウンドに関するテーマで執筆。約30年前（90年代前半）は、取材旅行、プライベート合わせて国内各地・海外に毎年40〜60日出かけていた。
主な著書に『地形を楽しむ東京半日散歩30』『地図と歴史で読み解く 鉄道と街道の深い関係』（以上実業之日本社）、『関東大震災と鉄道』（ちくま文庫）、『外国人が見た日本「誤解」と「再発見」の観光150年史』（中公新書）など多数。

装丁…杉本欣右
企画・編集…磯部祥行（実業之日本社）

じっぴコンパクト新書　406

JIPPI Compact

30年《ねん》でこんなに変《か》わった！
47都道府県《とどうふけん》の平成《へいせい》と令和《れいわ》

2024年1月21日　初版第1刷発行

著　者……………内田宗治
発行者……………岩野裕一
発行所……………株式会社実業之日本社
〒107-0062 東京都港区南青山6-6-22
emergence 2
電話（編集）03-6809-0473
（販売）03-6809-0495
https://www.j-n.co.jp/
本文デザイン・DTP…株式会社千秋社
印刷・製本…………大日本印刷株式会社

ISBN978-4-408-65059-3（第二書籍）